親歷
美國逆轉

金焱 著

香港中和出版有限公司
www.hkopenpage.com

用歷史的、國際的視野去分析和理解現實生活中的事件往往是困難的，這導致我們對很多問題的理解常常是局部的、孤立的、片面的。相反，如果用全球視野和動態發展的方法來觀察現實，很多問題就很可能從難以理解變成豁然開朗。金焱在這方面有努力的嘗試，結果就是我們看到的這本比較全面反映美國的新著。

——金中夏　IMF 中國執行董事

儘管我們一直自以為對美國的了解多過美國人對中國的了解，但中國數以萬計的美國研究者卻極少有機會或者有意願去扎根美國大眾、深入理解美國社會。金焱憑着她卓越的溝通能力和超人的勤奮，全方位探索美國社會各個階層對中美經濟交往的多元認知。如果我們能早些擁有這樣一本書，或許我們可以避免或者減少這一年多來我們對於美國對華貿易政策的誤判。

——屠新泉　對外經貿大學 WTO 研究院院長

在美中關係及美國大國權力何處去的關鍵節點，金焱提供了對當今美國政治和經濟動態的獨到解讀。對美國及其他區域在政策和經濟、商業上的引領因素，她都有近距離的接觸；對美中兩國各自運轉的體系，她都有深刻的理解，這些賦予了她少有的優越視角，也使她的新著成為認識這個時代那些最重要議題的一本不容錯過的讀物。

——司馬安洲（Andrew Small）
美國德國馬歇爾基金會（German Marshall Fund of the United States）
跨大西洋高級研究員

形象出現。從全球來看，2000 年的全球製造業產業鏈格局，主要是以美國為主的泛太平洋製造業產業鏈和德國為主的歐洲製造業產業鏈兩大板塊。中國的製造業是通過連接中國台灣省，然後連接到韓國，再和美國的製造業產業鏈相接。2015年，全球已經形成了新的三大製造業產業鏈，德國仍然是歐洲製造業產業鏈的中心，中國的製造業迅速發展，成為亞洲製造業產業鏈的中心，而美國則變成北美地區的製造業產業鏈中心。

雖然規模上沒有中國製造業那麼大，但美國更多地關注於技術密集型製造業，如飛機製造和高科技領域有關的製造業，而中國的製造業還更多地關注低端。從公司的盈利角度來看，美國製造業的盈利能力要比中國的公司高很多。但美國高端製造業的競爭能力也在下降。美國原來對中國的高端技術產品的出口市場份額佔中國進口市場份額的 16.8%，2016 年這個份額跌了一半，只佔 8.2%，跌出的市場份額給了日本、韓國和我國台灣省。可見在國際競爭上，美國高端製造業產品的競爭能力在下降。美國有無數新科技的發明卻無法產業化，這反映了市場的功能失效，也反映了政府宏觀政策的失效。

中美兩國都在奮力向製造業價值鏈的上端爬，特朗普政府選擇在《中國製造 2025》問題上挑起貿易戰，但製造業的最大趨勢是不可逆轉的自動化和人工智能化過程，未來尚不可預測。我從宏觀統計看問題，金焱的書中有這方面的記錄，也提到了美國製造業企業微觀的故事，以及故事折射的政策效果，值得細讀。

　　我第一次遇見金焱是在多年前的達沃斯會議上，我們都在聽最後一天的最後一個分論壇，之後她也多次採訪過我。她駐華盛頓時正巧我在國際貨幣基金組織工作，採訪和交流都多了。金焱專業、嚴謹，勤奮，觀察敏銳。每次採訪，她都準備詳細，提出很專業的問題，追根尋源。本書故事生動，資料翔實，分析獨到，值得一讀。

掉。蓋特納那時是紐約聯儲行長，後任美國財政部部長。我當時問蓋特納：「你覺得本次危機的根源在哪裡？當前最需要解決的是甚麼？美國將會走向何方？」

我還記得，蓋特納回答說：「遇到危機監管部門需要果斷行動，不能坐視不管，任其自然；必須採取有力的措施阻止它，不能坐以待斃。目前我們也正在動用一切能使用的權力。」他的回答多少有點出乎我意料，因為在此之前，大多數人相信，美國是一個純粹的市場經濟國家，政府不會輕易干預市場的運行，但危機改變了這一點。

蓋特納還介紹說，當時美國政府的資產負債表是健康的，比許多國家都好；美國大部分企業的資產負債表也是健康的；美國的家庭除了少數因為失業率增長、房價下跌受到一些影響外，大部分也是好的。因此他當時預計，雖然金融危機對美國有一定影響，但也不過是讓美國經濟長期經歷低速增長期，不至於崩潰。

這十年來的事實證明，蓋特納的判斷還是基本正確的。經過一系列的救市政策，美國在危機發生後不到 5 年時間裡，就完全恢復了經濟增長，且在 2018 年創造了 4% 左右的季度增長，這無疑是令人驚奇的。

今天我們回顧這場金融危機，是為了重新思考未來持續發展之路。當時雷曼兄弟破產是危機壓力下的應急之策。因此問題的核心就是雷曼是否應該破產？這個問題有些尖銳，也非常重大，我最終還是問了蓋特納：「如果再讓你重新選擇，你會

讓雷曼破產嗎？」蓋特納當時低頭沉思了好一會兒，搖搖頭，但沒有說話。但我相信，在他內心裡，美國究竟應當如何應對2008年的金融危機，他有他自己的想法。

同時我也很想知道，美聯儲對2008年金融危機的應對是對還是錯？美國經濟進入大衰退後，美聯儲為救助危機面對一次次艱難的抉擇，在連降10次息、把聯邦基金利率從5.25%降到了0-0.25%（零利率），之後進入量化寬鬆時期，採取購買國債等中長期債券等方式，向市場大量「放水」，導致了全球流動性的氾濫。如今正是美聯儲量化寬鬆的逐步退出，引發了對美國經濟可能走向衰退的猜測。這真是一個堪稱經典的危機轉變。專家們分析認為，QE誠然緩和了金融市場中流動性枯竭的壓力，使經濟逐漸恢復，但是這未能為更深入的改革讓路。救助了銀行，救助了大公司，卻沒有詳細討論從銀行家到央行官員、從監管機構到政治家各自要承擔的責任。量化寬鬆政策加劇了資產價格泡沫和不平等，一些已經深入人心的準則也受到拷問。這讓我進一步看到美國方方面面的複雜性，很難一概而論。

最近兩年，美國的變化更大，特別是特朗普就任總統以來，很多新的利益與力量都冒了出來，並大行其道，美國進入了喧鬧的轉折期。比如反對自由貿易而堂而皇之地主張「公平貿易」，反對TPP與TTIP等多邊協定，傾向於雙邊協定；比如「買美國貨、雇美國人」，吸引製造業回歸國等各種亂象，讓越來越多的人認為美國變了。

　　金焱的判斷與我不謀而合。她作為《財經》華盛頓分社社長，近年來常駐華盛頓，寫了大量報道，描述美國經濟與社會正在出現的各種大變化和潛在大挑戰。在這本新書《親歷美國逆轉》中，她對十年前華爾街金融危機事實上是如何演進的，有極為生動的描述，用大量可求證的細節，給我們以很多新信息與新洞見。本書從貨幣政策的角度出發，但沒有就經濟而論經濟，而是更深入地挖掘美國內部各種矛盾如何因貨幣政策而被激化、貨幣政策如何與民眾的危機意識牽連起來，互為因果，最終各種變化和指向帶來了美國的轉向。她發現，金融危機後，民主和全球化受到挑戰。而民粹主義成為一股泥沙俱下的力量，導致了特朗普上台，民族主義沉渣泛起。如果這些力量持續推動，美國必然要進行更大範圍的國家轉向，可能有週期性的變化，也可能是結構性的逆轉。十年前的金融危機應當只是美國轉向的一個例證。

　　仔細看金焱的全書，話題跨度很廣，從美國的政治、經濟、政策，談到社會、外交、文化和思潮流變等問題，多角度地將各種因素與現實相交互的前因後果展現出來，有利於讀者朋友認識一個真實的美國。

何帆　北京大學滙豐商學院經濟學教授

美國怎麼了？

為甚麼特朗普會當選美國總統？特朗普為甚麼要發動對中國的貿易戰？美國這是要顛覆自己一手創立的全球經濟體系嗎？歐洲還算不算美國的盟友？東亞的日本和韓國呢？誰能代表美國？誰又能代表未來的美國？

美國已經不是我們曾經熟悉的美國，中美關係也不再是我們曾經熟悉的中美關係。借用經濟學中的一個說法，中美之間的關係在過去三四十年經歷了一個「大溫和」(Great Moderation) 時代。很多學者把中美關係概括為「愛恨交加」，也就是說，中美關係好了好不到哪裡，壞了壞不到哪裡。遺憾的是，這種判斷已經不再成立。美國已經將中國定義為戰略競爭對手，這意味着，過去幾年美國的對華政策大辯論已經有了「標準答案」。2018 年，中美關係已經擊穿支撐線，可能進入新一輪下跌行情。

在新一輪的下跌行情中，中美關係可能出現的摩擦已經不僅限於經貿問題，有可能會向外交和安全領域外溢，甚至導致雙邊關係敵對化。美國副總統彭斯 2018 年 10 月 4 日發表了一個針對中國的演講，這個演講中所傳達的信息就是美國因未能

他們都討厭以希拉里·克林頓為代表的精英。

這說明，精英對這個世界的看法可能有誤。在精英看來，居然有這麼多人支持特朗普，說明這個世界錯了，但實際上，這說明這個世界變了。有一批美國人並不支持急速推進的全球化和科技進步，他們想要回到過去那個競爭不激烈的「黃金時代」。

跟着金焱，我們將去美國的鐵鏽地帶探訪。她會帶我們到水牛城、底特律、加里、巴爾的摩等地，去探尋美國的製造業復興和城市再造之路。這裡面有成功的經驗，也有失敗的教訓，有往日的榮光，也有未來的夢想。

仔細看，你會發現，美國的製造業一直保持着和全球化的聯繫。鐵鏽地帶的沒落，無非是全球化價值鏈重塑過程中的一個縮影。離岸生產和外包造成了製造業遷出美國，但物聯網、定制化生產、自動化與人工智能的興起是否會導致全球生產佈局再度出現重大調整？我們仍然需要耐心觀察。

跟着金焱，我們將去拜訪各界人士，了解他們對中美關係的觀察。我們會看到，正如中國對美國存在着諸多誤解一樣，美國同樣不了解中國。認知的分歧、利益的衝突，加上政策的誤判，很可能會引發兩國之間更多的摩擦。

這告訴我們，如果想要真正地了解美國，就必須承認，美國是由一群日益分裂的「集團」構成的。內政決定外交，美國的對華政策更多反映出來的是其國內的矛盾。由於美國感受到國內政治分裂的焦慮、經濟競爭力下滑的失望、普通民眾的不

滿，因此，美國要尋求對中美關係的重新定義、對遊戲規則的重新設計，美國仍然會對華「接觸」，但會有更多的「圍堵」。我們可能不得不接受一個「在對抗中尋求合作」的新挑戰。但是，也是因為美國國內政治的分化和矛盾，使得美國難以形成一種有效的對華戰略。

　　金焱為我們展示的美國的「逆轉」，正發生在美國政治、經濟、社會、外交等各個層面。這些「逆轉」會對我們過去的認知模式帶來挑戰。或許，你會發現，美國正在經歷的這些矛盾和衝突久已有之，但卻一直被執政者和精英忽視了。金焱的這本書給我們最大的啟發就是，要想真正了解美國，必須腳踏實地、深入美國社會，你會看到跟你想像中大不一樣的「許多個美國」。

更加超現實。

我常在微信群上與家人、同事、朋友聊美國。談及美國經濟很容易取得共識——靠其內在張力，美國經濟能快速釋放能量，它有相當強的自我修復能力。但美國的種族問題，黑人與白人間的種族痼疾，作為一個移民國家，各族裔間日漸撕裂的現實，讓我這個外人都覺得很沮喪。

我有一個特別要好的黑人朋友，她講的大多數事情我都相信，唯一她說，她當年接到了哈佛大學（Harvard University）的錄取通知，卻決定到華盛頓的霍華德大學（Howard University）念書，因為後者是全美著名的黑人大學，我是打死也不信的。但她的告白彰顯了美國社會黑人和白人的鴻溝，統計數據說，白人擁有的財富約為美國黑人的 12 倍，黑人的失業率、貧困率、輟學率均為白人的兩倍以上。黑人男性犯罪入獄率是 1/15，白人則為 1/106。

很多人把化解美國種族對立的希望放在下一代人身上，我並不樂觀。

華盛頓當地人的熱門去處之一是動物園，恰巧在我住處附近。每年華盛頓動物園「復活節週一」（Easter Monday）都是非洲裔家庭聚集玩樂的日子，已成為民間的傳統。有一年的「復活節週一」，下午三四點鐘，我參加完會議後坐地鐵回家，因忙於處理郵件，我進地鐵車廂時連頭都沒抬。

很快我發現了異樣，在那節車廂中我是唯一一個不是黑人的乘客。整個車廂都擠滿了非洲裔青少年，他們大聲吵嚷着，

詛咒叫罵着白人，每個咒罵都會引發一連串的口哨和起鬨，並把打算上車的白人和其他族裔的乘客逼退回站台上。

我如坐針氈地捱了十五分鐘才到動物園站，我膽戰心驚地從那黑皮膚的海洋中逃出，卻又直接捲入了一場槍擊案。在美國的幾年，我無意中捲入進兩場槍擊案。

在經濟不景氣時，美國政治碎片化、人們情緒對立化的趨勢惡化，這也解釋了那幾年美國重大槍擊案變得頻發，控槍問題成為移民問題、種族問題之外，美國社會極化的另一個焦點。

按美國聯邦調查局的定義，造成4人以上死亡的單起槍擊事件，即被定義為重大槍擊事件。動物園門口的那場槍擊案甚至都沒引起華盛頓當地人的關注，畢竟量級如拉斯維加斯槍擊案，在媒體上鋪天蓋地討論幾天就不了了之了。拉期維加斯槍擊案是2017年275天裡發生的第273起重大槍擊事件，也是美國現代史上死亡人數最多的槍擊案。逝去的生命和「槍權神聖論」互相對立。

種族對立直接帶來了族裔政治大行其道。奧巴馬當選，黑人和少數族裔的功勞不可替代，特朗普當選，黑人投票率非常之低，他當選的功勞要歸給那近半數的美國棄選選民。

很多時候生活在華盛頓，好像生活在一個假美國。這裡我的大多數美國朋友都受過很高的教育，有國際化視野，政策主張比較溫和，這也符合我對美國的想像，但後來才知道這樣的美國只局限於東西海岸和主要都市圈中，局限於很高教育程度的人群中；而我不經常去的美國中部和鄉村地區，那裡受教育

程度不高的中老年白人男性主宰，那可能才是一個真美國。

　　美國的社會分化是地理上的，更是意識形態上的；這個分化是在現實生活中的，也是在網絡世界裡的。

　　作為媒體人，我也偶爾在美國記者圈子裡混。近年來因互聯網衝擊，美國媒體廣告收入銳減，曾經的商業模式受到威脅和挑戰，用戶群體持續流失。美國傳統媒體這些年來努力地尋求新的增長點，指望靠更專注於技術、更加數據化來改變頹勢。但社交媒體等新興媒體的興起和壯大無法抗拒，直接削弱了美國傳統媒體的影響力。

　　我和美國新聞學院的大學生交流時，他們問我，怎麼看美國媒體的弱點，我脫口而出：美國新聞偏政治化，新聞消費有不均衡性。用白話說，就是傾向於民主黨的就看 CNN，傾向於共和黨的鎖定 FOX 頻道，媒體的觀點不過是在反覆強化其自有受眾的政治傾向。

　　社交網絡和新媒體在這方面更是無所不用其極，在臉書上，政治觀點討論帶來的社會分化使我的很多朋友要麼在政治議題上變得極其小心，要麼完全沉默，要麼把朋友分類，政治陣營不同的人只被允許看吃吃喝喝無傷大雅的東西，觀點相同的人才會看到有政治觀點的貼子。網絡上的評論更有泛化為黨派之爭的趨勢。最可笑的是，美國一些轉載我的專欄和文章後面的評論中，也把我貼上了諸如「白左」一類的標籤，甚至沒搞明白我是一個外國人。

　　政治觀點的分歧傷害了人際關係、即使是家人間的密切關

係也是如此。人們傾向於與認同自己觀點的人交流互動。政治觀點調和的可能性越來越小，政治分歧被反覆強化。最終，美國民眾在現實世界的分化，在互聯網上也轉化為各種陣營和聯盟互相對壘。

美國熱衷於領導力的培訓，我也被選去參加過一些。我對美國界定領導力特質的描述記憶深刻，比如他們強調品格和誠信，強調對國家未來的強烈願景，強調將自己的小時代放入歷史的大時代，感覺美國對「以德服人」要求還挺高。

然後就有了特朗普。他不只是沒有「以德服人」，恰恰相反，他信口開河，話語間充斥着政治暴力性的語言，《大西洋月刊》長篇累牘地從心理學上論述了特普朗的特質：自大自戀，和而不同的反面 —— 無可調和，喜好誇限誇大和渲染。所謂領袖的引領，在大的方面是美國用保護主義和「美國優先」來攪動世界秩序；在小的方面，我發現無論是支持還是反對特朗普，他多多少少帶出了人性惡的一面 —— 我親耳聽到過不同陣營的人對意見不同人的惡言惡語。

當然，特朗普是所有問題的一個顯現，而所有問題的根源之一就是貧富分化。在過去三四十年間，富人越來越富、窮人越來越窮。金融危機後政府選擇對銀行業的救助，選擇量化寬鬆，最後的結果是美國 1% 的富人，收入增長要快於剩下 99% 的人。

貧富分化觸目驚心，紐約最有錢的 1% 的人口佔當地經濟的比重是全美 1% 最富有人口佔全國經濟比重的兩倍。這不是

美國的特例。有人說倫敦是「1% 的人口互相結婚」的地方。

美國著名未來學家喬爾‧科特金（Joel Kotkin）告訴我，三藩市和紐約這類的美國大都市正處在「光榮的衰退之路」上，他的意思是說，中產階級會繼續縮小，除了受過極高教育水平的人或有錢人外，對其他人來說，機會將普遍減少。

我在美國能直觀地看到社會階層的分化，也有機會接觸世界 1% 的富人。描述富人的生活如何奢華是件無聊的事，真正讓我震驚的是，那 1% 的富人中，有些人的生活與現實完全脫節。我曾受邀參加一個與白宮過往甚密的權貴人士的家宴。其間我和一個大亨的老婆聊起了在不同場合如何穿戴的問題。我感慨自己到華盛頓時間不長，經常摸不到頭腦。大亨老婆非常和藹地表示理解，她說，白宮每次易主，都會重新引領穿戴的新標準。

那怎麼辦呢？我問。

大亨老婆說，你可以讓你的設計師幫你打理。

見我一臉懵懂，意識到我可能沒有設計師，她使勁想了想說，雖然你的私人購物專家差點，但也能應付。

（二）

初到一個完全不同的國家，我最大的興趣是觀察其形色各異的城市。

我去過的美國城市不算很多，主要是一些工業鏽帶城市。

26

他們在我接觸的盛極而衰的城市史中，被講述得更多。探訪這些城市，還能在街角巷尾找到這些曾經的工業重鎮往昔的輝煌，也能看到它們走出工業衰敗，實現復興的努力。

講一個美國的故事相對單純，但當中國因素參與其中，就變得紛繁複雜。中國和美國因製造業而相生相克的故事在我眼前次第展開。

20多年前，美國一些製造業大州面臨困境，他們想到的出路是，對前來投資的海外製造商伸出稅收、貿易及投資的橄欖枝，引入國際資本以換來產業的升級換代。20年後，奧巴馬政府祭出了同樣的手段，用稅收、貿易和投資政策方面的傾斜來提振製造業。當時恰逢中國企業全球化的征程加速，海外投資井噴式的增長，製造業成為二者歷史交匯的一個節點。

那時候一波一波的中國製造業企業來美國考察投資設廠。中國經濟整體放緩，中國製造業企業的海外投資設廠契合了當時的時代特徵——外國直接投資變得比貿易更重要。人們興奮地談論着中國企業全球化發展進入了新階段。

中國以全球最大買家的萬丈豪情在全球進行資產配置，動作頻繁迅猛，幾個大手筆收購引發了全球的關注。身在美國，我更切實地感受到了中國對併購投資的熱情和信念，估計它和當年的互聯網熱潮、前段時間的比特幣、區塊鏈的各種技術炒作都有一拚。那幾年我不停地聽說身邊有一搭無一搭的朋友都進入了投資併購領域。在微信上，他們不忘在自己的名字後加上一串定語強調，如「跨境投資專注教育」、「礦業投資併購」、

最終惠及當地居民的理念，他們也不認同，甚至對大力發展旅遊業心存不滿。

不只是瀑布城的人這麼偏執，那些過去製造業達到鼎盛然後從高處跌下的城市和地區、那些鏽帶工業城市的居民多多少少都有這樣的心理。

無奈，製造業和商業週期聯繫得這樣緊密，以至於每次經濟衰退都對製造業打擊很大，直到現在，美國部分地區仍未從幾年前的大衰退中完全恢復過來。

作為世界上最重要的中央銀行，美聯儲密切地關注着經濟形勢的發展變化。實際上，美聯儲政策的風吹草動，既牽扯到全球經濟和金融風險，又牽扯到美聯儲與市場的互相博弈，還牽扯到美國經濟的穩固程度，在全球化的今天，聯儲議息會議的決定可以擾動整個全球經濟，也可以直接影響到在製造業衰退中掙扎的美國工人。

美聯儲主席的位置排名是全球的第三把交椅，是世界上權力最大的經濟政策制定者。事後看來，耶倫（Janet Yellen）走馬上任聯儲主席之際，在某種意義上，她無意間在政治上、在競選上拉了特朗普一把。

事情要追溯到 2015 年 12 月，在貨幣政策不確定性的風險基本被排除後，美聯儲最終選擇從超常規貨幣刺激時代轉型，進入到削減資產負債表增長率的時代，耶倫宣佈了近十年來的首次加息。美聯儲當時預見到的圖景是：未來美國經濟繼續溫和擴張，就業市場持續改善。考慮到影響美國經濟的國內外因

素，美聯儲認為經濟活動和就業市場面臨的風險大致平衡。隨
着壓低通脹的暫時性因素逐漸消退，就業市場繼續改善，美國
通脹率將回升到 2% 的目標水平。

　　美聯儲未能預見到首次加息引發了「小型的經濟衰退」，
對能源，農業和製造業等部門造成了嚴重的打擊。這次小型經
濟衰退從 2015 年底延續到 2016 年的大部分時間，拖累了美國
鄉村地區和中部地區一些關鍵的產業，使得在 2016 年的美國
大選中，受到影響地區的選民最終把轉變命運的希望投給了特
朗普。

　　小型經濟衰退的證據是：美聯儲 2017 年 3 月發佈的年度
修訂數據顯示，2014 年和 2015 年工業生產中的製造業增長被
大幅下調。修訂前，製造業在 2014 年 7 月到 2017 年 2 月間增
長了 3.8%。修訂後，增長率僅為 0.9%。對 2015 和 2016 年的
修訂則顯示，很大一部分製造業生產消失，那段時間至 2017
年 2 月的增長僅為 −0.8%。這些修訂後的數字顯示，直到 2017
年 10 月，製造業的發展才超過 2014 年 7 月的水平，換句話
說，製造業在三年中沒有增長。

　　以賓夕法尼亞州排名前五的大城市伊利（Erie）為例，這
個瀕臨美國五大湖之伊利湖（Lake Erie）的城市，是美國製造
業衰落形成「鐵鏽帶」的重災區之一。Michele Scrimenti 是自
由撰稿人兼翻譯，他有個有趣的中文名叫米給力，他就來自伊
利。他告訴我，伊利有很多工廠，主要和塑膠、沙子、礫石有
關，最大的雇主則是美國通用電氣公司在那裡的機車製造部

門。2015 年底，通用電氣公司宣佈伊利要解雇 4500 名員工中的三分之一，解雇潮持續到 2016 年夏，米給力說那段時間當地媒體的頭版有數週都是關於外包——中國電器製造商青島海爾 2016 年 1 月 15 日宣佈與 GE 簽署了合作諒解備忘錄，斥資 54 億美元收購美國通用電氣公司 GE 的家電業務資產。

當地經濟在裁員潮中大受影響，其失業率從 2015 年 11 月經季節性調整後的 5.1% 攀升至 2016 年 9 月份的 7.1%。因此，當特朗普在 2016 年競選期間尖銳地抨擊「跨太平洋夥伴關係協定」(TPP)，說它是美國工人的噩耗時，真是說到了很多當地人的心坎上。那時伊利市已歷經了數十年的外來衝擊：先是上世紀 80 年代開始的貿易全球化帶來的國際外包，轉移了伊利的就業機會；到上世紀 90 年代則有北美自由貿易協定 (NAFTA) 和中國的崛起；世紀之交，自動化開始發力，伊利市一蹶不振。

這個民主黨票倉重鎮，在 2016 年美國大選時集體倒戈支持共和黨的特朗普。事後證明，特朗普當選的關鍵就是密歇根、賓夕法尼亞和威斯康辛等幾個中西部州數萬選票的移轉。這些州的藍領工人面臨的窘境是，強大的工會提供的高工資、福利、社區甚至政治權力轉眼成為昨日黃花，失業的工人從 5 萬至 10 萬美元的年薪，一下子一無所有，時移事遷，新的工作機會要麼在大城市，要麼要大學文憑，要麼就是找些低端零售業和服務業的崗位。

年輕人當然可以選擇得到更多的教育，但教育成本自從上

世紀 80 年代就開始飆升，一年沒有一萬美元都不行，而對那些年齡在 35 歲到 60 歲之間、還要支撐家庭的，真是沒甚麼出路。所以他們選擇特朗普，一部分人寄希望於特朗普轉變他們的命運，或許有人只是藉此給生活在城市裡的自由派們一個大大的「Fxxk You」。千千萬萬個 Mark 形成的憤怒的力量，支持特朗普對「中國製造」說「不」，對傳統貿易動刀，開闢全新的戰場。

特朗普不只是對「中國製造」說不，他圍堵中國技術，對中國進行貿易制裁，各種打算，在經歷了 40 年的輪迴後，中美關係難以回到從前的合作關係。

美國必須找到與中國接軌的方式，中國也必須找到同美國共存的方式，因為這是現實的世界，也是世界的現實。

在我的書即將出版時，我在紐約遇到了華爾街對衝基金之王瑞·達利歐（Ray Dalio）。我問他，對於新興大國與守成大國的競爭關係，誰能更好地管理它們？誰是背後的主宰力量？

達利歐說，國際關係的本質是一場國力對決，並沒有太多的國際法或條文約束。沒有人可以管理國際關係。領導者必須選擇增強國力的道路，這是硬道理。至於對中國決策者的建言，他說，繼續奉行讓中國變得偉大的政策和策略。

第一章

特朗普崛起

特朗普的美國是個非常憤怒的美國

社會情緒的對立充斥在各個角落

憤怒和對立形成的力量助推了特朗普的橫空出世

他的一言一行又持續為美國的憤怒與對立提供氧氣

共和黨和民主黨在這樣的氧氣層中彼此各自敘事

他們爭相向相反的方向拉扯美國本已四分五裂的社會

那些掙扎的人們則努力尋找自己的定位

　　羅姆尼的名字在那兒之前我已經有幾年沒有聽到了。他人生的頂峰是以美國共和黨總統候選人的身份和前總統奧巴馬（Barack Obama）角力。此前他與人合夥開辦了投資公司貝恩資本，在他領導下，公司年投資回報率為 113%，通過控股併購獲利。

　　摩根大通男的話把我帶回到了 2012 年總統大選。那是我經歷的第一次美國大選。共和黨的黨內初選拖沓而冗長。2012 年 4 月 24 日，新一輪黨內初選在東北部的賓夕法尼亞州、康涅狄克州等五個州同時舉行。當天晚上羅姆尼出現在鏡頭前已經是五州連勝的霸主形象。在他看來，那場自 1976 年以來最長的一次共和黨內初選，已經可以提前奏起凱歌了 —— 按照程序，共和黨還有 15 場初選，而羅姆尼離獲得共和黨總統候選人提名也只剩下了一個程序。站在新罕布什爾州喧然沸騰的支持者面前，羅姆尼亮出宣言：「更好的美國始自今夜」，正式開始與奧巴馬對決。

　　羅姆尼是共和黨還算一個不錯的選擇：一個顧家有責任感的男人，一個善於審時度勢，當機立斷的商人，一個在政商兩界都有家道淵源，也有實踐經驗的成功人士。羅姆尼令貝恩資本投資公司轉危為安，把鹽湖城冬季奧運會奧委會從債務危機和行賄醜聞中挽救出來，這些強化了他對自己的商業管理、經營才能及財務管理能力的自信，並認為這些經歷已轉化為競選的技術優勢。

　　羅姆尼的優點這樣突出，以至於當年在佛羅里達州海濱城市坦帕的美國共和黨全國代表大會上，會議的主要目標之一、共和黨人關注的「最緊迫任務」是去除羅姆尼「選舉的最大障礙」—— 反擊民主黨把他描繪成不接地氣的精英分子，恢復他的商業形象。

　　那是美國歷史上最為膠着的一次選舉戰。雙方相持不下，就連

資金的籌集也如此。羅姆尼的競選團隊有強大的籌款能力，奧巴馬的團隊更以有競選資金優勢而聞名。統計數據顯示，民主黨和奧巴馬共籌集資金 12 億美元，羅姆尼和共和黨共籌集資金 11.8 億美元。

從務虛的層面看，羅姆尼和奧巴馬兩個人都有將意識形態讓位於效率的傾向，在政策執行上都傾向於較為理智。兩個競爭對手都是意志堅強的實用主義者，這也難怪羅姆尼的醫改方案與奧巴馬推銷的全國醫改版本所差不多。

但最終，羅姆尼敗給了尋求連任的奧巴馬。

在美國，我試圖去了解美國的總統政治，後來我發現很多權威人士和專家的預言最後大都落空了。2012 年大選期間，我請教的權威人士和專家的觀點是，雙方在經濟策略方面的角逐，將最終決定大選的落幕方式。

《美國政治年鑒》(*Almanac of American Politics*) 一書作者、美國企業研究所常駐研究員邁克爾‧巴羅內 (Michael Barone) 就對我說，經濟問題對於選民的重要性毋庸質疑。在處理經濟問題方面，民調傾向於支持羅姆尼，他的支持率要領先於奧巴馬。

歷史則一再證明，重要的是很多的相關誤差 (correlated error) 項。每次美國大選基本上是選民對此前積累問題的反應，即所謂的相關誤差。奧巴馬 2008 年贏得大選，那也表現了選民對伊拉克戰爭的美國立場，以及對金融危機的反應。伊拉克戰爭的僵局和金融危機後的經濟亂世——金融危機、股市暴跌，步履艱難讓奧巴馬得以成功晉身美國總統。

作為局外人，共和黨對我而言就是亞伯拉罕‧林肯的政黨。民主黨則是經濟大蕭條時推行「新政」的羅斯福的政黨。民主黨和共和

黨的區別可以套用保守主義和自由主義的區別——保守主義者偏好減稅措施，因為它不重新分配財富，也沒有讓政府干涉市場；自由主義者偏好公共支出措施，因為它使政府發揮出更大的作用，且可以改善社會中處境最差者的福利狀況，奧巴馬和羅姆尼的分歧也大體如此。

美國勞工部前副部長、喬治城大學公共政策學院院長愛德華・蒙哥馬利（Edward B. Montgomery）曾在 2009 年擔任奧巴馬政府的汽車業復蘇計劃主管，對奧巴馬的救助政策有着近距離觀察。他對我歸納說，羅姆尼的專注點是減稅，主張降低對企業和資本收入的稅收，削減政府赤字和政府社會開支，減少監管干預。二者最大的區別是，在促進增長上，奧巴馬把政府視為私營部門的夥伴，羅姆尼則將政府比做私營部門的絆腳石。

羅姆尼努力地證實自己傳承了共和黨的衣缽。在經濟政策主張上，羅姆尼恪守了共和黨保守主義的傳統：主張以涓滴經濟學（Trickle-down Economics）為理論依據的低稅收；主張回歸小政府，遠離所謂「歐洲式」福利社會；低赤字。

在意識形態上，羅姆尼也向共和黨的保守勢力靠攏。在此前十年左右的時間，共和黨內部裂痕日益擴大，政治極化，時常訴諸於政治邊緣主義，黨爭尖銳。這一趨勢迫使羅姆尼從 2008 年的共和黨右翼候選人完全蛻變成了 2012 年的左翼候選人，以此擺脱對手説他是「麻薩諸塞州的溫和政客」的攻擊。

共和黨內部保守勢力則繼續崛起，並成為一支強大的力量。在 2012 年大選之後，激進的保守派陸續上演了讓政府關門之類的鬧劇，對此，更主流的共和黨則束手無策。

一個有趣的案例是 2014 年至 2015 年，圍繞美國進出口銀行去留，美國國會保守派展開了政治博弈。美國進出口銀行的主要職責是提供一般商業渠道所不能獲得的信貸支持促進美國商品及服務的出口、增加就業。但針對它的指責則譏稱它是企業福利的典範，痛斥它是裙帶資本主義的標桿等等。

該行董事長兼總裁弗雷德‧霍赫貝格 (Fred Hochberg) 在 2015 年該行被迫暫停經營權之際，接受了我的採訪，自然不忘捍衛他領導的機構的合法性，他說，「美國有強大和有效的私營部門，所以大部分出口不需要靠美國進出口銀行融資。我們的角色相反是為那些商業銀行不能或不願提供幫助的美國出口商服務，使他們能夠開拓新市場，發展壯大，增加更多收入的就業。」

拋去法律層面的細節分析，顯然美國進出口銀行成為政治較量的一個山頭，因為報道美國進出口銀行的命運，我也有機會近距離觀察這個一直讓共和黨覺得難堪的實體機構，許多人把它描繪成政府對企業厚此薄彼、浪費政府開支、或對貿易進行管治的表現。

在意識形態領域，很多人認為，如果共和黨人打算和以「大政府、大花費」為立場的民主黨區別開來，那麼讓美國進出口銀行退出歷史舞台是很順手的選擇，是用立見分曉的辦法來檢驗共和黨能否回到自己小政府根基中去。這場意識形態的戰鬥雙方，一方是共和黨內部的持自由市場觀點理論的人士，對抗的一邊則是在華盛頓政府內部的當權者。

雖然美國進出口銀行後來獲得了期限至 2019 年的再次授權，但共和黨內的分化直接帶來了共和黨選民的分化。共和黨內反對建制派的聲音如此清晰而一浪高過一浪，最終把特朗普（Donald Trump）

推向總統寶座。

<h1 style="text-align:center">（二）</h1>

那年大選羅姆尼敗北，但敗北的原因和經濟議題關係並沒有人們預測的那樣大。四年後，希拉里（Hillary Clinton）敗北，敗北的原因和經濟議題的關係也沒有人們想像的那樣大。人們開始重新梳理思路，發現一句很少被用的金句可以做為解釋：政治是文化的副產品（politics is downstream from culture）。

政治是文化的副產品是基督教保守主義的觀點，大體上有幾層不同的含義：選民的政治觀點大多不像政治學者那樣經過深思熟慮的思考分析，相反，他們更多的是一種表達，包括對價值、對「酷」的事物，對恐懼，對愚蠢和聰明等等的表達；

大多數選民們通常把更多的時間精力和心力用於文化的追求——從大眾傳媒到電子遊戲的消費；從去教堂，去學校，去博物館，參加槍支俱樂部，參加舞蹈活動等不一而足——而不是用在政治追求上。所以對佔據了人們更多時間和空間的事物的態度，會影響和支配那些在他們生活中體量較小的事物的態度。不僅僅是他們的理念和信仰，更是他們所了解和信任的人；

年輕一代更傾向於從文化資源而不是明確的政治資源中，獲取他們的價值觀和「事實」。

比如羅姆尼在臨近大選時才意識到，最具爭議、最敏感的議題之一是移民問題。

羅姆尼在 2012 年初建議非法移民應該「自我遣返」——他們若找不到工作或無法獲得駕駛執照，就應該自行離開美國。半年後羅

姆尼收回此前的建議，説他贊成一個長期的、全面解決非法移民問題的方案。他沒有動搖的觀點是，反對為非法移民提供「大赦」或「磁石」，如駕照、工作和州內大學的學費。

與此相關，羅姆尼犯下的大錯是對少數族裔的忽視。這與其説是羅姆尼的誤判，不如説是共和黨的失誤。2012 年大選中，僅三成的拉丁裔、25% 的亞裔和 8% 的非洲裔選民表示支持共和黨。共和黨失去少數族裔選民的背景是，美國正在發生一場重大的人口變遷，拉丁裔選民那時已快速增長至美國選民的 10%，其中他們中的 70% 把票投給了奧巴馬。

在羅姆尼籌款期間，就有捐款者建議他重視弗吉尼亞州北部。弗吉尼亞是我每週都要去幾次的地方，過去一直是共和黨支持者的勢力範圍，但隨着越來越多的移民和不同族群的選民搬入，那裡的政治格局發生逆轉。弗吉尼亞北部的費爾法克斯郡，1992 年前有 3% 的居民在美國以外出生，2012 年這個比例接近 30%，民主黨兩次大選均在當地全勝而歸。

我的朋友 Don 是加州的專欄作家，每年他都在華盛頓與加州間往返數次，一方面是照顧兩地的房產，另一方面也便於他持續關注兩地的政治生態變化。他向我描述了一個有趣的現象：荷里活明星自上世紀六十年代以來就一邊倒地傾向於支持民主黨，搖滾樂藝人也大多是民主黨人，可能在美國藝術家中，願意認同共和黨保守的社會觀念與政策是鄉村歌手，他們大多在美國南方鄉村的白人家庭裡長大 —— 共和黨、保守派與鄉村音樂是標配。

每個選民價值觀的形成，與其如何受教育本身沒有關係，卻與其價值觀如何形成有關，比如居住在同質、還是多元的環境裡，看

世界是全球視野，還是區域性的眼光。

在共和黨選民中，其文化觀照的窘境表現在，在移民、墮胎、宗教和同性戀權利等問題上過於強硬，無法通融。同時隨着亞裔、拉美裔移民的增加，激發了共和黨選民的深切的認同焦慮感。其中最為極端的例子是 Don 所在的加州。加州在上世紀七十年代是共和黨的天下，到了上世紀末就完全成了民主黨的地盤。近年來，加州登記的民主黨選民數量沒有太大變化，登記的共和黨人數卻下降了10%。Don 在加州的保守派朋友描述説，他們感覺自己的存在就像瀕危物種一樣。

這個現實使南加州風格的共和黨保守主義變成了鬥爭的保守主義。他們並不關心政策有甚麼具體細微差別，似乎一切都為了「反意識形態」。

《華盛頓郵報》(*The Washington Post*) 的政治記者湯姆·漢木博格 (Tom Hamburger) 曾贈我一本他與人合作的書《一黨治國》(*One Party Country: The Republican Plan for Dominance in the 21st Century*)，如今回頭去看，小布殊任總統時，共和黨通過對自身運轉機器的嚴格檢視，一直努力建立保守派的優勢地位，現在共和黨仍然保持了這其中的一些動能。

2014 年中期選舉，共和黨利用白人選民對民主黨的反彈，利用成為少數黨危機「哀兵必勝」的戰略，在國會選舉、地方議會、州長選舉中大獲全勝。2016 年大選，共和黨人在州和地方層面的政治組織工作做得更好，並最大化地利用了選民對特定群體的厭惡、對其他群體政治資格的懷疑以及對自身前途的擔憂情緒，一舉拿下了美國聯邦政府的所有三個部門。共和黨又佔據了所有的政府分支，聯

邦最高法院的天平也因大法官的增補而偏向保守派，因此共和黨在推動其政策立場時更佔優勢。

美國又短暫地回到了一黨治國的時代。

此時的一黨之首是特朗普。他以總統身份面世後，不只搞得美國人手忙腳亂，幾乎全世界都跟着團團轉。特朗普政府顯然在效率上引人注目，以他上任的最初四個星期為例，他共簽署了 23 項總統行政命令、5 項法令，確認了 12 位內閣成員、叫停了 2 位內閣候選人、炒掉了國家安全顧問，發佈了 168 件未刪除的推特留言，本人及新聞發言人在新聞發佈會上和媒體見面三次拾架三次。但與其他總統的滿月期表現相比，特朗普的獨特之處在於，他並未因當選總統而獲得人們的認可，不論是民主黨人還是相當數量的民眾，他們反特朗普的意願隨着時間推移而變得愈發堅定。

2018 年春一個陽光明媚的中午，我與翰宇國際律師事務所（Squire Patton Boggs LLP）國際貿易的聯席主席弗蘭克·塞莫利茲（Frank Samolis）一起午餐，我們聊起了共和黨人的困惑，他說：「你也知道這屆政府是美國前見所未見的。」

特朗普是個異端。我試着理解他作為一個非傳統意義上的總統，他也許希望以商業領袖治理公司的成功模式，使這個龐大的政府機器運轉，治理這個充滿痼疾的國家。

在政治目標與統治策略上，人們卻在特朗普身上看到了查韋斯和普京等的影子：對法治或國家制度體系的獨立性大為嫌煩；國家利益、政黨利益和他個的利益混在一起；打擊異己，拉寵親信。不過我在美國大學教政治的幾個教授朋友倒並不擔心，在他們看來，美國長期的政治史表明，各種各樣的動盪和反覆會時有發生，政黨

也會隨時重新進行調整。

不過事實證明，共和黨在特朗普時代的調整是，它變成了特朗普的黨。

2016 年我到華盛頓整四年。當地人告訴我，四年足以讓一個人在陌生的地方安頓下來。我安頓下來之際，我經歷的第二次美國大選和特朗普的憑空出現卻讓所有人亂了陣腳。我報道領域之一是貿易政策，特朗普當選前，我的貿易報道不鹹不淡，基本出現在雜誌次要的版面上。

在美國大選的籌碼中，貿易政策卻是重頭戲之一。2016 年美國總統競選期間，《跨太平洋戰略經濟夥伴關係協定》(TPP) 與《跨大西洋貿易與投資夥伴關係協定》(TTIP) 則部分承載了美國貿易政策的走向及其對全球貿易格局的導向影響。希拉里和特朗普的貿易政策觀點有共同之處，二者都對以 TPP 為代表的自由貿易協定持負面態度，差異則表現在二者的激進程度上：特朗普非常激進，希拉里相對溫和。

仔細觀察過渡時期特朗普的舉動和言論，我發現他在貿易保護主義上的傾向已超出了競選說辭的範疇。贏得總統大選後不久，他就宣佈將把美國從 TPP 中撤出，他任命的幾個貿易崗位上的關鍵人物都有保護主義傾向。同樣，特朗普對一些他有異議的企業也以關稅相威脅。

最初人們驚呼，這也與國會共和黨人中堅持自由貿易的支持者背道而弛。後來人們才意識到，特朗普用反自由貿易的立場逆轉了共和黨。

共和黨人一直以來秉持自由貿易理念。特朗普用他言之鑿鑿的

「美國優先」的理念和民粹主義驅動的方法，顛覆了共和黨自由貿易的宗旨。

就像塞莫利茲對我說的，美國總統與其在國會的共和黨之間的關係也是前所未有的——總統主導共和黨，完全削弱了共和黨的國會領導人，他們不同意特朗普的所作所為，卻也無法挑戰總統特朗普。所有這些都是全新而陌生的。他舉例說，特朗普對進口鋼鐵和鋁產品發起「232 調查」，很多共和黨領導人、包括美眾議院議長瑞安都不同意特朗普這麼做。但他們從來沒能真正地挑戰特朗普。因此，一些受尊敬的共和黨領導人在經濟和貿易政策上，傾向於完全聽命於特朗普。

塞莫利茲總結說，之所以共和黨人不敢挑戰特朗普，是恐懼他根基的力量。那種力量就是 90% 的人都說他不會競選成為總統，他就在美國公眾面前成為了總統。

羅姆尼也未能幸免。2012 年競選總統失敗後，羅姆尼一直行事低調。在 2016 年美國共和黨內競爭候選人提名時，他高調指責特朗普「既沒有作為總統的氣質，也沒有作為總統的決斷力」，直言特朗普是欺凌弱小、歧視女性還不誠實。

特朗普當選後，羅姆尼語氣大為緩和。羅姆尼似乎接受了其他共和黨同僚對待特朗普的態度和策略，它既可以是他們對特朗普的底線，也是國會共和黨人大多數時候對特朗普聽之任之的原因。在他們看來，只要特朗普推出一些保守主義的政策，從減稅到積極地放鬆監管，並提名保守派大法官，所有其他的東西，無論是赤裸裸的種族主義，各種蠱惑人心，甚至是破壞民主規範，都可以視而不見，聽而不聞——特朗普時代，參議院共和黨人意識並接受了這樣的事

實，他們無法改變現狀。

在我的觀察中，大多數共和黨人並不真的想要特朗普。共和黨想要讓他們的政黨比過去更加有效，特朗普提供了共和黨的所需所想，雖然只是曇花一現。

羅姆尼在 2018 年 11 月贏得猶他州聯邦參議員席位，一時間共和黨內突現曙光。也許羅姆尼會成為制衡特朗普的力量，至少，他會幫助共和黨找尋並重拾保守主義的勇氣和夢想。但像所有那些挺身挑戰特朗普的共和黨人一樣，這個曙光瞬間爆發隨即湮滅。羅姆尼在 2019 年秋因直接間接批評特朗普而再度惹來關注，結果是無論在共和黨的參議院，還是他所在的猶他州，甚至全美國，羅姆尼都因此而備受孤立。隨着時間的流逝，特朗普的身形變得越來越高大，共和黨成為他投在地上的影子。

政治＋正確

在我能熟練掌握的所有英文單詞中，最讓我覺得奧妙無窮的單詞是：「歧視」（discrimination）。來美國前，我聽過好多事例講美國的種族歧視和性別歧視有多麼上綱上線。真的到了美國，才發現「歧視」的定義遠遠超過我的想像。

一次和美國女友們閒聊，我說有朋友從中國來看我，他說我「好像胖了」。美國女友們頓時化容失色，彷彿我這個朋友說的不是「好像胖了」，而是「你怎麼胖得和豬一樣」；對她們來講，這是對「胖子的歧視」。甚至我被告之，不可以像中國人一樣，對一家人的像貌進行排序，說「她是家裡孩子中長得最好看的」，這是「相貌歧視」。

有一天，一幫人討論一對男同性戀，我們各自說了對這對眷侶的看法。其中一個人說，「我不喜歡他們畫了濃妝、四處秀恩愛」，旁邊立刻有人糾正他說，「你這是性取向歧視，為甚麼男女秀恩愛就可以？」

我搬到華盛頓時，奧巴馬第一屆任期已盡尾聲。在第一屆的四年中，奧巴馬投入了大量的時間和精力，逐步推動同性戀婚姻問題，LGBT 這個詞也應運而生。LGBT 指代女同性戀，男同性戀，雙性戀

和跨性別者，中文則直接用更短小精悍的「同志」一詞做通稱。

奧巴馬善於思辯，他的幽默和遠見與他幾乎完美的演講技巧珠聯璧合。奧巴馬着力推動美國關於 LGBT 公眾輿論的巨大轉變，同性戀伴侶結婚這個原來大不敬的問題，逐漸變得越來越被社會所接受，就連把婚姻嚴格限制在一男一女之間的保守共和黨人也轉變了觀念，支持同性戀伴侶結婚的人數超過了反對的人數。

功不可沒的奧巴馬因此成為美國史上首位登上 LGBT 雜誌封面的在任總統，雜誌對奧巴馬這樣評價說：「一位在狂熱支持下入主白宮的總統，似乎在中途勢頭減弱……稍事休整後，他幫助我們實現了婚姻平等，並推出了其他改變我們在美國社會地位的里程碑式提案。」

美國社會的寬容程度日漸增大，尤其在華盛頓，自由開明的人士很多，他們經常介紹我認識一些同性戀伴侶。私下聚會時，我常會聽到他們被社會視為異類的苦痛和掙扎。但不是每個人都像我一樣，能接受和自己差異極大的人。相當一部分人認為接受 LGBT 就等同於接受社會墮落。

尖銳的批評指責奧巴馬有些高傲自大、經驗不足，行事有點「荷里活」。就連在奧巴馬支持率最高的人口分組、黑人當中，也有人抱怨他把太多注意力放在同性戀和移民的身上，卻創造了太少的工作機會。

當美國學校的性教育課上開始講同性戀，講父母再不意味着一男一女時，美國有一些家長開始憂心孩子的價值觀受到影響。這樣的情緒很快因為「廁所令」而發酵沸騰，成為 2016 年大選的轉折點。我認識的一些華人選民因此堅決投入到支持特朗普的陣營中。

　　廁所令是奧巴馬政府出台的法令，要求公立學校允許「跨性別」學生根據「心理性別」而非「生理性別」選擇衛生間和更衣室，「性別」的概念從此開始要包括個人自稱的性別身份。當「廁所令」最初在芝加哥等地試行時，就引發了很多家長，尤其是華人家長的憤怒，後來它成為法令在全美推出，政府威脅不遵守這一規則的學校將被減少聯邦撥款後，一些美國人的憤怒就直接指向奧巴馬和民主黨。

　　民主黨的一些價值觀對一些美國人來講，理想太高，他們跟不上，也不想跟。

　　一個投票給特朗普的美國人對我說，這是有意製造不同性取向人之間的矛盾，大量渲染 LGBT 成為一種時髦，他們擔心孩子被這個傾向裹挾。

　　圍繞於此的輿論在 2016 年 5 月前後推向高潮。記得 5 月 9 日那天，美國媒體都在討論廁所問題，我的微信朋友圈則都在說雷洋的離奇死亡，我那天在朋友圈感慨：中國輿論譁然於雷洋的非正常死亡事件，而在大洋這邊，輿論則譁然於該上男廁，還是女廁的問題。中國的中產階級在國內面對無所不在的利維坦時，集體焦慮；美國的中產階級面對不斷擴大的「政治正確」時，也集體焦慮。

　　我花了很長一段時間去理解甚麼是「政治正確」——表面上，它似乎涉及了一些做人的準則，比如講禮貌，比較體面地處理分歧，避免使用有侮辱性的語言或行為去排斥或傷害身處劣勢或受歧視的人。

　　從積極的意義上說，「政治正確」是推進社會文化多元化的一種努力；從消極的意義上來看，反對「政治正確」的觀點認為它變成一種工具，以保護言論的名義抵銷另一部分人的言論自由——只要左翼人士認為那些社會意識讓人不舒服、認為言論或行為有文化敏感

之嫌就會壓制。用美國頗具爭議的保守主義者安德烈·布萊特巴特（Andrew Breitbart）的話說，政治正確是為了確保民主黨始終佔上風，而對不同群體採用不同規則的政治操縱。

競選期間特朗普也沒少揮動 LGBT 的彩虹旗，但當選後，特朗普立刻 180 度大轉彎，取消跨性別學生獲得符合其性別認同的學校洗手間的權利；取消對就業歧視的保護，實施禁止跨性別者參軍服役的禁令，並在聯邦案件中表示反對同性戀權利。

對被太多的「政治正確」搞得有些消化不良的美國和美國選民來說，特朗普是治療「政治正確」的偏方，他粗鄙、充斥着排外或人身攻擊色彩的言論得到相當一部選民的支持和附和，在一定程度上反應了人們對「政治正確」的情緒反彈。

「政治正確」在某種意義上成為奧巴馬施政不可避免的副產品，甚至奧巴馬自己也曾站出來批評「政治正確」過了頭。

比如，在政治正確的語境下，詢問一個人的伴侶，不能使用諸如「女朋友／男朋友」或「丈夫／妻子」這樣的性別詞彙，要政治正確，就要避免事先假設其性取向或性別，也不能暗示他們是否會選擇結婚，政治正確的詞應該是「partner」（搭檔）。

日常交談如此，在國家政策上也有相應政策調整。比如為幫助弱勢種族免受大眾對其臉譜化的、先入為主的偏見，讓處於不利地位的少數族裔順利入學，奧巴馬政府主動降低了非裔、拉丁裔等的大學入學門檻。

這是一個「政治正確」的舉措，意在促進高校的多元化，鼓勵美國高校把種族考量列入招生指導原則，平衡美國歷史上對少數族裔的歧視而帶來的社會分化。但奧巴馬政府推出的「平權法案」的結果

是，學業優秀的亞裔學生和白人反而受到了反向歧視，「擇優錄取」變成了「擇膚錄取」。

對這項以種族和膚色為基礎的政策，雖然有其道德正當性，但引發了大量的反對。

特拉華大學教授琳達·戈特弗雷德森（Linda Gottfredson）給我解釋說，「多樣性」如今變成了種族比例的代碼或類似的東西。它與思想的多樣性，或英才教育都無關。以前講非歧視（non-discrimination）原則，是指按照相同的標準對待每個人。到了 20 世紀 80 年代，人們清楚地意到，非歧視原則並未產生所有種族／族群相同的比例，於是多樣性的說法取代了非歧視原則，宣稱多樣性本身就是對每個人都有利。因此，當種族配額的舊理由被證明是錯誤的，是種族歧視時，多樣性出來站台。這是對經濟效率徵稅。

回想起來，在美國這幾年中我唯一接觸到的華人奮起反抗的事例，就是抗議哈佛大學等常春藤盟校在招生中的「種族配額」存在種族歧視。

其實在美華人的心態基本和「抗爭」沾不上邊。相反，有人總結他們的心態是「小農心態」，逆來順受，明哲保身；「過客心態」，不把美國當成自己的家，只看中國新聞，不看美國新聞；「難民心態」，覺得美國甚麼都好，能將就就將就。

華人這次選擇奮起反抗也很好理解，為了孩子。到了美國，我聽到的最多的故事就是中國人如何義無反顧地犧牲自己、成全下一代。華人的努力見了成果，特朗普政府宣佈將會廢除奧巴馬時期留存的有關大學招生錄取的「平權法案」的指導意見，哈佛也被訴招生歧視亞裔，偏袒其他少數族裔。

在奧巴馬任期內，國內政策如此，對當時全球最危險的外交政策挑戰伊斯蘭國 (ISIS) 時也是如此。ISIS 在中東地區迅速崛起、不斷擴張，並將美國作為主要的恐怖襲擊對象。奧巴馬在不同場合指伊斯蘭國「不是伊斯蘭」，只是基地組織的「初級預備隊」。除了在認知上和戰略上的混亂和錯誤外，共和黨批評說，奧巴馬一味維持所謂「政治正確」，以致不肯說出「激進伊斯蘭」和「伊斯蘭恐怖主義」等字眼。

越來越多的研究表明，經濟問題在 2016 年前後對大多數特朗普的選民來講不是問題，有經濟困難的藍領白人選民更傾向於支持希拉里。就連半福利性質的奧巴馬醫改也和特朗普當選關係不大，最終決定他們選票的，是美國社會的發展方向。

所謂社會的發展方向，很大一部分是指政府對社會底層、對少數族群的國家政策。一些美國選民認為民主黨不去操心大事，重點都放在「廁所」這樣的破事上；面對恐怖事件，不去操心防範於未然，重點都放在咬文嚼字上了。

以美國少數族裔裡投票率最低的華裔為例，我的朋友 Jack 給我列出了華人中產拚死推翻民主黨而選特朗普的原因包括：奧巴馬下令不遣返非法移民，希拉里揚言要大赦 1200 萬非法移民；民主黨推動全民最低收入制，即對不工作者和低收入者，政府有責任發給現金，補齊到最低收入線；奧巴馬和希拉里都要大量吸引穆斯林難民；支持黑人暴力組織 BLM，一貫在警察執法中偏袒黑人；民主黨推動在押犯人的投票權；奧巴馬要矽谷的高科技公司保證雇員人種比例符合全國人種比例等等。

回頭看民主黨競選的失敗，Jack 了解到，民主黨精英的規劃是

推動全球化的實現，創造一個產品沒有關稅，人員充分流通的世界。這讓 Jack 很吃驚，他對我說，奧巴馬在台上八年，美國社會價值觀有了很大的變化，但是根本的人性很難改變。變得太急肯定要出問題。

Michael 是美國大學政治學教授，這個高大的美國人卻讓我覺得有些民國文人的氣質。他眼中的奧巴馬不是一個好的政黨領袖，沒能帶着民主黨引領國家走向未來。具有諷刺意味的是，奧巴馬一直要傳達的信息是希望美國民眾要有歷史視角，更要有信心和耐心。2012 年奧巴馬團隊發佈的競選口號是「前進」，想以此激發選民鬥志，相信在奧巴馬的領導下，美國終將會走上康莊大道。實際上四年之後，他把繼任的位子傳給了民主黨老守衛者希拉里，後者卻根本無法維繫奧巴馬建立的那個年輕的、有前瞻性的聯盟。

2018 年結束之際，由於中期選舉的勝利，民主黨有了底氣。雖然仍被內鬥消耗、但在捲土重來之後，民主黨需要強化自身力量已成為黨內共識，新一代的年輕人則因反對特朗普而走到一起，雖然讓他們為馬首是瞻的人物尚未出現，至少他們提供了革命的火種。

特朗普的擁躉

（一）

我永遠記得特朗普第一次闖入我的世界的情景。

那是 2016 年初的一天下午，天氣乍暖還寒。電視開着，不過是作為背景噪音。電視中細數着美國大選的共和黨候選人 —— 那年共和黨候選人人才濟濟得有些擁堵，無論是前佛羅里達州州長傑布·布殊、威斯康辛州州長斯考特·沃克、前阿肯色州州長哈克比、還是德克薩斯州參議員克魯茲、佛羅里達州參議員魯比奧、肯塔基州參議員保羅、新澤西州州長克里斯蒂以及俄亥俄州州長卡西奇，在我看來，哪一個單挑出來都有總統相。

電視裡介紹的是地產大亨唐納德·特朗普。特朗普開始説起他的智商，讓我立刻停下手中的事，跑到電視機前。他説，"I always told people, you know I'm a very smart guy."（「我總是告訴別人，你也知道我是個非常聰明的人。」）一般來講，公開在電視裡誇自己聰明，就這一點就足以證明他沒有那麼聰明。我饒有興趣地湊到電視前看這個大言不慚的聰明人，看到了特朗普的那一頭亂髮 —— 就像從火

災中的假髮廠現場搶救出來立刻戴在頭上一樣。

特朗普出乎全世界的預料當選了。特朗普的當選估計是政治學、社會學、人類學等各學科需要在相當長一段時間內研究的現象，但可以確定的是，特朗普的選民之基功不可沒。

所謂特朗普的「選民之基」有多種不同的含意：可以指忠實於特朗普本人的個體；或者只是追隨反移民政策的群體、也可能是那些認同基督教民族主義者的政治觀點的人，對後二者而言，是不是特朗普無所謂；也可以指那些總體上忠實於保守的共和黨議程者；還有可能是很多其他不能一概而論的情況。

籠而統之地說，激發美國選民支持特朗普的動力是對知識分子、媒體、學者、技術官僚等所代表的精英主義意識和傲慢的怨恨——那些人總是高人一等的樣子，居高臨下藐視另一部分美國的眾生，比如——大談氣候變化試圖把控他們的生活，或者用氣候變化來侮辱鄉土社會人們的智商；奧巴馬政府總試圖用監管政策來控制他們的行為；信教群眾認為同性戀正在佔領這個國家，等等。而民主黨的政治組織薄弱，使這種怨恨成為一種力量，並佔了上風。

以美國華人為例，他們向來政治傾向寡淡。在美國少數族裔中，華裔投票率一向是最低的。但在 2016 年美國總統選舉時，華人給外界的印象是異常狂熱地支持特朗普。兩年後，當我要找這些特朗普的擁躉時，一部分人回覆我說，他們的圈子裡沒有甚麼特朗普的支持者；另外一些人說，不願意談，尤其不願意外人知道他們選了特朗普，因為支持特朗普都成過街老鼠了；還有幾個在微信上回覆我說，這個問題很敏感。

我個人理解，所謂「支持特朗普很敏感」，是因為圍繞特朗普的

爭議太多。

最後大約 20% 我所聯絡的華人沒拒絕我，但提出不用其中文姓名接受採訪的條件，他們和我直接或間接接觸到的特朗普支持者類似，幾乎都不是特朗普的鐵桿粉絲（「川粉」），大多數人形容當時投票給特朗普而不是希拉里，是「在兩個爛蘋果中選看起來稍微好點兒的那個」，所謂「兩害相權取其輕」而已。

特朗普上台一年多後，投票給特朗普的美國人分裂成三個陣營：鐵桿「川粉」們對特朗普「死了都要愛」；另外一些人對特朗普失望至極，悔不當初投錯了票。在推特上專門有一個「Trump Regrets」，是這些吃後悔藥的人抱團取暖的所在。夾在兩者中間的則是那些對特朗普繼續支持，但有些微詞的人，特朗普的華人支持者多在這一陣營中。

這些民眾對特朗普的微詞，集中於他像走馬燈似的換高級官員。這個現象貫穿於他的任期，有估算說平均每 17 天就有一位高級官員離職。2018 年，美國智庫布魯金斯學會對比分析列根（Ronald Reagan）、老布殊（George H. W. Bush）、克林頓（Bill Clinton）、小布殊（George W. Bush）、奧巴馬和特朗普擔任總統前兩年間白宮的流動率，得出的數字分別為 59%、17%、58%、17%、41% 和 83%，特朗普政府以 83% 而藐視群雄。被換掉的都是總統的核心班底：從國家安全事務助理、白宮辦公廳主任、白宮新聞秘書、白宮首席戰略師、白宮國家經濟委員會主任，直至聯邦調查局長、國務卿、國家安全顧問、環保署長、美國常駐聯合國代表等。

特朗普的華人支持者對特朗普更多的是讚賞和仰慕。比如特朗普競選時說要重新談判貿易協定、收緊移民政策、加大國防投入，

進行稅制改革，都在一一兌現，認為他比歷屆總統都實幹，雖然阻力重重，但他盡最大的努力兌現他的競選承諾。

其中一個特朗普的支持者這樣向我分析他們的群體：美國經濟對大多數大陸移民來講不是問題，他們大多生活殷實，就連半福利性質的奧巴馬醫改也和他們關係不大，所以最終決定大陸移民選票的，是美國社會向何處去的問題。

即使中美貿易紛爭不斷，對抗頻繁升級，支持他的華人也不覺得有何不妥。他們指出，這次爭端並非特朗普個人一意孤行。以前每次中美貿易爭端，共和黨溫和派和商業團體都會出來為中國遊說，但這次到現在為止還沒有。為甚麼？美國上上下下觀點比較統一，多數人都認為應該對中國做點甚麼，唯一可能有分歧的地方是在手段上應當有多激進。

對於中美貿易戰帶來的成本，他們認為一個可能的結果就是某些東西會漲價。不過，一個美國賓州的中國大陸移民就對我信誓旦旦地說，「我寧可多付 30% 買進口產品，也不願意多付 30% 的稅去養活那些因為不公平競爭失業的美國工人。大量人失業後帶來的問題不僅僅是金融上的。」

所謂的不公平，在這些支持特朗普的擁躉們看來主要是兩條：一是中國大陸靠大市場逼迫美國企業做技術轉讓，二是中國對國企重點扶持，貸款支持充足。一個上世紀八十年代初的清華大學畢業生，參加過一些支持特朗普競選的活動。他說，表面上看特朗普是發難的一方，但如果看過去十幾年雙方貿易的情況，問題在中國，美國容忍了不公平的貿易，家大業大嘛。現在地主家也沒有餘糧了，以前那些便宜就得收回。

德州的華人醫生 David 是特朗普支持者中相對平和的一個。他的觀點是，目前特朗普政府起碼沒在政治體制與意識形態上刁難中國，否則損害會更大。

有一篇文章提到，華人既是種族歧視的受害者，同時又是一個對種族歧視不會感到特別不適的群體。在美國，很多遵紀守法的華人成為某些非洲裔和西裔毒品、暴力和騷亂的受害者，他們對美國政界維護非洲裔、西裔和中東裔利益的政治正確感到厭煩，因此期待一個對政治正確缺乏興趣的政治強人來改變現狀。該文最後指出：「你甚至可以說，他們所期待的幸福，就是別的種族的不幸福。」

這個對政治正確缺乏興趣的強人適時出現了，他就是特朗普。

Tina 生活在弗吉尼亞，在她眼裡，特朗普形象不太好，沒有政治經驗，醜聞一大堆，但她堅信「缺點很明顯的人反而不會做特別的壞事」。和很多苦學多年才通過留學從大陸到美國的華人一樣，Tina 的政治訴求是移民政策改革。

特朗普一直以來就非法移民問題「喊話」鄰居墨西哥，派 5600 名軍人和另外 2100 名國民警衛隊員進入美國邊境地區協助打擊非法移民活動。Tina 對在墨西哥邊境建牆不關心，也不認為移民搶了美國人的飯碗，但她認為美國移民魚龍混雜，甚至非法移民變成了被同情的弱者，她無法接受這樣「黑白顛倒」的現實。

和中國相關的事實是，隨着中國科技加速前進，特朗普政府針對華人高科技人才向中國的流動實施更加嚴格的限制，推出了限制中國留學生的嚴格政策；隨後推進了一項旨在提高移民質量並減少綠卡發放的移民政策；隨後跟進的現實更陰鬱而怪誕，美國聯邦調查局（FBI）在各高校加強了對研究實踐的審查，美國執法部門和情

報部門決心打擊非法轉讓知識產權給外國競爭對手的行為，為此他們鼓勵美國學界和行政人員制定更為嚴苛的條例來監視外國學生和訪問學者，尤其是中國學生。針對中國學生和華裔學者的恐懼和不信任在特朗普任上如盤旋在美國上空的大氣環流，它引發的擔憂長久不散。

2019 年夏初我到亞特蘭大出差，那裡的埃默里大學正處在風暴的中心。5 月底，埃默里大學醫學院以未充分公開來自國外的研究經費以及在中國研究機構和大學工作的範圍為由，解雇了華人教授李曉江和李世華，李曉江的實驗室也被解散。埃默里大學只有不到 30 名華人教授，那時已有數名離開或打算離開。

李曉江和李世華在治療一種名為「亨廷頓舞蹈症」的遺傳性疾病上取得基因編輯技術的重要進展。除了個人在科研領域奮鬥成頂尖學者外，他們研究的象徵意義在於，它成科學全球化的典範。全球化受挫，他們也陰差陽錯成為受挫的一分子。

在亞特蘭大的幾天，同中國有關係的學生、科學家受到歧視的例子當地人給我講了很多。其中一個朋友告訴我，一個中國留學生那時在美國聯邦儲備委員會下屬的 12 個地區聯儲銀行中的亞特蘭大聯儲實習，但由於她的中國身份，亞特蘭大聯儲限制她接觸一些具體數據，導致她寫論文困難重重。比如，中國某大學進行海外校友聯誼活動，也由於「時間敏感」被美方取消。中國留學生簽證受限、拖延的現象在這個大背景下幾乎都是小事一樁。

不過支持特朗普的華人認為，他們已是美國公民，只要奉公守法的就不會有問題。

我不太理解的是，就算是特朗普的一系列政策給華人帶來的都

是利好，但以貿易爭端為例，若雙方無法解決分歧，中國和美國企業各自從對方市場獲得利益的格局就會打破，雙方都可能承受巨大損失，華人為甚麼不擔心呢？

Jack 以自己的經歷從側面解釋了他的心路歷程：他所在的非營利的科技信息機構每年以向會員收取 100 美元左右的年費及通過部分項目付費的方式掙錢。該機構華人佔很大的比重，他們發現經常會有來自中國的網絡攻擊，於是通過外交途徑討要說法，但最終卻不了了之。

這一非營利機構的相當一部分客戶來自中國，中國是他們很大的一個市場。但中國客戶抱怨說，由於存在網絡防火牆，訪問他們網站並不容易。於是他們想了個辦法，在防火牆裡建一個鏡像，方便中國大陸客戶訪問，但由於是美國的機構，他們被各種繁雜手續弄得精疲力盡，最後也放棄了。Jack 說，「我們每次開會一提到中國都頭疼。」

Toni 是一家投資公司的創始人，也是特朗普的支持者。他對我說，特朗普的方式方法很直接。在貿易方面，貿易逆差要應對，他的想法可能是對的，但方式太直接了、攻擊性太強了。在 Toni 看來，2017 年美國從中國進口了 5600 億美元，但僅向中國出口了 1300 億美元，存在明顯失衡。如果中國能保住這 5600 億美元的對美出口，再對美國擴大市場的開放，就會減少貿易逆差。

在經濟學家眼裡，要減少 1000 億美元貿易逆差，在現有全球產業鏈分工的代工廠結構下，在經濟行為上短期內是不能夠實現的。首先美國人拿甚麼跟中國交換，高端源代碼是不可能的，難道靠大豆、牛肉縮小逆差？

　　大豆代表着美國最敏感的農業問題。2017 年，美國大豆的出口量總計為 5313 萬噸，其中對華出口量達 3286 萬噸，佔大豆總出口量比例高達 62%。大豆出口額佔美國對華出口額比例為 11%，佔對華出口農產品金額比例為 58%。大豆出口對美國農產品貿易舉足輕重，特朗普獲選總統不只是華人的力挺，而是那些盛產大豆的搖擺州倒向了他。

　　所以當中國狠下心來動特朗普的農業票倉時，一些支持特朗普的美國農民壓力很大，部分人公開表示不確定是否會繼續支持特朗普，這引起了一些特朗普華人支持者的憤怒。對特朗普的華人支持者來説，這是公事私辦。有人發給我的一條頗有代表性的評論這樣説，「我的直覺感覺，這就像商業競爭者之間做掉對方家裡人一樣，比通常的不專業還下作。」

　　至於特朗普拿中國的航天、信息等開刀，他們的反駁是，特朗普是商人，他喊出了甚麼不一定會真做甚麼，這是一種策略。

　　Toni 在洛杉磯，他認為中國應該開放科技市場，讓 BAT 等與美國的 GAFA（谷歌、蘋果、臉書和亞馬遜四家公司的首字母縮寫）等對峙，他説，「不要因為怕打不過而去封閉市場，説不定中國的企業很有競爭力」。劉煜輝的建議則是，有條件地開放數字和服務貿易市場即互聯網。他説，實際上美國想要的是中國巨大的互聯網經濟，14 億人有效地連接在一起，人和人連接、人和物連接、物和物連接。5G 的升級，在國家力量支持下，中國人在這個方向上領先歐美半個身位，所以美國進入不了這個市場會很吃虧。

　　貿易逆差只是一個問題。David 代表的是另一個類型的華人選民，他們做很多中美交流的事情，當初正是考慮到希拉里對中國不

友好，擔心她上台後對中國會用更極端的手段，所以在沒有更多選項的前提下，票投給了特朗普。

David 堅信特朗普是靈活的商人，商人有利益方面的需求，而特朗普最看重的是經濟利益，換句話說，一切都是生意，都是掙錢，這對中國並不都是壞事。

（二）

2017 年 11 月底，感恩節，作為外鄉人的我收到朋友邀請去她弗吉尼亞的家裡赴宴。朋友溫婉優雅，是傳統的美國女性，因此我設想迎接我的將是一個典型的美國家庭，和一個典型的感恩節之夜。在接我去她家的路上，朋友簡短的幾句話顛覆了我所有的想像：她離異，女兒新婚不久，是同性戀；大兒子在做變性手術，小兒子在找工作。

在朋友家「愛和感激」的感恩節氛圍中，大家聊得開心，我無意間一個笑話說到了特朗普，餐桌氣氛立刻大變，大家紛紛找藉口離席。後來我被拉到一邊說，朋友的小兒子是特朗普的支持者，其他人都反對特朗普，所以任何關於特朗普的話題都會讓家庭成員的情緒對立起來。

得知朋友的小兒子狂熱支持特朗普後，我特意留心觀察他。23 歲本該是朝氣勃勃的年齡，他的肩膀卻無精打採地垂着，感覺空氣也隨着他下耷的肩變得沉重。他沉默寡言，一晚上沒說過幾句話。從聊天的隻言片語中，我拼湊出他的生活：社區大學沒念完就輟學了，工作也隔三岔五的換，生活不穩定帶來的拮据讓他的笑容總有一絲尷尬。感恩節那天晚上，他帶來一大袋子的髒衣服，好趁機用

一下我這位朋友的洗衣機。

　　他去洗衣服時，朋友的家人迅速地給我補了一課，特朗普沒有甚麼特別的政策吸引朋友的小兒子，但前者身上表現出的超級大男子主義，無論是他對女人的態度，對競爭對手的不屑、還是他四處炫耀的支配慾，對於朋友的小兒子這種剛進入社會、迷茫於尋找自己人生目標和社會定位的人來說，代表着一種可能，一種力量。

　　奧巴馬在位八年，正是以我這位朋友的小兒子為代表的美國年輕人政治意識培養和樹立起來後，進入社會、成家立業之際。這八年也是兩黨僵局、運轉失靈和政府關門如影隨形的八年。到了奧巴馬執政後期，更有國稅局 (I.R.S.) 醜聞、班加西事件，克林頓基金會「斂財」醜聞、希拉里「郵件門」等等，各種醜聞疊加，令白人選民對政客產生了深深的不信任感，美國政客的形象在一部分人心中轟然崩塌。

　　在美國公眾眼中，國稅局是聯邦政府最大權在握的部門。國稅局針對茶黨等保守派團體進行「更嚴格稅務豁免檢查」，以公民的政治觀點為核定稽查目標的依據，公器私用，把政府的權力與打壓政治對手的工具混為一談；國稅局醜聞外，又有美國駐班加西領事館遭長達 8 小時的圍攻、大使命喪黃泉，奧巴馬政府坐視不救，事後又遲遲不承認恐怖襲擊的種種不堪；更擊中選民要害的是，光彩照人的希拉里在擔任國務卿期間，未獲允許便利用私人郵箱處理公務，也未在卸任前提交所有處理國務院事務的電郵、未能遵守《聯邦檔案法》。

　　希拉里在聯邦調查的陰影下投入競選。此前她一度被人稱為政壇席琳狄翁（Celine Dion），後者是多屆葛萊美「最受歡迎女歌手」，

希拉里是全球知名的女政治家，廣受藍領和女性選民的擁戴；她們都有狂熱的追隨者，喜歡希拉里的人認為她智慧卓越、性格堅毅，但輕慢和「捨我其誰」的態度讓她的總統夢在 2008 年破碎；2016 年，選民嚴重質疑她的個人誠信，讓她的總統夢萬劫不復。

從未涉足政壇的特朗普此時適時出現，應和了不滿的情緒，並填補了政治真空。美國的總統大選，實際上是選民對無形的期望進行投票。特朗普君臨天下，帶來了憑他一己之力推翻華盛頓建制派的可能性，給這些失落的人以希望，他們重燃信念，但與其說他們支持共和黨候選人特朗普，不如說支持特立獨行的特朗普。

在美國的大學生中間，特朗普支持者在某種意義上是「弱勢群體」——他們數量極小，支持特朗普意味着他們要麼被看作是種族主義者，要麼被認為沒有大腦思考、弱智，要麼像特朗普一樣是個渣男……這讓他們挺身而出表達支持特朗普需要極大的勇氣，等待他們的很可能是奚落和敵意。

2016 年大選一周年後，《華盛頓郵報》在 2017 年底做了一份調查發現，美國白人中有 41% 的千禧一代投票支持特朗普。美國對「千禧一代」沒有嚴格的年齡界定，基本上指 1980 年代到 2000 年間出生的群體。千禧一代有 8300 萬人左右，是美國最具種族和族裔多樣性的一代，也是人數最多的群體。在政治意義上，達到合法選舉年齡的美國千禧一代在人數上接近嬰兒潮一代。這些都使千禧一代的政治選擇變得舉足輕重。

美國青年選民在 2008 年奧巴馬競選總統時功不可沒，他們的政治力量日益壯大。但在美國分化的社會中，千禧一代的政治價值觀和力量也有明顯的分野。

　　無黨派的公民學習和參與信息和研究中心（The Center for Information and Research on Civic Learning and Engagement）把關注的重點放在美國年輕人、尤其是被邊緣化和弱勢的年輕人的政治生活上。他們在對特朗普的千禧一代支持者做更為細化的研究時發現，居住在偏遠的鄉村地區的年輕選民與在郊區和都市區的同齡人相比，其觀察、參與和了解公民社會、參與政治的機會要少很多。

　　在偏遠的鄉村地區的青年中，有 60% 生活在公民沙漠中 —— 缺乏有意義的公民參與選擇。儘管美國青年選擇特朗普的因素有很多，但一個關鍵的解釋是對政治的異化感，這是公民沙漠中普遍存在的現象。與居住在都市區的白人（39%）相比，在公民沙漠（43%）和農村地區（17%）居住的白人中，千禧一代對特朗普的支持率尤其高。

　　2018 年春的一個週末，HBO 在播其新出品的電視劇《此時此地》（*Here and Now*），由於劇情過於接地氣，我一度搞不懂是在看紀錄片還是電視劇：雖然它試圖通過一個家庭展現美國多元文化理念的衝突，但故事的矛盾衝突過於家常里短，搞得敘事展開的節奏相當緩慢。

　　我印象最深的一幕是 4 歲的小女孩告訴她的黑人媽媽，小朋友說她是屎（poopy），因為她的皮膚是棕色的。正糾纏於黑人受到不公正待遇的黑人媽媽就去找白人小朋友的媽媽理論。

　　童言無忌在美國是否行得通我不太知道，但一個電視劇要鋪陳這麼多的場景去展現種族問題讓我有些震驚。

　　當電視劇中白人小朋友的媽說，「我們不應該教孩子把人分成黑人、白人時」，我忽然意識到，經歷了長時間的社會發展後，美國如今在經歷一場認知上的逆襲，整個社會從價值觀的分裂到想法的分

裂，到對事實真相的評判都出現了大回轉，甚至類似於「歧視」這樣的社會共識也要重新來過了。

我第一次踏上美國國土是小布殊任期快要結束之時，那次美國行帶給我最大的震驚是，西班牙語在美國生活中的大行其道。我認識的一個朋友從邁阿密到華盛頓來找工作，他說來到華盛頓才感覺真的到了美國，因為在邁阿密，西班牙語甚至比英語用得更廣，說西班牙語更有經濟優勢，好像他一直生活在一個假美國。

那些年美國人口敘事的主旋律是少數族裔、尤其拉丁裔的迅速增多。小布殊靠拉丁裔美國選民的支持攻城略地，讓很多共和黨人大呼西語裔選民將在很長時間裡成為保守派多數黨的基礎。但 2012 年總統大選，共和黨候選人羅姆尼在西語裔選民中的得票率只有四分之一強，奧巴馬贏得 71% 的拉丁裔選票，贏得了大選。自那時起，公共輿論集中討論的是，拉丁裔活動人士通過草根組織和社區運動集結起自己的政治影響力，同時新一代的拉丁裔領袖，那些人受過高等教育、精明、富有，他們以不同的方式影響美國的選舉和公共政策。

在種族結構天平的另一邊，白人在美國人口比例中的份額迅速降低，並伴隨着嚴重的老齡化。2012 年大選後，白人逐漸成為少數族裔的報道鋪天蓋地。2016 年美國新罕布什爾大學卡西公共政策學院發佈的研究報告的數據表明了這一趨勢：美國的非拉丁裔白人 1980 年在美國人口中的佔比為 79.6%，到 2014 年下降到 61.9%。而在 15–34 歲的人口中，白人只佔 56%，15 歲以下的少年兒童則佔比不到 50%。

美國人口調查局把逆轉時間定格在 2060 年，那時美國的非拉丁

裔白人將只佔 43.6%，白人將徹底喪失多數族裔的地位。白人卻並未因此變成受關注的中心。在奧巴馬從政的八年，美國所有的信息指向是，政客要改善黑人和拉丁裔選民對他們的看法，要把黑人和拉丁裔變成其依靠的力量。

這在教育領域表現尤為突出。

在大學教育上，為使處於不利地位的少數族裔順利入學，奧巴馬政府主動降低了非裔、拉丁裔等大學入學的門檻。結果，學業優秀的亞裔學生和白人反而受到了反向歧視，「擇優錄取」變成了「擇膚錄取」。這件事引來了很多爭議，比如，私立大學自己是否有決定要甚麼樣學生的自由權？大學是否人人適用？

在智能和智力測量領域及其政策應用上的專家戈特弗雷德森告訴我，聲稱靠種族配額制就會把不同群體中有能力的個人平等地帶入工作崗位或是大學教育，可能更像是平等主義小說，受到集體欺妄的支持——許多人聯合起來堅持謊言是真的，若被某個大人物公開認可了，就變成了高尚的謊言，但謊言仍然是謊言，現實很快就會揭曉。

以前在精英學校裡也發生過用配額來限制猶太人的數量，同亞裔一樣，他們在大學學生中佔很大比例。比較起來，硬扶植起來的族群難以有上佳表現，他們就聲稱受了歧視。這使得白人（特別是白人男性），亞裔和猶太人受到反向歧視。

物極必反。部分白人由此產生了深深的認同危機，這種對未來的恐懼促使他們轉向政治保守主義，特朗普讓他們找到了答案。

加州大學副教授邁克爾·特斯勒 (Michael Tesler) 研究美國政治、種族、民族與政治，他指出，在白人「千禧一代」中，種族情緒和白

人脆弱感的相關性最強。經濟焦慮不會引發種族怨恨；相反，種族怨恨卻推動了經濟焦慮。約 36% 的美國年輕白人、約 43% 的年輕白人男性在一項調查中表示，美國社會對白人的歧視與對少數群體的歧視一樣嚴重。

（三）

從行政邊界上看，美國首都華盛頓是座面積 177 平方公里的小城。人口 69 萬的華盛頓絕對是民主黨的天下。剛搬到華盛頓時，我的美國朋友們向我描述了奧巴馬來到華盛頓，帶來了一批年輕人，把這裡原本僻靜荒涼的黑人聚居地的 U 街、H 街、Columbia Heights 和 Shaw 等街區帶動得熱鬧起來。到了特朗普時代，這些地方充斥着反特朗普的 T 恤和街頭行為藝術。Spring Valley 算是華盛頓老一代共和黨人的地盤，對特朗普也不怎麼待見。

據說追隨特朗普的千禧一代於是悄然在華盛頓邊緣地帶定居，他們遠離華盛頓老城區，向東南部開拓，遠離那些政治見解不同的華盛頓人，生活在自己的圈子裡。但具體到個人生活，與非特朗普支持者完全隔絕並不現實，但環顧四周，華盛頓的適齡人口以自由派人士為主，這讓特朗普支持者的婚戀機會驟降，約會都變成了挑戰。有約會軟件公司進行的調查顯示，71% 的用戶認為「政見不同」是約會中的「致命傷」。好在 2018 年秋，這些忙於「讓美國重新偉大起來」的特朗普擁躉看到了曙光，為特朗普的追隨者量身定制了約會軟件 Donald Daters 問世，由此「美國（可以）重新約會起來」。

華盛頓城裡的特朗普追隨者太少了，要找特朗普粉絲集中的地方，要去美國的腹地。比如在愛荷華、印地安納和俄亥俄等以農業

為主的州，許多農民在 2016 年大選中力挺特朗普。以美國中部人口不到 400 萬的愛荷華州為例，特朗普比希拉里的選民支持高出了 9%。平時被稱為「泥腿子」的農民是一支不可忽視的力量。

在 2018 年 11 月美國中期選舉及貿易戰帶來的緊張局勢中，特朗普的農民擁躉經受住了考驗。美國對進口中國貨品加徵關稅，中國的策略，或者說對美反制措施是打擊特朗普票倉。以大豆為例，中國對美國大豆關稅稅率是 3%，增值稅是 10%，加徵新關稅把綜合稅率提高至 38%。減少或停止購買美國大豆，最終目的是讓美國豆農放棄特朗普。

有人認為這招可以精準打擊豆農，從而使特朗普投鼠忌器。這一論點的出發點是，支持特朗普的那些州大豆產量佔美國 2017 年大豆總產量的 75%，那些豆農會成為特朗普發起的貿易戰的炮灰，從而在政治上倒戈；對此持懷疑態度的觀點則認為，關稅只是實現特朗普的口號、「讓美國再次偉大」的途徑，農業州的豆農們即使不識大體、顧大局，也多少明白短痛可以換來長久的幸福，所以中國的打擊會落空。

有 151 年歷史的 National Grange 是美國歷史最悠久的農業倡導組織，僅會員就約 15 萬。該組織的主席貝特西·胡伯（Betsy Huber）對我表達了類似的看法：「隨着貿易戰的升溫，可以確定美國農民正受到傷害。比如，他們購買的鋼製機器因關稅而價格上漲，而農產品價格卻在大跌，美國農民則承受着這兩種方式的同時夾擊。」

隨後她話鋒一轉說，美國農民既有個人利益也有商業利益，這些利益成為他們政治決擇的參照，來支持不同的政黨。然而，他們都愛國，他們明智，願意有長遠眼光，希望看到美國貿易赤字減少，

也理解犧牲。

事後證明農村白人選民對特朗普的支持比較堅定，尤其在大豆和其他大宗商品的價格已然下跌，成為貿易的附帶損害的前提下，大多數美國豆農毅然選擇和特朗普站在一起。一方面特朗普的補貼政策對農民有所幫助，儘管它不是長期解決問題的辦法；另一方面，美國農民選擇特朗普，認為他們同在一條船上，一榮俱榮一損俱損，這種部落防禦心態的結果是，對特朗普的攻擊越是滿城風雨，美國農民越矢志不渝。

美國財政部前官員加里·赫夫鮑爾（Gary Hufbauer）是我經常採訪的經濟學家。他算了一筆賬：2018 年 5 月，美國農民拿到的均價與去年同期相比下降了約 4%，但農民為農業設備、種子、肥料和農藥等多種投入的支出上漲了約 3%。換句話說，即使在貿易戰發生全面影響之前，美國農民的收入也損失了大約 7%。2017 年美國作物產量和牲畜產值接近 3000 億美元，到 2018 年 5 月損失達到 7%，就是 210 億美元，隨着時間推移，農民的損失還會更多。

沒人知道美國農民能挺多久。當然，也沒人知道中國的反制措施能讓中國挺多久。

以美國出口量最大的農產品大豆為例。美國大豆出口規模遠超其他農產品，大豆出口量佔 2017−2018 生產季節美國總產量的47%。雖然美國玉米出口量很大，但在美國總產量中所佔比例較小，僅佔 2017−2018 生產季節的大約 15.7%，同時美國大豆出口的買方更加集中，因此大豆更容易受貿易反制措施的影響。中國是美國大豆最大的買方，大豆是 2017 年美國最大的對華出口農產品，出口額約為 127 億美元，約佔中國進口大豆的三成。

　　由於這種出口的集中性，大豆對美國農業至關重要。中國有能力對美國大豆造成損害。美國人口普查局的數字顯示，2018 年 1－10 月份美國對中國的大豆出口額只有 30 億美元，較前幾年急劇下降。但關稅對大豆價格的影響，遠不如大宗商品交易中全球大豆價格的過度下跌影響大。這也使得中國大豆需求的提高不會使中國在短期內因大豆而被貿易戰傷害。

　　巴西較有聲望的專業農業企業諮詢企業 Agroconsult 合夥人兼分析員法比奧・蒙內根（Fabio Meneghin）告訴我，中國對美國大豆徵收關稅，引領了市場降低芝加哥期貨價格，同時大幅提高巴西港口出口的溢價。以 2018 年 7 月 27 日當天的市場價為例：美國大豆價格每英斗 8.5 美元，而巴西港口 Paranaguá 的溢價達到 2.2 美元——實際上代表了中國對美國徵收的全部關稅。

　　所謂的豆農左右局面、與特朗普共進退，放在更大的背景下，市場有自己的方式進行平衡。全球大豆的供應鏈圖景已有所改變：更多美國的大豆提供給歐洲和世界其他地區，巴西大豆服務中國市場，並超過美國成為中國最大的大豆供應國以及全球最大的大豆出口國。對巴西大豆生產商來說，關稅狀況幾乎沒有改變從農場獲得大豆的價格，但巴西變得更多地依賴於一個客戶——中國了。

　　對美國來說，其大豆出口量的全球市場份額高於產量的市場份額，也高於玉米的市場份額，這使美國大豆價格因貿易戰反制措施面臨的風險高於玉米價格。只要關稅達到 25%，就足以關上中國購買的大門，中國轉而從巴西和阿根廷進口。

　　伯特・羅斯伯格（Burt Rothberg）做了多年的大宗商品交易員，經常撰寫一些投資類的文章。他對我說，美國中西部的主要農產品

是大宗商品，這意味着它們是可替代的。愛荷華州的大豆幾乎和巴西的大豆沒甚麼區別。因此若中國抵制美國大豆並從巴西購買，最後巴西買家將不得不跑到美國購買。巴西從美國進口大豆會有交通運輸造成的經濟損失，但佔比很小。這需要一些時間來解決，同時穀物貿易公司非常擅長解決這類事情。也就是説繞了一圈，由於中國對美國大豆的抵制，有可能帶來美國大豆額外的全球銷售。

豆農作為特朗普選民和擁躉之基的一部分，大多默默無聞。特朗普另外的一些死忠粉則把對特朗普的頂禮膜拜搞得驚天動地。

2016 年是美國反左翼意識形態和反主流保守主義走向高潮的一年，社交媒體助燃了這些意識形態的蔓延，並將之推向勝利的高潮 —— 特朗普 2016 年贏得大選。認為白人族裔優越於其他族裔的主張於是甚囂塵上。

網絡雜誌《美國復興》(American Renaissance) 創始人賈里德 · 泰勒 (Jared Taylor) 是白人至上主義者的代言人之一，2016 年愛荷華州黨團會議前，泰勒就公開出來為特朗普站台，他説，我們（美國）不需要穆斯林。我們需要那些聰明、受過良好教育的白人，他們才會融入我們的文化。投票給特朗普。

特朗普的演講那時充斥着諸如「人生輸家」、「完全意義上的災難」一類的絕對主義的言論，充斥着反猶太主義、反穆斯林的説辭，這極大地鼓舞並刺激了美國的種族優越主義團體。2017 年夏，一場名為「團結右翼」(Unite the Right) 在弗吉尼亞州夏洛茨維爾 (Charlottesville) 的遊行，最終演變為暴力事件。新納粹主義和「3K 黨」成員在內的數百名美國白人聚集，抗議當地拆除一座南北戰爭期間為支持奴隸制而戰的將軍的雕像，示威者與反方抗議者發生了激

烈的衝突，騷亂引發世人震驚。

　　這場騷亂的中心人物之一大衛・杜克（David Duke），是特朗普的鼎力支持者。在維基百科（Wikipedia）的人物詞條上，杜克有這樣一長串頭銜：白人至上主義者，白人民族主義政客，白人分離主義者，反猶太主義陰謀理論者、猶太人大屠殺否認者、獲刑罪犯、3K黨黨首大巫師（Grand Wizard）等等。

　　杜克可以西裝革履、衣冠楚楚，畢竟他參選過國會議員、州長和總統，當過路易斯安那州的眾議員；杜克可以與人為善──對那些他看得起的白人。他可以不遺餘力地支持特朗普，特朗普指哪兒，他就打哪兒。這集中體現在他夏洛茨維爾集會上發言的主旨上，他說，「我們決意重新讓我們的國家回到正軌──轉折的時刻已經到來，我們將履行特朗普（總統）的承諾。這是我們的信念，是為甚麼我們投票支持特朗普，因為他說他將把我們的國家帶回正軌。」

　　相對而言，大多數特朗普的「鐵桿忠粉」都是小人物，無論出身貴賤都身體力行地踐行偶像支持，感覺像法蘭克福學派提出的權威主義人格（authoritarian personality）。這種人格複雜頑固而刻板，參雜着種族偏見、政治保守，也包括盲目服從和個人崇拜的反民主的情感與意志。

　　比如震驚全美的「炸彈客」塞薩爾・薩約克（Cesar Sayoc）。他失意半生，掙扎着靠比薩外賣、在夜店「打碟」謀生，人生夢想就是開脫衣舞俱樂部，因為現實中他不過是看場子的。他劣跡斑斑、持有違禁藥品、盜竊、無照經營等都被記錄在案，還因毆打祖母被家人報警。

　　薩約克在社會中被邊緣化，無棲身之地，最後流落到以廂式貨

車為家，一住就是十年。在特朗普出現之前，他靠信口胡編來騙取身份認同；特朗普出現後，薩約克找到了白人的政治身份認同，也找到了優於其他群體的自信——特朗普指責移民和不合格的少數族裔攫取了普通美國人所無法獲得的優勢；反覆或明或暗地提及白人是社會地位較高的群體，移民和少數族裔是地位較低的一群人。

由此，特朗普在某種意義上成為他的精神導師，特朗普的所仇所恨就是他的仇恨、特朗普歧視的人也是他歧視的人、特朗普排斥的也是他所排斥的。《華盛頓郵報》稱，特朗普從政堪稱是薩約克人生的重大轉折，從不關心政治的薩約克突然對美國大選展現出濃厚興趣。他迅速申請加入共和黨，特意申請推特賬號，並大量分享極右翼言論和陰謀論。

若評價他「無腦」地支持特朗普顯然是小看了他。薩約克精心籌劃了更大手筆地支持特朗普，於是把「炸彈包裹」寄給前總統奧巴馬、前副總統拜登（Joe Biden）、前國務卿希拉里等人，希望用一己之力鏟除特朗普的所有仇人。通過郵寄他實行了美國近百年歷史上最大規模的政治暗殺事件。被控 65 項刑事罪名並最終被判 20 年監禁的薩約克曾向地方法院提交了一封手寫信，信中說，進到特朗普集會上的第一感覺就是，我們這些被遺忘的再不會逆來順受……。

對手和敵人，反對者和抵抗者

（一）

　　特朗普時代塑造了特殊的政治氛圍。對政策的不同解讀，甚至對特朗普總統行事風格、為人處事的微辭，所有這些正常的意見分歧都有變成個人恩怨情仇的傾向。

　　在特朗普身上，「恩怨似雲煙」永無可能。這集中體現於他對待美國政壇重量級人物麥凱恩的身上，後者是戰爭英雄，也因誠實而備受兩黨尊敬，他也是特朗普在共和黨內最大的批評者之一。如果特朗普在共和黨內有對手，麥凱恩算得上是最具挑戰性的一個。

　　麥凱恩去世，按規定參議員去世要降半旗 48 小時，而白宮樓頂的國旗卻降了又升，顯然向宿敵和對手致敬讓特朗普頗不甘心。也許只有老天知道誰負誰勝出，麥凱恩用自己的葬禮最終贏得了勝利——那天，美國甚至全球都在哀悼麥凱恩，而特朗普不在受邀之列。

　　在特朗普的評價體系中，和他不同路、尤其那些反對他的人都被冠上諸如「邪惡」、「騙子」、「混球」等惡名，我問鮑登學院

（Bowdoin College）教授安德魯‧路德維格（Andrew Rudalevige），他們是特朗普的敵人嗎？他說雖然特朗普用了「敵人」這個詞，但美國的政治傳統是，人們對政策有不同意見、有不同的優先選項，但不是敵人，只不過是政治上的反對派。

在民間，不乏挺身而出、宣稱自己是特朗普的敵人的人群——他們發起了「抵抗運動」。這些人驚呼「美國精神一去不復返」，於是，美國政治生態與制度設計的張力與持續的抗議示威相伴生。

特朗普當選美國總統的第二天，抵抗運動在社交媒體上鋪天蓋地。雖然特朗普宣誓就職的那一刻，奧巴馬時代正式成為過去，但人們通過用奧巴馬及其家人照片來做頭像的形式來抵制特朗普。虛擬空間之外，全美爆發了大規模抗議活動。抗議者群情激憤，高喊「不是我的總統」、「黑人的命也是命」，標牌上寫着他們的訴求：「反對特朗普、特朗普是種族主義者」「阻止特朗普、反對白人至上主義」等等。

數十萬名女性潮水般湧上街頭，很多城市的街道成了標語和象徵性粉紅色帽子的長河。我生活的城市華盛頓在 1 月 21 日當天，有五十萬抗議者走上了街頭，成為近年來人們記憶中美國最大規模的政治示威活動之一。臉書（Facebook）上我的全球各地的朋友都在曬照片——表達對新總統本人不滿、對新政深切不安的示威不只局限於美國本土，世界各大城市加在一起有 600 多場。

那一天人們都興奮着，惟獨沒有被示威的主角——剛上任一天的總統特朗普的反應。這使人聯想起當年，林登‧詹森（Lyndon Johnson）因甘迺迪（John F. Kennedy）遇刺而倉促登上總統寶座，詹森任總統時他也有過類似的遑惑時刻：他看了電視上的示威者後向

窗外望去，說，他們為甚麼這麼對待我？我是總司令。

特朗普就職後十天左右，喬治・奧威爾的小說《1984》在美國一路熱賣，並登上暢銷書榜首。這部政治含意深邃、寓義豐富的反烏托邦經典，其實是美國中學生英語課上的必讀書目，但很多美國人突然發現，他們在現實生活中找到相對應的片斷。比如，《1984》在書中提到了「新語」(Newspeak)、「雙重思想」(Doublethink)，對應了特朗普的「另一種事實」(alternative facts)──關於到底有多少群眾參加特朗普就職典禮的糾纏。

2018 年夏，美國民眾在全國多個城市發起超過 700 場遊行，至少 10 萬人參與示威遊行，以抗議特朗普政府實施「零容忍」政策，強行拆散無證入境者的家庭，要求政府讓非法入境的兒童與父母團聚，並廢除負責前線工作的移民及海關執法局 (ICE)。

還有一些全國性的抗議活動規模稍小，訴求更為具體。4 月 15 日是美國傳統上申報納稅記錄的截止日期，2017 年的那天，我在紐約出差，正趕上紐約爆發大規模集會遊行，遊行隊伍在我住的賓館樓下集結，他們要求特朗普公佈納稅記錄。

當特朗普籌劃的藍圖以迅雷不及掩耳的速度成為現實，美國的一些移民和難民發現，他們居住的世界突然間天翻地覆了。2017 年 1 月 27 日，特朗普簽署行政命令以「帶有恐怖威脅嫌疑」「可能危及美國國家安全」為由，宣佈暫時禁止包括敘利亞、伊朗在內的 7 個穆斯林國家的公民和難民入境。特朗普推出這個政策不讓人驚訝，美國前 CNN 名嘴拉里・金 (Larry King) 1987 年 9 月採訪特朗普時，特朗普就說，「我早就厭煩了其他國家都來佔美國便宜」。在某種程度上，特朗普的政策已經籌劃三十年了。

2017 年 2 月 3 日美國國務院表示，總統特朗普對移民的壓制導致近 6 萬人簽證被取消。隨後，美國司法部移民律師埃雷茲·魯文尼（Erez Reuveni）在一場法庭聽證會上將這個數字提升到 10 萬。在「禁穆令」實行後，美國幾個機場爆發徹夜示威，隨後示威擴大到包括首都華盛頓在內的很多城市。雙方的對抗延續到 2019 年也未見緩和，並向常青藤學校擴展。

2019 年夏哈佛大學 17 歲的巴勒斯坦新生 Ismail Ajjawi 入境美國時，被海關和移民官員查看了有關他朋友的社交媒體後，被拒絕入境。移民官撤銷其簽證並將其遣返的理由震驚了美國社會，並非他自己發表了不當內容，而是他社交媒體其他朋友的貼子中有反美政治觀點。幸好，套用他律師的話說，這個經典的悲傷故事有一個非常獨特的幸福結局，在校方和有關機構的介入下，巴勒斯坦新生得以在正式開課時回到哈佛。

美國政府政策政令對學術自由的威脅逼着數位常春藤名校的校長挺身而出，表達關切。哈佛大學校長巴科（Lawrence Bacow）在巴勒斯坦新生遭遣返前一個月，給國務卿蓬佩奧和代理國土安全部長麥卡利斯南寫公開信，對政府的移民政策及其對哈佛學術項目的影響表示擔憂。

抵抗運動背後是人們深深的憂慮，擔心特朗普為美國的性別歧視、種族主義、伊斯蘭恐懼症、反猶太主義等提供更大的空間，通過社交媒體製造激進思想，觀點和意見的分歧由此擴大成難以逾越的鴻溝。

這種擔憂反應在特朗普總統的支持率上，兩三年的時間其支持率徘徊在 36%–45% 之間，不管發生了甚麼，即沒有新低，也沒有新

高，這是很奇怪的事情。也許這說明了反對特朗普的陣營並沒有甚麼變化。

在特朗普 2018 年生日那天即將結束時，我微信上一個中美關係群裡有人高調祝特朗普生日快樂，說，「他（指特朗普）用自己的錢和草根平民的小額捐款戰勝了兩黨建制派大佬、精英、華爾街、荷里活、體育界、娛樂圈，主流媒體，社會精英，各路富豪，liberal（自由派）極左打手和小丑……。」

原來特朗普的敵對勢力名單可以這麼長。

（二）

特朗普最終以怎樣的形式載入史冊還是未知數，但可以肯定的是特朗普已在美國新聞史上為自己預留了特定的篇幅。

《大西洋月刊》（*The Atlantic*）有文章分析指出，特朗普習慣用「流血」等詞語，表明他是個非常好鬥的人，喜歡以勝利者的姿態俯視流血的落敗者。若特朗普把整個世界看成一個戰場，這個戰場的永久敵人之一是媒體。

教科書上說新聞史就是人類長期以來為了傳播而進行鬥爭。「鬥爭」兩個字再適合特朗普不過。他深信美國主流媒體有很多壞人、做了很多壞事，只有他特朗普可以衝破主流媒體營造的堅實壁壘，因為他深諳競技之道，可以拯救被主流媒體欺騙的人們，從而實現讓美國重新變得偉大起來的光榮夢想。

一方是世界上最強大國家裡最有權勢的人，一方是敢把總統拉下馬的第四權力，雙方展開的角力，在距特朗普正式上任美國總統一週多前的首場新聞發佈會上展現得淋漓盡致：富於攻擊性的特朗

普和記者們的交流，本身就搞成了新聞，彷彿兩個彼此不服不忿的對手對掐。

美國總統與新聞界通過記者招待會來互動歷史可以追溯到威廉・麥金利擔任總統時。1897 年 3 月麥金利在白宮東廳舉行了有 120 名記者參加的招待會，總統助理還為記者們安排了一節鐵路包廂。麥金利是美國第 25 位總統，他發動了美西戰爭，對中國則呼籲列強實行「門戶開放」政策 —— 所有有關國家都同意在中國的各個國家都有平等的權利。在麥金利掌舵美國之際正縫新舊世紀交替，中國義和團運動的結局和美西戰爭的結果都表明，新世紀到來之際，世界新的權力中心是美國。

一般來講，即將上任的總統的首場發佈會大概會描劃一下治國方略，勾勒施政方向。如果說特朗普完全沒談他新官上任後幾把火的點燃方式，那有些冤枉他，比如他不遺餘力地強調要廢除奧巴馬醫改。當然在美墨邊境修牆這個特朗普最為著名的競選言論也被提及，特朗普強調修的是牆，不是籬笆。不知道有多少受特朗普移民政策的影響，我在他新聞發佈會當天入境美國時，發現移民官員的盤查的冗長繁瑣程度大幅增加。美國的傳統是賦予政府有限的權力，在特朗普時代，這個權力在控制移民上被放大了數倍。

那次新聞發佈會上，特朗普沒有莊重和克制，對記者的提問要麼大加鞭躂，要麼自我陶醉，要麼信口開河。他的政治暴力性語言更讓人大跌眼鏡：他把自己國家的秘密情報部門比作為『納粹德國』，聲稱自己是「上帝所造的有史以來最成功的就業機會創造者」，而與 CNN 記者的對峙，拒絕給 CNN 提問的機會，直接稱其「做假新聞」，幾乎成為整場新聞發佈會的高潮。

　　我的英國記者朋友曾到美國採訪前總統奧巴馬，她對我抱怨美國新聞界對總統的態度畢恭畢敬，讓人羞愧。其實自奧巴馬上台後，總統與新聞界的關係拉得很遠，有研究認為是幾乎在半個世紀以來，奧巴馬與新聞界的關係最為疏遠。但無論如何，奧巴馬迎得了新聞界的普遍尊重。

　　回顧美國總統與記者的關係：傑斐遜一直真誠地捍衛新聞自由，即使當新聞界羞辱他的時候；甘迺迪對政府的形象極為注意，他常常接受單個記者的採訪並與記者交友，他行為老練，可以在任何時候使記者成為陪襯或配角，他自己則當之無愧地扮演明星的角色，甘迺迪處理這種明星角色的能力遠遠勝過他那個時期的其他任何一個總統。

　　特普朗無疑是史無前例的。一方面人們認為他是媒體操控高手，因為他深暗網絡時代社交媒體的操作技巧，另一方面，他對傳統新聞媒體的蔑視毫不掩飾，對既定事實則不屑一顧。媒體人發現其至報道總統的方式也是全新的挑戰，特普朗的行事完全像一個網紅，而不是一個莊重的國家領袖。這使得美國主流媒體與特朗普摩擦不斷，從競選總統開始，一直沒有減緩的跡象。特朗普通過迎合民粹主義一躍成為社交媒體上的明星，利用推特等社交媒體與主流媒體抗衡。

　　媒體人於是轉而開始研究特普朗的人格，他們大體認為特普朗分分鐘都在演戲，並且有意識地把演戲融入生活中的每個細節，而且他認為所有人都是他的看客。《大西洋月刊》於是長篇累牘地從心理學上論述了特普朗的特質：自大自戀、和而不同的反面 —— 無可調和，喜好誇大和渲染。特普朗和媒體之間的齟齬並不是第一次總

統與媒體人的不睦，但特朗普時代，這種惡劣關係隨着時間推進，一步步升級為戰爭。

特朗普知道只要自己在推特（Twitter）上按下「發送」的按鈕，他和媒體的戰爭就可以在不同維度和不同戰線上展開。特朗普並非一個人在作戰，白宮和他的擁躉都在後面鼎力支持他——他們相信，每天與媒體的新仇舊恨都會把媒體的偏見更加充分地暴露出來，也會為保守勢力的發展添磚加瓦，美國才能重新回到正軌。

在戰略上，特朗普以推文為陣地，連續發表多輪戰鬥檄文攻擊多家媒體，言辭越來越粗暴，底線越來越低。在戰術上特朗普運用了矽谷公司的戰術顛覆傳統規則。他連續三年拒絕參加白宮記者協會晚宴，是近 40 年來美國總統首次缺席該活動，甚至白宮在 2019 年下令官員抵制白宮記者協會晚宴。

在新聞吹風會上，先有白宮拒絕《紐約時報》（*The New York Times*）、美國有線電視新聞網 CNN、《洛杉磯時報》（*Los Angeles Times*）等傳統主流媒體參加的橋段；後有 2018 年 11 月白宮吊銷記者採訪證件、禁止美國有線電視新聞網最著名的駐白宮記者進入白宮的軒然大波。

特朗普把對媒體的鬥爭視為一場攻艱戰。

特朗普咒罵美國各大新聞媒體散播「假新聞」，對有線電視新聞頻道 MSNBC 的節目《早安喬》（*Morning Joe*）主持人布里辛斯基和斯卡伯勒進行粗暴的人身攻擊，用了「低智商」、「精神病」等字樣並大力攻擊女主持人的外表。2017 年 7 月 2 日，特朗普在推特上發了一個約 28 秒長經過處理的視頻，在這段專業摔跤比賽視頻中，他把一個頭部被 CNN 標識遮蓋的男子掀翻在地。一年多後，在蒙大

拿州舉行的競選活動中，特朗普對此前眾議院議員吉安福特（Greg Gianforte）毆打英國《衛報》（*The Guardian*）記者雅各布（Ben Jacobs）的行為大加讚賞，還半調侃、半認真地說，他就喜歡這種類型的人。這些斯文掃地的做法被認為是美國總統鼓勵對記者使用暴力。

我曾做過一些美國媒體轉型的內部研究報告。在過去十年間，優化的技術和開放的互聯網平台引發了一場關於新聞如何創造、如何分發、如何消費的革命。這場革命至今尚未落幕，而新聞媒體都在探索、尋找應對這場革命的新的商業模式。

當下信息的傳播更分散，更具個性化。移動通信設備無處不在，使人們即時獲得信息變成可能。在社交媒體的主導下，數百萬人分享他們對新聞和信息的喜好，用他們自己的判斷標準決定新聞和信息的重要性。

自特朗普當選總統以來，美國的媒體環境發生了巨大的變化，信息藉助社交媒體的傳播到了史無前例的速度，人們消費政治和新聞的方式也隨之改變，政治因特朗普而變成了主導人們日常生活的談資，在嚴肅認真的報道之外，政治和流行文化間的界限日益模糊。新聞在某種程度上也脫口秀化了。

美國的政客現在明白了一個道理，要與普通的美國百姓建立更緊密的聯繫，必須使用流行文化這個無往而不勝的武器。HollywoodLife.com 總裁兼主編邦妮·富勒（Bonnie Fuller）表示，奧巴馬實際上在這方面為特朗普鋪好了路，搭好了台。特朗普則是名副其實的真人秀明星和房地產大亨。很多政治運轉在他手裡被轉換為競選活動，就彷彿他在大肆宣傳他的秀一樣，名人、流行文化、政治和新聞混雜在一起。

在好鬥的特朗普看來，媒體在與他的較量中輸得體無完膚。比如 CNN 網站曾在 2017 年 6 月下旬刊登了一篇「通俄門」相關報道，質疑特朗普的親信斯卡拉穆奇（Anthony Scaramucci）和俄羅斯一個投資基金有聯繫。後 CNN 管理層認為該報道沒有遵守特定編輯程序，撤稿並向斯卡拉穆奇道歉。隨後撰寫這篇報道的記者、編輯和相關負責人辭職。

「特金會」後，特朗普剛回到美國，就忙不迭地用推文抨擊了他的宿敵——媒體。2018 年 6 月 13 日早 6 時 30 分，他說，「看到那些假新聞簡直太搞笑了，特別是 NBC 與 CNN 的新聞。這些媒體正在努力淡化美朝協議的作用，但就在 500 天前，他們還不停的『乞求』能簽署協議，當時看起來就像是戰爭將要爆發似的。我們國家最大的敵人應是那些被傻瓜們輕易宣揚的假新聞！」

新聞自由是美國的立國之本，特朗普被認為是繼前總統尼克遜（Richard Nixon）之後，對媒體打壓和詆毀力度最大的總統。CNN 對此評論說，在現代美國總統中，從未有人如此公開批評媒體。尼克遜或許也說過類似的話，但也只是在私下而已。

特朗普與媒體為敵的結果，是相關各方都有所斬獲。特朗普用自己的推文引導話題，無人能敵，新聞媒體幾乎被牽着轉。

同時特朗普沒想到的是，他與媒體戰爭的戰略性升級為美國新聞界的發展起到了良性促進作用，拉了走下坡路的美國主流媒體一把，尤其是讓《紐約時報》、《華盛頓郵報》等重拾榮耀。無論是資金流入量，還是獲取的關注度，新、老媒體巨頭們都迎來了近年來的史上最佳狀態。《華盛頓郵報》找到更響亮的口號：民主在黑暗中死去。很多媒體加大了白宮的報道力度包括特設專門的報道團隊、增

加事實核查板塊等。特朗普使美國出現了新聞業的繁榮，因為人們在這樣的時刻更想看到權威報道。傳統的主流媒體因與特朗普的敵對而贏得了自己的市場。

《紐約時報》在 2016 年的最後三個月增加了近 30 萬純數字訂閱用戶，是 2011 年該報實施付費牆後的最大激增。在特朗普 2016 年 11 月當選後的幾週內該報的訂閱量比上一年增長了十倍。大選後《波士頓環球報》(*The Boston Globe*) 一週的訂閱量是過去的三倍。

根據 Nielsen 評級公司的數據顯示，MSNBC 的收視率同比增長了 73%，黃金時段的收視率增加了 86%，成為增長最快的有線新聞頻道，這發生在特朗普攻擊 MSNBC 早間新聞節目之前。2017 年 MSNBC 創造了史上最好的一年，與前一年相比，他們的黃金時段增加了 55 萬觀眾。《紐約時報》2018 年最後三個月增加了 26 萬個數字訂閱用戶，創特朗普當選總統以來的最大增長。

特朗普認為，在選舉中他單挑新聞界並獲勝，身為總統更有資本發動對媒體的戰爭。他的好鬥卻使美國原本觀點分化、互相競爭的媒體在某種程度上因特朗普的攻擊而團結在一起。那些被特朗普點名交戰的媒體人也一夜成名。卡雷姆 (Brian Karem) 本是華盛頓一郊區小報的總編，默默無聞。但因他當場教訓白宮副新聞發言人而一夜走紅，不到一週的時間他就有了 8 萬推特粉絲，而他與白宮副新聞發言人的口水戰的視頻，短短時間就引發數百萬的點擊量。

特朗普帶來了新的新聞週期，成為「特朗普衝擊」(Trump bump) 的一部分。專家們預計這一週期將因他的在任而延續數年，無論是支持者還是反對者都因特朗普而激發了追逐新聞的興趣。美國年輕人開始願意為新聞付費，他們希望用資金支持新聞業。為新聞付費

的人數在其他國家和地區都沒有甚麼變化，但在美國這個數字已經從 2016 年的 9% 上升至 2017 年的 16%。牛津大學路透新聞學研究所（Oxford's Reuters InstituteFollowing）2019 年夏的報告指出，2017 年特朗普衝擊後，美國願為新聞付費的受訪者比例穩定在 16%。

特朗普對媒體的襲擊促使更多的人關注事實真相；在硬幣的另一面，特朗普時代的代價是，所有觀點都被懷疑──事情被簡單地劃入二個陣營：或者支持特朗普，或者反對特朗普。

（三）

特朗普就任不到二年的時間，宮鬥、猜測、暢銷書、匿名文章充斥，各種力量集中指向了白宮決策層的間隙和矛盾，暴露了特朗普幕後的咆哮與頤指氣使。

我有一個朋友負責籌劃州長競選，他告訴我，對特朗普表忠心變得很重要，自 2018 年共和黨初選以來，候選人你爭我奪，比的就是誰對特朗普總統最忠誠，鬥的是誰支持特朗普的實際行動最有力。即使他們對特朗普的所作所為有所不滿，也要選些無傷大雅的東西來說事。就像是說，特朗普最大的問題就是對美國人民操心太多，對自己關心不夠一樣。

這些政客之所以如此表現，因為他們知道與特朗普為敵意味着甚麼。在南卡，共和黨現任聯邦眾議員馬克‧桑福德（Mark Sanford）在該州初選連任的努力中敗北。桑福德不但對特朗普不夠忠誠，還直接表達了對特朗普傲慢的不滿，說特朗普對進口鋼材和鋁徵收關稅是「愚蠢的實驗」。更一針見血地指出對特朗普已經形成了「個人崇拜」，並公開批評共和黨不敢批評特朗普就如同得了「癌症」。這

些特朗普都牢記在心，在 2018 年 6 月 13 日初選投票前的最後一刻，特朗普發推文打擊桑福德「只會帶來麻煩」，對推動特朗普的議程沒有助益。

阿拉巴馬共和黨參議員瑪莎・羅比（Martha Roby）最初表示不接受特朗普，更不會在總統競選中投票給特朗普。特朗普當選後，她使出渾身解數，試圖能有所挽回。這種搖擺不定讓她付出了政治代價，最終勝選也頗為曲折。

對政治上的敗選者們來說，他們與特朗普不在同一條戰線上，這被解讀為與特朗普為敵，代價就是他們政治生命的結束。有些人覺得冤，比如桑福德，他算了一下，自己 89% 的時間都是擁護特朗普的。但特朗普要的是百分之百。

順者生、逆者亡的一個典型例子是亞利桑那州參議員傑夫・弗萊克（Jeff Flake）。他對特朗普一直毫不留情地抨擊，特朗普稱弗萊克「有毒」。有媒體報道，特朗普私下說，他自己掏腰包拿出 1000 萬美元來對付弗萊克。後來弗萊克宣佈不尋求連任。另一個共和黨參議員鮑勃・考克（Bog Corker）與特朗普打過口水仗，也退出了連任之途。

共和黨人對特朗普表忠心的代表是南卡現任州長亨利・麥克馬斯特（Henry McMaster）。這個 71 歲的州長也是個戲精。在美國總統初選階段，傑布・布殊（Jeb Bush）與特朗普的較量難分難捨之際，麥克馬斯特在關鍵時刻助特朗普一臂之力，鞏固了特朗普作為共和黨領跑者的地位。所以在南卡初選正式開始前，仍在 G7 峰會糾結的特朗普發了推文：「亨利・麥克馬斯特熱愛南卡人民，最初就和我站在一起，在犯罪和邊境治理上他強而有力，非常適合我們的軍隊和

退伍軍人。作為你們的州長，他工作非常出色，得到我的充分認可，是個特殊之才。週二投票！」

南卡初選之日的週二，麥克馬斯特對記者表白他對特朗普的瘋狂與癡迷，「我從來沒對任何人有過如此的熱忱，……，唯一的例外是我上大學時去西雅圖參加披頭士的音樂會，那算是最接近的了。」

在賓夕法尼亞大道的特朗普的酒店距離白宮僅幾個街區之遙，這個在老郵局基礎上改建的酒店是我非常喜歡的建築。自特朗普2017年1月上任以來，它引發了無數抗議和爭議。實際上酒店已成為共和黨團體、政治捐資人和外國訪客們的知名聚會場所，是他們表現忠誠度的場所。

特朗普看重忠誠，不允許有任何怠慢。事情後來演變為，共和黨人能做的最危險的事就是批評總統特朗普。共和黨人深知其中利害，結果是與特朗普為敵者鳳毛麟角。

特朗普和一些人單挑，但不局限於白宮到國會的距離。亞馬遜創始人兼CEO貝佐斯（Jeff Bezos）就是特朗普的黨外敵人。在競選總統期間特朗普就稱貝佐斯是邪惡的科技寡頭，控制媒體（指《華盛頓郵報》）為自己遊說，且多次揚言當選後會整治亞馬遜。貝佐斯回擊特朗普是譁眾取寵、「毀滅民主」的政治小丑。

特朗普決定在2018年對貝佐斯這個宿敵集中火力，抨擊亞馬遜公司避稅不繳、利用美國郵政廉價服務、導致美國零售商破產。對此，貝佐斯概不接招，最後借力打力，以特朗普的死敵美國聯邦調查局（FBI）前局長科米（James Comey）的新書為武器，將1萬本科米的自傳「錯發」到白宮。書堆滿了白宮走廊，引得特朗普暴跳如雷。貝佐斯隨後道歉，建議特朗普按照亞馬遜網站上的退貨程序退回不

需要的商品。貝佐斯是特朗普難鬥的對手，雙方過招，高下立見。

（四）

在任何意義上特朗普都算不上是愛讀書之人，卻在無意中帶動了出版業的興盛、尤其是政治類圖書的熱銷。市場調查公司 NPD 集團的數據顯示，2018 年截至 9 月為止，美國政治類圖書的銷售額增長了 25%，這些暢銷書既有揭露特朗普及其白宮內幕的，也有挺特朗普的，但關鍵詞都是「特朗普」。政治類圖書的銷售奇跡到了 2019 年戛然而止，讀者對特朗普時代的政治書籍轟炸產生了閱讀的審美疲勞。

前 FBI 局長科米的書《更高忠誠：真相、謊言和領導力》（*A Higher Loyalty: Truth, Lies, and Leadership*）在 2018 年上半年賣出了 57.7 萬冊。書中稱特朗普是一個「道德上打了折扣的惡棍」，認為他對美國的機構與文化標準會做出「巨大的破壞」。科米和特朗普之間的矛盾激烈複雜。特朗普 2017 年 5 月將科米解職，引發軒然大波。二個人的爭鬥直接牽系着前國務卿希拉里「郵件門」的調查和「通俄門」的調查。

記者邁克爾·沃爾夫（Michael Wolff）所着的《火與怒》（*Fire and Fury*）2018 年上半年最火，賣出了近 100 萬冊。這本書基本上描述了特朗普沒有履行行政職責，不具備處理信息和衡量後果的能力。

特朗普前助手奧馬羅薩·馬尼戈·紐曼（Omarosa Manigault Newman）的書《精神錯亂：內幕人士眼中的特朗普白宮》（*Unhinged: An Insider's Account of the Trump White House*）則直接稱特朗普是一個「種族主義者、厭惡女性者和偏執狂」。

　　重磅來襲的還是鮑勃·伍德沃德（Bob Woodward）的新書《恐懼：特朗普在白宮》（*Fear: Trump in the White House*）。2018 年 9 月 11 日此書正式出版，據說出版前就已加印了六次，上市首日銷量超過 75 萬冊，我也不能免俗立刻加入到閱讀大軍中。

　　伍德沃德的作品是美國新聞記者的著述中我讀得最多的。伍德沃德因「水門事件」報道一舉成名。「水門事件」報道被稱為史上最具影響力的新聞，它改變了美國政治新聞的版圖。

　　《美國新聞史》在第十八章《信任危機》中這樣描述「水門事件」報道：美國歷史上傳播最廣的政治腐敗事件、其中包括十幾件可以籠統地列在「水門」大標題下的重要新聞，這一事件迫使尼克遜總統辭職，也使那些由於沒完沒了的越南戰爭、黨派政治和經濟混亂而遭受打擊的公眾更加憤世嫉俗。在 1972 至 1974 年間，尼克遜為保住總統職位而絕望掙扎，暴露了一些非法活動和欺騙行為，其範圍及程度令共和黨人和民主黨人同樣感到震驚，大多數人都不願相信，那些根據嚴格的「法治」政綱進入白宮的人竟然濫用了他們的權力、金錢和公眾對他們的信任。

　　如今，特朗普也已根據嚴格的「法治」政綱進入白宮，他追隨的總統偶像是列根。特朗普把列根當年喊出來的「讓美國重新偉大」（make America great again）也翻出來重喊。不過自 2018 年 8 月起，越來越多的人開始把特朗普和「水門事件」放在一起說事，當年「水門事件」的關鍵人物也紛紛站出來或指證或暗示：歷史在重演。

　　特朗普曾頗倚重的兩名親信、前私人律師科恩（Michael Cohen）和前競選團隊負責人馬納福特（Paul Manafort）雙雙被定罪，其中一些罪名被疑與特朗普當年競選存在間接關聯。尼克遜執政時期前白

宮法律顧問、「水門事件」的關鍵證人約翰‧迪恩（John Dean）指出，這和當年的水門醜聞有的一比。通俄門調查及特朗普的捲入在相當一部人看來是歷史的重演，特朗普「毫無疑問會被彈劾」。

「彈劾」之說自特朗普走馬上任後就和他如影隨形。2018 年中期選舉民主黨贏得眾議院後，每當和特朗普有關的調查有新發現和新進展，彈劾之聲就會四起，從通俄門調查和競選違規指控，到特朗普否決國會兩院通過的關於叫停南部邊境緊急狀態的決議，無不如此。自 2017 年 4 月以來有約 3 億條提及 @realDonaldTrump 名字的推特。在特朗普執政期間，每天都有幾千次提及「彈劾」一詞，其中提及最多的兩次，一次是 2019 年 1 月 5 日——2018 年中期選舉後，民主黨控制了眾議院的日子，達 8 萬次，另一次是 2019 年 4 月 22 日穆勒報告發佈之後，達到 9 萬次。只是彈劾之聲很快轉化成指控和反指控的狂歡，這逐漸變成了華盛頓政治生態的一部分。

彈劾與否的兩端分別是特朗普和眾議院議長佩洛西（Nancy Pelosi）。佩洛西面臨的兩難是，既要精準把脈民主黨黨內的政治情緒，又要權衡彈劾特朗普帶來的政治代價，最大限度地調用公眾的支持。這三者達到交匯的時間點是 2019 年秋，特朗普施壓烏克蘭總統的消息傳出，各種力量出現轉向。佩洛西 9 月 24 日宣佈，眾議院將啟動對特朗普總統的正式彈劾調查，稱他為自己的政治利益尋求外國勢力的支持，背叛了就職誓言和國家安全。

特朗普版本的信任危機一再上演。一年前《紐約時報》刊登了政府高官匿名文章《我是特朗普政府中的一名抵抗者》（"I am Part of the Resistance Inside the Trump Adminstration"）而推向高潮。當年伍德沃德等能在「水門事件」中扳倒尼克遜，幸得聯邦調查局（FBI）第二號

人物，所謂「深喉」的相助。「深喉」曾是美國政壇和新聞界糾纏數十年的謎團，如今「深喉」魅影在白宮再度顯現。

當年伍德沃德想和深喉見面，就整理一盆植物放在公寓窗口；若深喉想見伍德沃德，就會以某種方法把伍德沃德收到的那份《紐約時報》中第 20 頁的頁碼用筆圈起來。如今，新版深喉直接在《紐約時報》上寫文章了。文章開篇即說：我在特朗普團隊工作，我是反抗者的一員，我和其他志同道合者一起發誓對抗特朗普的一些錯誤行為和傾向。

副總統彭斯（Mike Pence）一度被指認嫌疑最大。實際上在伍德沃德寫特朗普的新書中，彭斯的整體形象是：盡量靠邊站。書中提到這樣的細節：白宮前首席經濟顧問科恩希望能阻止特朗普對進口鋼鐵產品和鋁產品徵收高關稅，為了找統一戰線，科恩想到了彭斯。科恩提醒彭斯說，如果這個稅開徵，沒有哪個州會比彭斯你的家鄉、印第安納州傷的更深，那裡有製造業最密集的 Elkhart，它是世界船隻和房車之都，鋼鋁價格上漲會直接扼殺 Elkhart。彭斯簡單地回應說，盡我所能。

說歸說，伍德沃德寫道，彭斯的默認模式是：不碰任何可能讓特朗普在推特中提及他、或罵他是「白癡」的事情。

特朗普曾指責圍繞他進行的調查是「最惡劣的麥卡錫主義——這麼多人的生活因莫須有的指責被毀掉」。在另一條推文中，特朗普說，「研究一下已故的約瑟夫·麥卡錫吧，因為我們這個時代有了米勒以及他的團伙，讓約瑟夫·麥卡錫看上去像小兒科！做了手腳的政治迫害！」

麥卡錫主義不止是特朗普的抱怨。在《紐約時報》匿名「反抗者」

的文章刊出後，特朗普誓言抓出「內鬼」，他的高官們則誠惶誠恐，誓言忠誠。一時間白宮抓內鬼的風頭，頗有點像當年麥卡錫運動所煽動的：同情共產主義理想的「變節者」頻頻出現，要糾出「出賣美國」的疑似「親共」分子。也有人直接指出，特朗普主義就是新型的麥卡錫主義，兩個人都是反社會人格，他們的異常舉動會促進右翼反對核心民主價值觀的運動。

但我的朋友、著名社會學學者羅伯特·戈登（Robert Gordon）不認為麥卡錫主義回潮。他對我說，麥卡錫主義不會由聯邦政府的分支機構發起。就算是特朗普在最沮喪的情況下，他以意識形態為由對任何人進行迫害都沒甚麼效力，何況他與其說是意識形態上有惡意，不如說個性如此。特朗普真正的意識形態上的敵人，比如FBI前局長科米，已被他解雇。

以歷史作參照，麥卡錫主義最終被挫敗靠國會和媒體的合力。

第二章

低增長的新常態

在危機和危機遏制的循環中

美央行試圖以前所未有的試驗來掙脫怪圈：

將短期利率降至零

通過量化寬鬆購買美國國債及評級較高的證券化抵押貸款

由此製造了創紀錄的資產價格

央行購買金融資產＋科技驅動

最終導致貧富差距加劇，催生民粹主義

此時全球需求結構性下降

美國經濟結構性的低韌性

迎來低增長的新常態

（上）

進入後 QE 時代

（一）

2011 年秋季，全球經濟已進入一個新的危險時期。此前一直強勁的經濟增長出現下滑，經濟恢復力度至此大大減弱，下行風險急劇增大。那時距大衰退正式結束才不到一年的時間。

　　一個經濟專業術語由此搖身變成大熱的詞彙：宏觀經濟趨勢的「雙底型衰退」（double dip recession）—— 更簡單形象的同義詞是「W型衰退」：即經濟已觸底逐漸回升時，復甦失去動能，在不久的將來會再一次觸底，經歷一段時期的經濟衰退。它往往是初期經濟恢復增長疲弱的結果。據說，最初「雙底衰退」的警告來自私人投資家喬治‧索羅斯（George Soros）在匈牙利首都布達佩斯發表的演講。

　　2010 年我曾和同事去紐約拜訪索羅斯，那時這個著名的金融大鱷已在哲學思考的路上越走越深。一個能在全球金融市場上興風作浪、又有超越金融哲思的大人物來預警，這引發了全球的關注，到了 2011 年秋，「雙底衰退」變成了實質性的威脅。

　　在密切關注形勢發展的各種機構中，美國國家經濟研究局商業

週期評定委員會（Business Cycle Data Committee）是其中人們很少留意的。幾乎沒有存在感。哈佛大學教授、前總統克林頓經濟顧問傑弗里・弗蘭克爾（Jeffrey Frankel）是該委員會成員。他給我講了這個機構尷尬而重要的存在：只有在需要討論衰退或復蘇時，該委員會才開會——若以十年為週期來計算，這樣的時刻並不多；在經濟增長時，它基本形同虛設；大多時候當這個委員會言之鑿鑿地宣稱經濟衰退結束時，通常經濟衰退已結束一段時間了，成為典型的馬後炮，被譏笑為天底下「最後一個」搞明白經濟衰退已經結束的。

弗蘭克爾的經歷就很有說服力。1990–1991 年的經濟衰退後他加入這個委員會，經歷了此後的復蘇；接着，美國歷史上經歷了最長的經濟增長期，該委員會無事可做，直到 2000 年經濟衰退開始，那一次衰退在 2001 年結束。此後是 2009 年的大衰退，到 2010 年經濟衰退正式結束。算下來他在該委員會共參與宣佈過四次衰退，期間有時還有誤報。

這個鬆散的機構中成員不經常碰頭，更多地是在網上和電話會議進行專業的討論。人們對委員會的質疑、甚至不乏敵意的指責是因為，人們不知道經濟衰退的技術定義，他們認為情況還很糟，該委員會卻宣佈衰退結束了。其實經濟衰退結束並不意味着復蘇，只說明至暗時刻已然過去。

回到 2011 年夏天，關於「雙底衰退」的報道在美國媒體上變得鋪天蓋地。這讓一些不搞經濟的美國人覺得非常困惑，之前他們根本就沒看到過甚麼復蘇的跡象，如果從來沒走出過底部，哪來的二次探底之說？如果有經濟復蘇，那也只是停留在統計意義上。這個迷惑也存在於中國的經濟研究者中，也是我被派到美國的部分原

因 —— 實地了解美國經濟。

放在歷史的坐標中，在 2008 年危機之後的這次經濟擴張，是「二戰」以後歷次經濟復蘇中最羸弱不堪的。房價跌至 2002 年以來的最低水平，有些州的房價已被攔腰斬斷。有些城市陷入困境，甚至關閉了許多學校。當時全美大概有 1100 萬家庭資產為負，在全國範圍內有 1400 萬美國公民失業。

後來 CoreLogic 經濟學家山姆‧卡特（Sam Khater）給我一個縱向比較：2000 年前後股市大規模膨脹，隨後互聯網泡沫破滅，引發了 2000 年第 3、4 季度之後的經濟衰退，那次危機並非由房地產泡沫引發，所以經濟在短暫衰退後再次起飛；而十年後這一次經濟大衰退的最不尋常之處在於，它是 2008 年房地產泡沫破滅後的產物。經濟學家們大體認定這次經濟衰退是自上世紀 30 年代以來最糟的一次。

在經濟學界，對這次復蘇艱難的解釋大都圍繞失業率高企，認為經濟從如此深度的衰退中復蘇需要很長時間。歷來每次源於金融危機的經濟衰退都程度更深，持續時間更長。而經濟是否否極泰來的爭論在大衰退後的幾年反反覆覆和美國糾纏，直到 2013 年走過大半程時，這個靴子才終於落地。

從環境背景來看，2009–2010 年本來是經濟從衰退中復蘇的一個很好的起點，2009 年第一年實施了財政刺激政策 —— 這是大多數發達國家在經濟衰退時通常的政策選擇，也是正確之選。數據也許並不明顯，但發揮了作用。

不過之後的 2011 年到 2013 年，就倒過來了。那時的主要問題是美國政策制訂者在財政政策上選擇了緊縮，大幅削減政府支出，

增加政府稅收，這成為經濟復蘇相當遲緩的首要原因。美國財政從緊的政策導致失靈，政治僵局又雪上加霜，其間反覆出現債務上限威脅，財政懸崖，政府關門，預算自動減支等等；在財政緊縮力度更大的歐洲，經濟復蘇速度更慢。

那段時間熱議的另一個專業術語是「財政緊縮」（austerity）。比較而言，美國財政政策並未達到歐洲財政緊縮的程度，但政府支出下降，尤其是公共投資的情況最糟。比如 2012 年，非國防目的的公共投資相對於潛在 GDP 急劇下降。

經濟在大衰退之前，弗蘭克爾經常掛在嘴邊的是美國經濟存在漏洞，房地產泡沫需要解決。後來他經常提起的則是美國犯的錯誤。美國財政政策的反向措施大行其道了幾年，在應對長期的經濟癥結 —— 即在福利制度方面沒有任何作為；短期內，當經濟下行時，又通過削減政府開支以及增加稅收來促進經濟增長；另一個錯誤是，在經濟擴張期政府沒有獲得預算盈餘，這導致下一次經濟出現衰退時，因沒有可適用的工具來應對，情形變得更加糟糕。

美國經濟在 2001 年早期跌入衰退，由於此前的股市和房地產繁榮，加之政府赤字的降低，讓小布殊政府得以在危機到來之際用此前的盈餘減稅和增加開支。

大衰退後直到 2013 年下半年，美國經濟數年起伏不定，好在始終沒有突破或跌破既定的區間。當經濟終於在 2013 年冬否極泰來時，除了過去數月的宏觀數據向好，股市強勁，兩個年度的預算協議也取得了政治上的突破 —— 美國民主共和兩黨達成了預算協議，並先後獲得國會眾議院和參議院通過。

人口因素和供給不足加快了房地產市場的復蘇，使經濟得以加

速前行。在所有預測中，有經濟學家非常樂觀地告訴我，美聯儲有能力協調、處理未來利率上漲與就業市場改善的關係——他們不僅有一系列政策工具，也有相當的意願。美國企業、銀行和家庭資產負債表的良性狀態，企業獲利高漲，銀行有高流動性，家庭低負債，這些都會使 2014 年成為美國經濟那十年中發展最快的。

於是，相當一部分市場人士把量化寬鬆（QE）退出的時間點鎖定在 2014 年。

（二）

量化寬鬆政策剛開始的時候，我遇到很多批評美聯儲的人，他們責備其投入巨額資金，使得貨幣基礎擴大為原來的三倍，人們擔憂它造成嚴重的通貨膨脹。

他們說的不是完全沒有道理——根據傳統理論，如果將基礎貨幣增至原來的三倍，價格水平也會翻三倍，這雖未達到惡性通脹的程度，但已是很高的價格了。但事實證明，他們的想法是錯誤的，部分原因是貨幣供應量（如 M1）並沒有增長那麼多。銀行以儲備金形式持有貨幣，所以並未出現通脹。

儘管沒有出現惡性通脹這個最壞的結果，但量化寬鬆還是引發了輿論極大的爭議。公眾的觀點各不相同，部分原因在於，此前如此大規模的貨幣寬鬆嘗試從來沒有進行過。它的時代挑戰是，那些為市場定價的人要明了 QE 如何運作，並檢查 QE 的結果與數據是否相符，但基本上那時所有人對 QE 都沒有甚麼了解。

直到 2013 年下半年，大多數人才接受了美聯儲主席伯南克（Ben Bernanke）推出的 QE 制度創新，認為它避免了美國經濟大蕭條式的

崩盤，也避免了全球經濟被拖入崩潰的境地，在經歷了五年的痛苦完成了去槓桿化過程之後，美國經濟重新進入正常的軌道。

但這掩蓋不了市場和決策者對 QE 及其如何作用的認知差距。美國科學院院士、芝加哥大學商學院金融學講座教授道格拉斯·戴蒙德（Douglas Diamond）的興趣所在是了解量化寬鬆與金融穩定的關係。2013 年冬我見到他時，他的研究進行了差不多一年。透過他辦公室的窗子，可以極目芝加哥市中心林立的高樓和浩淼的芝加哥湖，感覺一切都籠罩在白霜之中。

戴蒙德認為，除抵押貸款支持證券（MBS）的價格之外，能看到的唯一 QE 發揮作用的證據是，在美聯儲宣佈增加或暗示縮減 QE 時，市場的反饋——那是對未來會有更多或更少 QE 的預期。事後證明，量化寬鬆對經濟增長速率的貢獻幾乎可以忽略不計。QE 是市場和美聯儲達成共識的一種方式，在現實中這個共識經歷了彎彎繞繞，人們總說美聯儲出乎市場的意料，有時市場也令美聯儲意外。比如，2013 年 6 月美聯儲主席伯南克推出削減量化寬鬆規模的具體時間表，市場劇烈動盪。

美聯儲當然不希望市場如此反饋，QE 本來想要表達的是，保持短期利率水平，然後買入長期債券從而平緩收益率曲線。但懷疑的觀點認為，除了提高未來的短期利率之外，不知道 QE 是否有這種神奇的力量可以壓低長期利率。所以，QE 的效果至少對政府來說，多半來自於信號的傳遞效應。事實上，人們認為，縮減購債意味着未來升息，縮減債券購買被當成了可靠的前瞻指引。

QE 是個昂貴的計劃，與 QE 相關的是購買一大堆東西，要雇傭很多人，還要為買賣價差買單。QE 的昂貴還體現在美聯儲資產負債

表的膨脹。它的副作用是，當美聯儲的資產負債表變得十分龐大後，未來想要他們停止時，有些事情就必須要改變。

2013 年前後，對一些經濟學家來說，唯一能確定的是，QE 取得的效果較為清晰的體現在它購買的抵押貸款支持證券的價格變化上。這些 MBS 比美聯儲沒購買的 MBS 的利差，或者代償期相同的國債利差，已經顯著收窄。

若以歷史為鏡鑒，20 世紀 30 年代，「羅斯福新政」使美國經濟在大蕭條後緩慢復蘇。80 年後，經濟學家更為擔心的是，美國發生「羅斯福衰退」——1937 年前後，溫和的經濟復蘇使羅斯福及其智囊們覺得可以扔掉經濟刺激的拐杖。為了預算收支平衡，羅斯福政府迫不及待地提高了存款準備金率，商業銀行回收已經發放的貸款，貨幣供應於是快速萎縮，經濟再次衰退，股價下跌比 1929 年股市大崩潰來得還猛。

馬里蘭大學歷史系副教授大衛·希西利（David Sicilia）向我分析時，對比說，美國總統奧巴馬彼時面臨的問題，要比羅斯福時代更為錯綜複雜。選擇怎樣的藥方，使美國經濟這個還在康復的病人換藥後，既擺脫掉原用藥的副作用，又不至再次病重，真是難以把握。

美聯儲用了幾年的時間思考這個問題，思考在時機成熟時將資金收回，他們的願景是希望通過 2013 年縮減量化寬鬆來取得進展，即在完成削減購債之後，讓持有的債券逐個到期而不進行展期，以此逐步縮減資產負債表的規模，從而使其恢復正常。這樣的威脅是，它很可能在實現充分就業前就已在此過程中走得很遠，那時通脹危險可能會再次出現。

美聯儲資產負債表從實施量化寬鬆前的 7000 多億美元，到 2013

年冬已激增至 4 萬億美元左右，後二輪量化寬鬆在美國引發了很多爭論。芝加哥大學布斯商學院金融學講座教授約翰·柯克倫（John Cochrane）就頗有微詞，他對我說，他不認為第二輪和第三輪 QE 對美國經濟有甚麼貢獻，也許在宣佈的當天，會對經濟有零點幾個百分點的推動，然後就迅速消失了。這就像是在聖殿中擺放的祭品，其存在會在一段時間內讓人們感覺好一些。

另一些經濟學家抱怨，第三輪量化寬鬆的規模太大，對金融市場的正常運轉形成了干擾，卻未給就業市場帶來太多實質性的幫助。

美聯儲在過去 30 多年的歷史中，展開了五輪較為明確的加息週期，其中 1987 年的教訓現在仍歷歷在目。美聯儲當年 6 月重啟加息，但幾個月後，10 月 19 日美國爆發歷史上最大的一次崩盤事件，道瓊斯工業指數一天內重挫 508.32 點，跌幅達 22.6%，美聯儲出手救市立即降息，那是百年美聯儲歷史上最短的升息週期，僅維持了 4 個月。

1987 年的崩盤陰影顯然不會束縛住美聯儲的手腳。歷史不會因為美聯儲未事先公告就直接加息，而重演 1987 年的危機，畢竟，加息也只是增加 25 基點的短期利率。何況縱觀 1987 年後的加息史，美聯儲進行了很多次意外加息，都未對市場造成影響。

要說服人們量化寬鬆會引發危機難度很大。更緊迫的問題是，無論哪種選擇，都面臨着 QE 太大而無法順利縮減的掣肘，這使得中止 QE 變得非常緊迫。中止 QE 的唯一途徑是，美聯儲去說服市場，它不會像過去那樣，在短期內很快提高短期利率。

美聯儲發出的信號直接與貨幣政策方向相關，目的在於減少金融市場的波動性。但在信號傳遞的效應上，美聯儲把自己置於不利

的局面、陷入了一個信號傳遞平衡的怪圈：市場認為，QE 縮減與否，傳遞的是有關未來貨幣政策及未來短期利率走向的信號。美聯儲若不進行債券縮減，市場認為經濟可能出了問題；進行縮減，市場認為經濟是在好轉，利率會飆升，實際上美聯儲並不願意利率上升過快。

在美聯儲與市場的博弈過程中，我聽到的抱怨是，美聯儲前瞻的指引有逐漸弱化的傾向，在某種程度上，市場表現已綁架了貨幣政策。

美聯儲是否應該加息，加息的時間及步驟選擇，在 2014 年也是全球金融市場的焦點。從投行到對衝基金，相當一部分投資者敦促美聯儲儘快加息，以迎接更正常的利率水平；扮演政策制定者角色的美聯儲卻一直按兵不動。直到 2014 年 7 月中旬，美聯儲主席耶倫（Janet Yellen）才應聲出場，表達了繼續實行寬鬆貨幣政策的必要性：美國經濟在持續改善過程中，復蘇尚未完成。用更直白的語言就是，不能把政策利率提高太早、太快，也不能太晚、太慢。

自 2014 年年初到盛夏，人們發現市場所有資產類別的波動性無一例外地都在下降，似乎波動性就此消失了一樣。若以芝加哥期權交易所波動率指數（CBOE VIX）來衡量，它幾乎已接近歷史低點。唯一的例外是，馬航客機在烏克蘭墜毀當天，加沙與以色列衝突也在升級，美國股市波動性才陡然升高，但也只是曇花一現。

算起來，美聯儲已把 QE 規模減小到了每月 350 億美元，不過投資者發現，每當市場出現下跌，隨即便有買家一擁而上。美國股票市場波動率已刷新了 2007 年保持的低位水平。雖然市場出現了如此的低波動和高收益，經濟衰退的風險卻很低，在此前提下，發生大的

市場逆轉的可能性也不大。在很大程度上，這也導致了波動性長期在低位徘徊——美國經濟整體增長企穩，企業的盈利和現金流都很好，消費者信心提高；失業率已從一年前的 7.5% 下降至了 6.1%，創造了 30 年來最大的 12 個月降幅。

事實證明，美國仍篤定於格林斯潘（Alan Greenspan）制定、伯南克保有的金融穩定性的範式、範圍和目的，即不使用更高的政策利率來阻止過度的信貸增長或初期出現的資產價格泡沫，除非是通貨膨脹過度或有勞動力市場緊縮的威脅。

按照美聯儲最有可能的路線圖，在 2014 年底結束量化寬鬆政策，在 2015 年的某個時間提高短期利率，並到 2017 年底前實現利率正常化，如果按此行動，人們會看到經濟復蘇、通脹和就業增長之間的最佳平衡。美聯儲與市場間博弈與拖延的結果是，2014 年 10 月底，在波瀾不驚中，美聯儲以公佈聯邦公開市場委員會（FOMC）會議紀要的形式，宣佈從當年 11 月起結束每月的資產購買計劃，第三輪量化寬鬆正式落幕。

（三）

一年以後的 2015 年 12 月，美國利率已持續 82 個月停留在近零利率的水平線上，成為美國現代史上迄今為止最長的利率週期，而且那個週期還繼續保持了一段時間。

美聯儲與市場的加息競猜自 2014 年就已開始。市場後來集中押注美聯儲會在 2015 年 6 月、9 月和 12 月加息，沒想到呼聲最高的 9 月時間點卻被排除。

從自身定位的角度，美聯儲決定信貸與借貸成本，提供商業銀

行貨幣供應量，控制短期利率；更重要的是，美聯儲有責任維護金融系統的穩定，實現其促進充分就業和控制通脹穩定的雙重任務。

美聯儲 9 月不加息的考慮因素中，相當重要的一個因素是：一旦貿然加息，其所引發的全球經濟和金融的進一步衰退，可能會削弱美國經濟。這個論調使部分市場觀察人士驚呼，美聯儲把穩定國際市場與美元走勢作為新的目標。

自美聯儲逐步退出 QE，到 2014 年 10 月底完全結束對國債購買的過程中，相伴隨的是美元新一輪的升值週期。2015 年 12 月 3 日，美元指數刷新 2003 年 4 月份以來的新高，達到 12 年以來的高位至 100.51。

這提醒人們，美聯儲幾乎扮演着全球央行的角色，它幾次搭好架勢要提高聯邦基金利率，都因一些橫生的事端而擱置：先是希臘主權債務危機，及受其影響的歐元區經濟與貨幣的疲軟；然後是中國經濟的放緩及人民幣的貶值，讓美聯儲傾向於保持謹慎。

對美聯儲加息的時機向來眾說紛紜，但到了 2015 年末，在數據支持下，美國經濟向好已變得堅實，這使仍然堅持推遲加息的陣營中，僅剩下一些少數的頑固派。不管怎樣，美聯儲的利率政策那段時間仍保持着危機模式。巴克萊資本美國經濟研究與全球資產分配主管邁克爾．蓋朋（Michael Gapen）讓我仔細觀察，他説，美聯儲並沒有改變利率週期的緊迫性。

緊迫性直到 2015 年 12 月才確立。12 月 17 日在為期兩天的政策會議結束後，美聯儲宣佈上調聯邦基準利率 25 個基點，利率浮動區間上浮至 0.25%–0.5%，結束了前所未有的超寬鬆貨幣政策支持美國經濟的時代。

　　加息到了後期基本上已沒有懸念。對金融市場而言，在經過 2015 年極不平靜的年景之後，年底美聯儲的加息讓一些華爾街投資者認為，它可能會帶給全球金融市場更大的不確定性，這種不確定性甚至比 2008 年以來的任何時候都更具挑戰性。

　　美國的貨幣政策至此已歷經持續數年的大規模試錯，人們對其結果毀譽參半。

　　美聯儲終於開啟了新的利率週期，但環顧全球主要央行，只有美聯儲開始轉向貨幣正常化，其他主要央行還在低利率的漩渦之中打轉，這使美國面對的是一個獨特的利率緊縮週期。樂觀者追溯歷史認為，十多年前上一次利率緊縮週期，雖然美聯儲把利率從 1% 逐漸加碼到 5.25%，但市場的接受度良好。

　　2015 年加息與此前利率緊縮週期迥異的另一個表現是，美聯儲提振經濟的努力在勞動力市場收效顯著，但過去由就業帶動的通脹效應卻不很明顯，人們的通脹預期顯然不高。

　　利率緊縮面臨的挑戰是，在超寬鬆的環境下，美聯儲積累了規模達 4.5 萬億美元的資產負債表。美聯儲主席耶倫就直言，「美聯儲仍在探索長期框架，當前尚不能確定未來資產負債表的規模。」所有這些信息的指向是，美聯儲致力於打造近年來最為平緩的加息週期，與其口徑相一致，以 25 個基點的幅度加息，並強調這是逐步漸進的過程。

　　過去，美聯儲通過買賣美國國債的方法設定基準利率，這一操作會使銀行在美聯儲的資金儲備發生變動，即使微小的變化也足以改變利率水平。金融危機蔓延之際，在美聯儲主導下全球進入貨幣寬鬆週期。考慮到超寬鬆貨幣政策的長期性和大手筆，美聯儲的任

務是設計新工具來執行加息決策。

自 2015 年 12 月 17 日起，美聯儲把銀行超額存款準備金的利率提高至 0.5%，並實施隔夜逆回購計劃。這也許意味着動用一些未經充分考驗的新工具來提升利率，使平穩提升利率的難度遠遠大於以往。

實際上，美聯儲 2014 年 8 月自 4.075 萬億美元的高點起退出 QE，起初比較穩健，到 2016 年時速度加快。2016 年 12 月，美聯儲資產負債表的最低點為 3.532 萬億美元。在 16 個月內，美聯儲資產負債表下降了 13%，減少了 5430 億美元。所有這一切都要歸因於美聯儲超額準備金減少了 30%、約 7750 億美元。2016 年美國基礎貨幣的定量收縮太快，推高了美元和 30 年期國債收益率，這一趨勢在 2017 年有所扭轉。

自 2016 年底美聯儲逐步實現貨幣政策正常化之際，美國經濟增長強勁，就業增長強勁，家庭支出強勁，商業固定投資強勁。2017 年 4 月，時任美聯儲主席耶倫宣佈，美聯儲終於走出了危機模式，未來的目標將聚焦於持續增長。

全球貨幣政策也似乎在那時到了節點。有觀點認為寬鬆政策已到了週期的尾部，全球去泡沫已是大趨勢，接下來可能會進入新的貨幣週期。

2015 年 12 月自美聯儲開啟新一輪加息以來，隨着聯邦基金利率由 0.50% 上升至 2018 年 9 月的 2.25%，如何維持規模巨大的資產負債表，規避潛在風險從而有序地縮小資產負債表，一直以來都是美聯儲操作上懸而未決的難題。

自 2015 年年底首次加息到 2017 年 6 月，美聯儲累計加息 4 次

共 100 個基點，那時，美國 10 年期國債收益率降至 2016 年 11 月以來最低水平，意味着儘管美聯儲試圖推高融資成本，美國家庭和企業的實際借款成本卻在下降。隨着美國經濟增長和金融市場運行的軌跡呈現出企穩的態勢，美聯儲採取措施收緊膨脹的資產負債表已被充分預期。

從 2017 年 6 月到 2018 年秋，美聯儲又加息 4 次，並逐步縮減資產負債表以退出金融危機後出台的超寬鬆貨幣政策。這符合美聯儲尋求貨幣政策回歸正常化的路徑：先加息、後收縮資產負債表。

但在 2018 年秋，形勢急轉直下。

十年期國債收益率由 2016 年 7 月 5 日的 1.37% 飆升至 2018 年 10 月 10 日的 3.22%，創下七年來的新高。美聯儲的加息預期令美股走勢不斷承壓，全球最大對衝基金橋水基金更發出警告，美聯儲收緊貨幣政策抑制經濟增長泡沫的同時，對金融市場產生壓力，美國經濟增長可能已經「見頂」。

2018 年歲尾我在紐約見到了橋水創始人瑞‧達利歐（Ray Dalio）。他說，過去數年美國的財政政策和貨幣政策提供各種各樣的流動性，從減免稅、到央行購買資產、到降低利率，以各種形式進行大手筆地刺激經濟，現在可以說所有能用的手段都已達到頂峰了。美國正處在長期債務週期的後期階段，當經濟強勁且失業率很低時，就是賣出之際，出現經濟衰退的可能性更大。

（四）

在各種金融市場的動盪中，總有可憎的經濟現實和挺身而出的市場拯救者以及投機客的身影。

　　環顧 2015 年起月餘的全球經濟現實，除美國外，很多經濟體都很苦惱，經濟增長太慢，各國央行於是挺身而出。照搬老生常談的原理，用來補救經濟增長緩慢的標準短期措施是，增加政府支出，減稅或降息，這些選項都不順手時，政府還有一個殺手鐧，即壓低本國貨幣，通過貨幣貶值來使出口更有吸引力，並引進通脹。

　　所有這些經濟現實和經濟原理都不新鮮。

　　我注意到從 2014 年起，不斷發酵的預期包括美聯儲回歸常態，歐洲央行推出刺激政策，大宗商品市場走低，原油市場暴跌。在這些預期不斷發酵、各類資產表現差異不斷擴大的同時，外匯市場的風聲鶴唳以及隨後各央行的頻頻出手，還是震驚了似乎已有心理準備的金融市場。

　　2015 年 1 月，全球金融市場開局就應接不暇：加拿大央行降息、歐洲央行擴大資產購買規模、丹麥一週兩次降息、新加坡央行降息。2 月份跟進的是印度央行，繼降息後，採取激進寬鬆貨幣政策，利用通貨緊縮的環境，向銀行系統注入流動性。各央行應對措施之密集，急風驟雨般的猛烈程度，讓人乍舌。

　　國際貨幣基金組織（IMF）首席經濟學家奧利維爾‧布蘭查德（Olivier Blanchard）認為，在經濟復蘇的過程中，美聯儲要在經濟能站穩腳跟的情況下使貨幣政策回歸正常化。我們通電話時，他說，美國在開始退出量化寬鬆政策的過程中，其產生的部分影響已經被計入長期利率和匯率的定價中。因長期利率與匯率都具有前瞻性，所以大部分人認為應該進行的匯率調整，可能已調整完畢。如果退出的速度比市場預期要快或者更慢，匯率會有新的調整。

　　可以確定的是美聯儲貨幣政策正常化會在未來一段時間引起一

些國家複雜而有破壞性的資本流動，這個過程會因量化退出和最終的政策利率升高而使美元資產更有吸引力，投資者會把投資移出讓他們憂慮的國家，轉而投向美元。

我的朋友克里斯·維倫（Christopher Whalen）是機構風險分析（IRA）公司聯合創始人，他稱美聯儲貨幣政策的轉變帶來了「黑洞效應」——美元不斷走強，其他各種貨幣都在跌，他們又反向推高美元指數，市場風險集聚並逐漸上升，各大央行已喪失了刺激經濟的傳統方法。他對我說，世界正陷入貨幣競相貶值的逐底競爭中。

美元強勁的因由複雜。最初是基於惴惴不安的投資者尋找安全資產，使得大量資本流入美元，後因市場預計美聯儲 2015 年提高利率水平；再後來，更有歐洲央行正式開啟量化寬鬆政策，日本的質化和量化寬鬆政策（QQE）等，使得各國央行貨幣政策分化，貨幣息差帶來美元的進一步走強。

在這一背景下，彭博美元指數 2015 年 1 月上漲 3.3%，收至 1167.89，創下 2004 年來新高；而自 2014 年 7 月以來，世界主要貨幣兌美元下跌逾 15%。高盛認為未來幾年歐洲央行量化寬鬆將使歐元對美元將進一步貶值 20% 至 0.90。

瑞銀財富管理亞太區投資總監浦永灝告訴我，雖然美國貨幣政策收緊，但它是一個持續縮減的過程。從長期來講看好美元的走勢。一方面「頁岩氣革命」促進了美國貿易收支的平衡；同時美國由於能源成本和人工成本與新興市場差距在縮小，製造業出現回流、尤其是與研發相關、針對美國本土市場的高端製造業的發展，從總體上支持了美元指數繼續攀升的勢頭。

從美元的大背景來看，自從 911 事件之後，始自於 2002 年 1 月

至今的美元貶值已然是一個趨勢，其間美元兌歐元、日元等主要貨幣匯率從 2002 年的高位一路下跌，但跌勢在 2013 年 5 月中旬打住，美元指數創出了 30 多個月的新高。

2009 年 11 月 25 日，美元指數最低點定格在 74.2，隨後從低點反彈，經歷了 8 年左右的整體上漲週期。在美歐經濟增速差距拉大的背景下，美元指數自 2011 年開始強勢上漲，至 2017 年初達到頂點。2017 年美元指數下跌近 10%。2017 年美元持續貶值的勢頭到 2018 年 4 月得以逆轉，美元強勢升值，超出了市場預期。美元走強即有從低谷回暖的美國經濟基本面的支撐，而所謂的「特朗普行情」——市場押注美國總統特朗普承諾的刺激政策將提振經濟，也使投資者湧入美國資產，「再通脹交易」的熱情助燃了美元漲勢。

美元是世界的避險港，在美國令全球市場動盪的情況下也依然如此，部分原因是美國在全球支付體系中佔據主導地位。80% 以美元計價的進口交易從未「觸及」美國本土市場。儘管只有小部分商品從美國進口，巴西、印度和泰國等國大約 80% 的進口產品以美元結算。英國和土耳其的進口交易中則有一半使用美元結算。

在過去數十年間，隨着全球貿易活動不斷膨脹，與其交織的美元體系日益稠密而龐大。有數據顯示，目前美元在國際支付中的使用份額超過 40%，這一數字遠高於 2018 年美國經濟體量在全球經濟 24% 的比重。

但自特朗普上台以來，美元可能已達到峰值——特朗普不斷抨擊美聯儲，並堅信美元價格被高估了。在相當一部分華爾街精英們的眼中，特朗普是個極不成功的商人，他們相信這也是特朗普遲遲不全盤公佈個人收入和交稅詳情的原因。但特朗普帶來了金融市場

的繁榮，帶來了華爾街的豐厚收益，所以一切都不必較真。

用推特治國的特朗普也用推特對美聯儲宣戰，他多次點名批評美聯儲主席鮑威爾（Jerome Powell）。一些經濟學家擔心，雖然美聯儲盡力想要保持獨立性，但在特朗普的炮火攻擊下，美聯儲和美元的獨立性都受到威脅，動搖了美聯儲和美元不受政治影響的信譽。特朗普政府似乎沒有意識到美元對美國的世界霸權至關重要。一旦對美元的信心被削弱，那麼美國經濟將很快進入一種新模式並遭受劇烈的重新洗牌。

在上世紀初，靠一場突然的地緣政治變局，外加建立美聯儲這一制度創新，美元用了十年左右時間取代了英鎊的主導地位。在特朗普政府的單邊主義時代，如果地緣政治衝擊再次激發制度創新，使歐洲銀行和企業更加便利地以歐元支付和結算，同時還不會受到制裁的威脅，那麼通往歐元體系的轉型將會很快。而且一旦開始，將不會再有回頭路。如果未來特朗普政府將基於美元的國際金融體系更一步「武器化」，這最終會加速美元體系被取代的進程。

特朗普以戰神的姿態四處攻擊，多維度、多視角地展開貿易戰，貫穿 2018 年到 2019 年的貿易戰層層加碼，忽緊忽鬆。IMF 稱，2019 年全球經濟增速降至 2009 年衰退以來最慢水平。經濟表現乏力主要歸因於美中貿易戰，美中之間不斷升級的關稅措施干擾了供應鏈，減少了投資，並擾動了金融市場，導致今明兩年全球產出損失 0.8%，約相當於 7,000 億美元，損失規模相當於瑞士的經濟總量。

事實上特朗普「美國優先」的國內政策和國際政策互相掣肘。減稅加速了美國經濟增長但也將導致進口增長加劇，美國貿易逆差擴大。紐約聯邦儲備銀行的一份分析報告顯示，其他國家對美國出口

商品的報復性關稅，加上美國企業生產出口商品的成本將上升，這使美國出口商品在世界市場上的競爭力下降；美元繼續走強還可能使美國跨國公司的利潤下降。

這像一個惡性循環，減稅加上美國經濟增長帶來價格的上行壓力，同時關稅也通常引發通脹，這可能會導致美聯儲更加激進地加息，從而進一步推動資本流入美國，美元更強，從而進一步降低美國的競爭力。最終美國的貿易赤字還是增加，更多的貿易戰，更遠的美國優先。

埃里克·貝斯瑪建（Eric Basmajian）在華爾街投行和對衝基金浸淫多年。在他看來，全球經濟同步增長的敘事在 2018 年 1 月就已結束 —— 這與貿易戰幾乎沒有關係。隨着美聯儲通過加息和縮減資產負債表來收緊貨幣政策，降低了全球的美元流動性，對新興市場國家和借入大量美元計價的債務的國家產生了不利影響。若美聯儲在 2018 年 12 月加息並繼續收緊貨幣政策，全球增長的下行空間更大。

2018 年美聯儲處於緊縮通道上。2019 年美聯儲官員的表態，從「按兵不動」，逐漸過渡到鑒於經濟和貨幣市場條件符合預期，有意在 5 月份放慢縮表速度，並在 9 月份停止縮表。但到了 2019 年 3 月，美聯儲開始政策調整，3 月議息會議宣佈維持聯邦基金基準利率在 2.25%–2.5% 的區間水平不變，並暗示 2019 年不會再加息。

到了 2019 年 6 月 4 日，美聯儲主席鮑威爾語調大變，稱美聯儲將採取恰當措施維持經濟擴張，正密切監控貿易局勢對美國經濟前景的影響，嚴肅對待通脹預期下行的風險。這期間伴隨着的是金融市場 2019 年 5 月一塌糊塗的表現。隨着投資者重新評估全面貿易戰的可能性，市場出現拋售。與此同時，很多經濟數據也差強人意。

有幾個月的時間，長期利率跌至短期利率下方，呈現收益率曲線倒掛的現象，擔憂經濟衰退的聲音匯聚變大，促使美聯儲有所行動。

隨後美聯儲進行了方向性的逆轉，在 7 月 31 日宣佈降息 25 個基點，將聯邦基金利率目標區間下調至 2%−2.25%，這是 2008 年 12 月以來首次降息。同時，美聯儲還宣佈提前兩個月結束被市場稱為量化緊縮的縮表政策。緊接着美聯儲實現了兩個月內的第二次降息，將聯邦基金利率目標降低 0.25 個百分點至 1.75%−2% 區間，以保護美國經濟免受全球經濟放緩及貿易不確定性的的衝擊。進行了一年多的中美貿易戰，不僅增加了兩國經濟衰退的風險，也令全球衰退風險升高。

世界各國紛紛實施了財政和貨幣寬鬆措施，而經濟增長放緩、通脹低迷等因素提高了各國實施更多財政和貨幣刺激措施的可能性。

在這個前提下，如果美國經濟繼續增長，且經濟增速超過資本成本增速，則美國經濟可持續性增長幾率更高。但很多經濟學家和美聯儲都更喜歡由生產效能提高驅動及勞動力驅動的經濟成長，而不是由通貨膨脹升高使名義 GDP 增速提高。

能源獨立的來臨

（一）

在 2014 年 10 月的最後一個星期一，紐約商品兩年內交易所（Nymex）12 月份交割的西德克薩斯中質油（WTI）下跌 2.2%，至每桶 79.44 美元。而在 2014 年 6 月的高峰時段，作為國際油價基準的布倫特（Brent）原油期貨的價格曾高達每桶 115 美元。

全球石油價格跌到四年的低點，在強化了消費者希望的同時，也增加了石油商的擔憂。此次石油價格的陡降，更預示着新的石油世界現實的來臨。

美國國務院一個官員那時還不清楚石油需求的下降有多少是由於短期因素，多少是長期因素。但他特別確定地對我說，頁岩正在變得越來越有競爭力，在可預見的未來，當傳統能源枯竭的時候，頁岩 / 致密油將繼續作為主要的、潛在的能源供給。

石油價格總是或漲或跌，在石油市場動盪的過程中，新的世界石油圖景也逐漸清晰起來。放在更大的框架下，未來的世界會更少地依賴化石能源，更少地依賴石油輸出國組織（OPEC），更加依賴於

可再生能源，而能源價格的增長也將變得緩慢。

100 美元是個坎。

在 2014 年 10 月還未完全結束的不到一個月的時間裡，有數據顯示，西德克薩斯中質油原油價格和國際基準布倫特原油價格跌幅分別超過了 15% 和 25%。油價的大幅回調顯得突兀，更出乎市場人士及政策制訂者的意料之外，畢竟在此前的二、三年時間中，石油價格高企，而彼時市場的話題聚焦於擔憂石油供應，以及對新一輪貨幣刺激政策的期待，這些互相疊加，使油價很大程度上保持在每桶 100 美元上方的水平。

雖說人們多少已習慣了石油價格的振蕩與波動，但石油商們顯然樂見價格漲到超過每桶 100 美元，但油價重回 100 美元上方已變成了小概率事件。

在各方還在爭論油價驟跌的背後推手時，一些促成油價下跌的因素也同時成為阻礙油價重返 100 美元的坎。歐洲和英國經濟數據慘淡，加劇了全球經濟放緩的憂慮，從而波及到原油的需求。歐洲之外的中國因素被認為是拉下石油價格的另一個力量。作為全球石油消費大國，2014 年前三季度中國 GDP 增長 7.4%，經濟存在下行壓力。但中國經濟增速放緩與石油需求的相關性更為複雜。

全球經濟疲弱，顯然需求沒有大幅度下降，但與此疊加的是石油供給的異常充足。之前二、三年的高油價直接催生了新一輪的投資熱情。與此同時，能源新貴也在陸續出現：從蘊藏豐厚石油和天然氣的東非地區，到投資開發蓄勢待發的北極圈石油，驚喜不斷。美國頁岩油、頁岩氣革命帶來石油產量的增加，並加大了勘測和開採的空間，而技術上的突破和進步又拓寬了既有產區的石油可採量。

自 2005 年以來，全球原油產量的增量都來自美國。美國的液態石油產量已飆升至超過上世紀 70 年代峰值的水平，美國石油生產的蓬勃發展也已不再是新聞，但由於對伊朗的制裁和利比亞等產油國的動盪，使後者的供給者角色弱化，因而在某種意義上平衡了石油市場，使布倫特得以保持在 100 美元上方。當伊朗回歸國際市場，利比亞、俄羅斯和伊拉克的原油供應量都高於預期。

石油供給激增，而需求又在少量降低，這種供需不平衡是油價無法保持在 100 美元上方的最根本原因。2015 年全球原油市場供應過剩進一步有所增強，庫存高企，原油價格也進一步下跌。

在投資者眼中，低於 100 美元的價格也完全可以接受。投資者告訴我，在世界各地，石油投資都是暴利行業，如果石油的中長期價格保持在 80−90 美元之間，那麼贏利前景也是非常好的，畢竟石油從來沒有一滴賣不出去的情況，它會隨行就市，而不像製造業那樣產生積壓、報廢。

IMF 中東和中亞地區經濟學家布魯諾·凡爾賽（Bruno Versailles）對我直言，期貨市場不會指望石油價格能重返幾年前 100 美元 / 桶以上的高點。2016 年時，2021 年的石油期貨定價為 50−55 美元 / 桶。在供應端，頁岩油的到來和其相對彈性的產量，以及 OPEC 成員國日增的產油量扮演了重要角色；在需求端，新興市場較低的經濟增速會降低石油需求的增長，這個趨勢會持續，尤其是在全球石油效率普遍提高的情況下，這導致了中期對需求增長的抑制。

石油價格未來的不確定性很高，這會導致其短期波動性加大。

從 2014 年到 2016 年初，原油價格從近 120 美元 / 桶跌至不足 30 美元 / 桶。原油價格重回 100 美元 / 桶的討論在隨後的幾年漸行

漸遠。

幾年後的 2018 年 1 月 25 日，美國西德克薩斯中質油（WTI）創出每桶 66.66 美元的新高，布倫特原油則在當天一度創出了 2014 年 12 月以來的新高，每桶 71.28 美元。油價高歌猛進，在某種程度上催醒了被壓抑多時的 100 美元的夢。

在原油價格達到近四年來的高點後，市場和媒體開始不遺餘力地討論油價短期內重返 100 美元 / 桶的可能性。

截至 2018 年 10 月 10 日，布倫特原油期貨主力合約報價徘徊在 85 美元 / 桶附近。80 美元每桶被視為原油市場的「重要心理價位」。但 80 美元畢竟與 100 美元之間有不小的差距。原油市場參與者眾，很多動態因素隨時在影響油價，也許在某個地緣政治事件中油價會飛漲，但 100 美元的時代也許永遠擦肩而過了。

（二）

原油市場前些年經歷過的價格回升都很短命。但放在更長的歷史視角下，這又顯得不足為奇：在 1998 年－2008 年的十年間，原油價格從 8 美元 / 桶漲到 147 美元 / 每桶，之後回墜至 32 美元 / 桶，然後又用 5 年的時間飆漲至 105 美元 / 桶，然後回墜至 26 美元 / 桶。

2015 年的原油市場同樣動盪起伏。

油價在 2015 年 10 月之前的 16 個月時間裡，一直在下跌通道上，油價在震盪中走入 2015 年的最後一個季度。要想搞清楚油價與事實和邏輯的相關性到底有多大，通常比較難。原油在 2015 之前的兩年成為最不穩定的大宗商品之一。那段時間全球每天要面對 200 萬桶的供應過剩 —— 供給過度成為油價的緊箍咒。其中來自石油輸

出國組織（OPEC）的石油供給每天超過 3150 萬桶，2015 年 9 月的日供應量提高了 9 萬桶，達到 3172 萬桶；俄羅斯產油量在 2015 年達到了蘇聯解體後的最高紀錄水平。美國原油產量也依舊強勁，超過 900 萬桶，讓石油市場的參與者憂心忡忡。

在需求端，全球經濟增長疲弱，中國因素在短期內仍揮之不去。基本面依然沒有改觀，所有使油價走低的動因都在相當一段時間內存在。

OPEC 那時卻選擇捍衛市場份額而不惜價格，之所以如此，恰恰是因為他們意識到，能源市場已發生了巨大而永久的改變。

2015 年 8 月下旬，股市崩盤，恐慌情緒在全球投資市場蔓延。在這個背景下，美國 NYMEX 原油期貨價格在 8 月 24 日盤中觸及 2009 年 2 月以來的最低水平，每桶低至 37.75 美元。國際基準布倫特原油期貨價格暴跌 6.5%，盤中一度觸及 2009 年 3 月以來最低的每桶 42.51 美元。

8 月 24 創低點紀錄後，原油市場隨後有兩次短命的反彈，兩次最終都失守了 50 美元上方的陣地。華盛頓大宗商品經紀商 Powerhouse 執行副總裁大衛·湯普森（David Thompson）的分析很到位，我經常就原油價格的問題請教他。他說，若原油維持在每桶 49 美元－51 美元的區間內，則既可為每桶 50 美元的心理價位提供支撐，也能提供其他一些技術位阻力。

油價在那年 10 月初曾一度升至 50 美元 / 桶的水平上方，但隨後上行乏力，開始走低。那段時間問題的關鍵是，原油價格如何升至 50 美元上方，並保持住。市場要建立起充足需求，要花非常長的時間，供給則在同時削減；或者市場需要那樣長的時間來減少供給，

二者之一能夠實現才能支持 50 美元以上的價格。

　　總成本只是把另一桶原油帶入市場的邊際成本，而並非限制因素。進入 2016 年，原油價格開局便迎來了慘烈的螺旋式下跌，延續並強化了 2015 年市場動盪的主線。在跌去 70% 的基礎上，布倫特原油在 2016 年頭 7 個交易日的累計跌幅達 18.6%；美國原油基準西德克薩斯中質原油則創下 12 年來首次跌破 30 美元的記錄，達到 29.93 美元 / 桶。在短暫反彈後，美原油和布倫特原油期貨再探低點，使得 2016 年年初以來的累積跌幅超過 20%，創下 2008 年金融危機以來最大兩週跌幅。

　　伊朗的回歸是那次市場承壓下跌的最新因素之一。伊核問題全面協議自 2016 年 1 月 16 日正式執行，美國和歐盟宣佈解除與伊核問題相關的多國和一國經濟和金融制裁後，滿載 5000 萬桶原油的伊朗油輪準備起航。1 月 19 日國際基準布倫特原油價格一度跌破 28 美元 / 桶關口，盤中觸及 27.67 美元 / 桶的低點，是自 2003 年以來的首次；美國原油也一度觸及 29.35 美元 / 桶的低位。

　　28 美元的油價關口緊隨其後被突破。1 月 21 日西德克薩斯中質原油暴跌至 28.50 美元 / 桶，單日跌幅達到 2.5% 以上；布倫特原油更是跌破了 27 美元的大關，最低時報價 27.73 美元 / 桶，單日跌幅為 2.38%。這讓人們開始重新考慮油價潛在的築底區域。

　　在消極情緒瀰漫的過程中，2016 年 2 月 11 日，油價跌至 26 美元的多年低位。這個低點事後被解讀為長期熊市的過度延伸。獨立的大宗商品分析師安迪・赫克特（Andy Hecht）告訴我，交易所交易基金（Exchange Traded Funds，ETF）產品和交易所交易債券或交易所交易票據（Exchange-Traded Notes，ETN）產品放大了大宗商品的

波動性，使大宗商品無論是向上的漲幅還是向下的跌幅都變得更大。大宗商品在 2011–2012 年的高點及在 2015 底、2016 年初的低點都是這個波動性延伸的表現。

原油價格如果已處在超賣的狀態，業內人士相信，布倫特原油可能的底線目標是 25 美元，這個價位甚至都不能覆蓋邊際成本。

全球石油產量的大幅增長自 2014 年以來創造了供大於求的局面，石油價格也因此一路狂跌。在需求面上，全球經濟的減緩使得需求減弱。國際貨幣基金組織在 2016 年 4 月下調了當年全球增長預測至 3.2%，警告「日益令人失望的」世界經濟面臨「同步放緩」威脅以及越來越多的風險，全球經濟增長面臨的下行風險包括：全球金融動盪可能再次出現，可能導致企業資產負債表進一步惡化；如果全球油價長期低迷，石油出口國的經濟增長前景將受到影響，等等。

在供需等式中，中國是削弱需求方的主要因素。作為世界第二大石油消費國，過去十年來中國的經濟增長帶動了全球石油需求的激增。中國經濟如今加速放緩，使石油供應過剩進一步加劇。中國國家統計局發佈的 2015 年全國經濟運行情況表明，2015 年中國 GDP 增長 6.9%，是經濟步入新常態以來首次增速低於 7%，為 25 年來的低點。

中國需求方面的數據則顯示，2015 年中國原油日需求可能達到創紀錄高的 1032 萬桶，比 2014 年高出 2.5%。在中國的需求增速開始放緩、能夠替代中國的需求增長源尚未出現之際，歐洲的需求增長也有減弱的跡象。中東地區的能源使用雖然在 2015 年有所增長，但消費增長的空間不大。很多人曾希望 2016 年下半年石油需求會增加，從而重新回到供需平衡中。這個預判的前提是，中國的需求增

長可以使石油需求從每天 100 萬桶攀升至每天 120 萬桶。

實際上大宗商品整體都存在供給過剩，金屬甚至比能源還嚴重。本來價格已經低無可低，但由於過剩現象的普遍性，尤其是中國，價格可能還會下跌。更大的問題是，也許只有等中國經濟出現改善跡象或至少停止下跌，大宗商品價格才會真正的反彈。如果全球經濟增速不快於 2.5%，價格反彈的可能性也不大。

中國石油原油的消費確實是在下降，但很重要的一點是，中國仍是石油的最大買家之一。中國一直在購買石油，不僅為煉油行業的需要，同時也為了中國戰略石油儲備的需要。如果中國對原油的需求繼續下滑，則可將其視為對全球經濟總體走弱的反映。瑞銀財富管理投資總監大宗商品分析師喬瓦尼‧斯托諾瓦（Giovanni Staunovo）有不同的觀點。他對我說，從歷史發展看，類似於中國這樣從製造業轉向服務導向型的經濟體，在發展過程中，其人均原油消費量增加會得到強化。

在對全球原油需求增速放緩的擔憂未退之際，在供給端，全球供給過剩的局面則存在惡化的可能。2015 年大宗商品市場在供應端的調整並不充分，不足以達到平衡所需的水平，這將在 2016 年上半年導致更多的供應陣痛。其中，2015 年非 OPEC 和 OPEC 產油國的原油供應量，實際上在 2014 年全年的基礎上擴大了 2.7%。

由於各大產油國堅持拒絕減產，石油供應與庫存已膨脹至接近創紀錄水平。2015 年非 OPEC 石油和其他液態產品供應量日均增長 150 萬桶，主要反映了美國產量的增長。根據船運數據、原油企業信息以及行業專家反饋，沙特 2015 年 12 月原油產量維持在每日 1015 萬桶，連續第 9 個月停留在每日 1000 萬桶以上，為數十年來首見；

俄羅斯能源部的數據顯示，俄羅斯那段時間原油產量達到了蘇聯解體後的記錄高位、1086 萬桶 / 日。

　　美國頁岩繁榮直接增加美國產量並持續到 2015 年中期。美國能源信息署的數據顯示，截止 2016 年 1 月 8 日當週，美國原油庫存和成品油庫存全面增長。原油庫存比 2015 年同期高 24.4%；汽油庫存比 2015 年同期低 0%；餾份油庫存比 2015 年同期高 18.4%。原油庫存仍然接近至少為過去 80 年來同期的最高水平；汽油庫存高於五年同期平均範圍上限；餾分油庫存高於五年同期平均範圍上限。美國商業石油庫存總量增長 1004 萬桶。

　　在全球供應過剩的前提下，異常的暖冬也是不利因素，而全球主要產油國之一的伊朗，在此前五年內基本被排除在國際市場之外，又重新回歸 —— 伊朗開始採取行動提高石油產量和出口，瑞銀財富管理投資總監辦公室發佈的報告指出，鑒於市場過剩供給已達 100-150 萬桶 / 天，每日新增 50 萬桶的伊朗石油對油市來說無疑是雪上加霜。

　　全球需求相當疲軟，要改變全球原油供應過剩的局面，石油減產變得不可避免，減產才會保持價格不再進一步下降。

（三）

　　油價下跌使原油出口國面臨着巨大的財政壓力，同時也給能源行業迎頭一擊。

　　在石油市場光景好的那些年中，像許多其他大宗商品生產企業一樣，石油企業紛紛加大槓桿，但當石油價格高於 100 美元 / 桶的好日子過去後，很多規模較小的油企擔着相當高的負債率。這種

高負債的債務結構形成是典型的循環儲備貸款公司債（Senior Debt Revolving Reserve Based Loan）——公司債務的建立和資金的提取都是基於儲備的建立。簡單舉例來說，如果一塊油田的運營成本是每桶 15 美元，油價從每桶 120 美元直接掉到 30 美元，對大企業的儲備考驗並不大。而很多小型油企的運營成本達到每桶 45 美元左右，30 美元的油價對其儲備就是毀滅性的打擊。他們就要被迫尋找融資，或者破產，或者債務減記以便讓債權人做出更大的讓步，或是在潛在買家舉棋不定的時候賤賣資產。

有數據顯示，美國油企的目標資金流與其利率支付及資本花銷之間的「斷崖」將從 2015 年的 830 億美元增長到 1020 億美元。巴克萊估計到 2016 年底前油企縮減支出金額將達到 730 億美元。

在過度舉債的企業中，主要是那些美國的頁岩油企業存在着過度槓桿化的現象。對埃克森美孚或荷蘭皇家殼牌公司這類巨型石油企業來講，其儲備成本低廉，信用評級更高。他們沒有過高的槓桿，但即便如此，如果油價保持在低水平區間，他們也需要削減成本。

有美國油企大呼已沒有削減成本的空間了！油企每個月都在虧錢，各地的情況都很糟糕，那些經歷過上世紀 80 年代蕭條人則感覺歷史是在重演。

靈活的獨立廠商大幅削減支出，將鑽機移至生產效率較高的地點，並更加密集的壓裂採油，以提升產出。不過在石油和天然氣行業做項目工程師的傑西·穆爾（Jesse Moore）對我說，通過技術提高產出，對成本較高的石油企業可能會有一些緩解作用，但不會平衡掉嚴酷的價格陡降。服務供應商也不得不降低價格維繫生存，但很多企業能夠降低的成本也有限度。

如果石油價格維持在 35 美元 / 桶，對大部分能源公司而言，其運營的現金流已經是負的，要通過現金和其他形式的流動性、如銀行長期借款來苦撐，所以第一家石油企業宣佈破產是早晚的事。原油價格進入到 20 美元的區間意味着，生產一桶油對大部分石油生產企業來説，其邊際成本要超過其邊際收益。這將鼓勵減產，並最終通向石油的供需重新平衡。

有警告稱三分之一的美國上市石油勘探和生產公司面臨破產風險。在破產潮之前，油企的裁員潮早已拉開序幕。情況持續的壞結果是可能有 50 萬至 100 萬石油員工失業。換句話説，到那時為止，從石油價格到工作的流失，到盈利能力的變化，都是些小而漸進的變化，但這一現狀即將會改變，人們會看到更持久、更大幅度，更驚心動魄的改變 —— 如果油價下降至每桶 25 美元，並在這一水平上維持一段時間，甚至無法恢復到 30 美元一桶，這種變化就很可能會發生。

2012《BP 世界能源統計》揭示了國際能源市場如何應對市場動盪，從而保障世界經濟和能源需求。該報告指出，在 2011 年的地緣政治和自然災害給世界能源供應造成重大影響的背景下，中東和北非的動盪使得中東油氣供應減少了 7200 多萬噸油當量。

幾年後 OPEC 的境況進一步惡化，罪魁是低油價。

國際金融協會資深經濟學家吉亞斯·哥坎特（Giyas Gkkent）告訴我，油價的斷崖式下跌已使許多石油出口國深受影響，在很大程度上，沙特屏蔽了油價波動對其國內經濟的影響。但沙特也不得不通過公佈開放經濟的長期計劃，來應對低油價帶來的挑戰。

在多年習慣性地對石油收入形成依賴後，沙特突然發現自己置

身於大宗商品低迷的晦暗光線中。從巔峰跌下的沙特，不利的消息接踵而至：在中國最大石油供應國的激烈競爭中，沙特輸給了安哥拉、伊拉克和俄羅斯。2017 年，俄羅斯則成了中國最大的石油供應國。

沙特近年來陷入財政困境，自 2014 年以來國際油價的大幅下跌，加之其對也門胡塞武裝發動的軍事行動開支龐大，沙特財政預算由年年有盈餘變成了年年在虧空，以石油作為主要收入來源的經濟遭遇嚴重困難。

2015 年沙特的財政預算赤字高達 980 億美元，2016 年的財政赤字預計將達 1000 億美元，迫使其 2016 年首次面向國際市場發行國債。國際機構指出，在當前財政支出與赤字水平保持不變的前提下，假設預算優先事項保持不變，石油市場狀況保持穩定，區域緊張局勢不會升級，沙特的儲備最多能提供五年的財政緩衝。

對沙特而言，財政困頓帶來的失措，遠遠比不上經濟要擺脫對「夕陽能源」、石油的依賴所帶來的全方位挑戰，畢竟沙特是海灣合作委員會（GCC）國家和石油輸出國組織（OPEC）的領軍者、在全球石油出口市場叱咤風雲。2016 年春夏之交，沙特推出了旨在降低沙特對石油依賴的 14 年規劃——《2030 願景》。這一雄心勃勃的規劃寄希望對其經濟進行大刀闊斧的整改，從而為沙特找到一條新生之路。

但對於一個數十年依附於石油而強大的王國——沙特而言，要徹底轉變為一個依靠多渠道收入來源的現代、高效而多元化的經濟體，巨人轉身談何容易。

2014 年金融市場忽略了許多世界上當年發生的事件，從利比

亞、伊拉克和也門政權的崩潰，到敘利亞的半崩潰狀態，都未對市場造成大的影響，油價也未受到實質的影響，但美國地緣政治分析家羅伯特·卡普蘭（Robert Kaplan）告訴我，如果沙特阿拉伯崩潰，那將直接影響世界石油市場並影響到股市，因為中東地區的最大問題，如果要用一句話來總結就是——伊朗和沙特阿拉伯的政權哪個會存續得更久？

沙特阿拉伯的地下水水源已越來越少，人口卻與日俱增。王室已經不再像以前那樣權力集中，因王室後裔已經以數百計，權力金字塔也會日益扁平化。所以沙特阿拉伯的未來不會穩定，且它的存在比伊朗更具人為因素。

低油價對沙特的現實挑戰是，它限制了沙特進行財政調控的空間。國際貨幣基金組織估計，油價要達到 84 美元 / 桶，沙特財政才能達到收支平衡。

沙特已着手採取多項經濟、財政和結構性改革措施，以實現財政收入多元化，提高公共財政支出的效率和中長期經濟發展的可持續性——其中響動最大的是，要將國有的沙特阿美石油公司從一家石油生產公司轉變為一家全球性的工業集團。為推動沙特阿美上市，沙特已經將其所得稅率從原來的 85% 下降至 50%。

沙特政府雷聲更小的舉措，包括擠壓公共部門雇員待遇，減少大批項目支出，削減水、電、汽柴油補貼和各種社會福利等等，但對沙特最多的指責認為，沙特把大量的時間和機會浪費在公共福利，以及那些對經濟沒有任何附加值的基本建設項目上。

作為 OPEC 的領軍者，沙特阿拉伯生產成本很低，但對油價更為敏感，油價上漲才能為其國有沙特阿美公司上市提供支持，而油

價尚未完全反彈到 2014 年價格崩跌前的水平。就如同油價的未來充滿不確定性一樣，沙特的經濟未來也充滿不確定性。

同樣，本已疾患憂人的俄羅斯經濟，自 2014 年夏季之後又受到西方金融制裁和國際油價暴跌的雙重擠壓，危機最終以盧布的大幅貶值而發端。2014 年 12 月 15 日和 16 日兩天內，盧布對美元和歐元暴跌，其中 15 日的交易中對外幣貶值 10%，16 日更是在數小時之內貶值幅度超過了 20%，盧布兌美元史上首次跌破 80 大關。渣打銀行新興市場首席經濟學家蒂姆‧艾什（Tim Ash）在盧布狂泄的第一天便被這一幕驚得目瞪口呆，他對我說，這一次的危機與 1998 年危機的相似之處在於，二者都受國際油價持續下跌的外因引發，而國內政策的失誤又加劇了危機的程度。

俄羅斯對石油資源的依賴，及其破舊的基礎設施依然是阻礙經濟潛在發展的關鍵。加州大學洛杉磯分校政治學教授丹尼爾‧特瑞斯曼（Daniel Treisman）告訴我，油價大幅下滑、因西方制裁而導致的俄羅斯銀行和企業間的債務償還問題，以及烏克蘭東部持續衝突造成的不確定性，都促成了盧布的崩潰，這幾個因素又相互放大。那場危機當時停留在貨幣危機的層面，但局勢一旦發酵，若存款人喪失了信心，危機會衍變為銀行危機、但當某個大公司無法償還其外債時，會進而變成一場牽涉更廣的金融危機。

在俄羅斯的經濟組成中，能源工業是支柱，能源出口佔俄羅斯出口的 60%。俄羅斯自轉軌以來，經濟持續急劇下滑，直至 1999 年開始止跌回升。能源價格持續上漲的年份為俄羅斯經濟注入了活力，並助其一躍成為「金磚國家」。

2014 年原油價格急劇下降成為那年年度最重要的經濟事件之

一。這個現實與經濟學家們此前的預言背道而弛——人們傾向於相信，新興市場的增長在全球經濟中扮演引擎作用，新興市場潛在的中產階級及相應的需求結構，會帶來大宗商品消費的長期性和必然性。正因為如此，油價下跌的速度與深度出乎很多人的意料。

各種因素疊加，加之美國退出 QE 的進程及加息週期的臨近，加快了國際資本流向的逆轉，大量資本由新興國家回流發達國家。有經濟學家推算，2014 年俄羅斯經歷的資本外流數額預計將達到 1200 億美元。

資本外流對俄羅斯這樣的產業結構單一、資源依賴型經濟的國家打擊很大。石油和天然氣價格下跌對俄羅斯經濟增長的貢獻已萎縮近一半。有數據顯示，原油價格每下跌 10 美元，俄羅斯出口將損失 324 億美元，該數額佔俄羅斯 GDP 的比重為 1.6%。更形象的例子是，2014 年，俄羅斯以美元計算的經濟規模，已經由印度的級別降至西班牙的級別。

普京執政期間，能源產業的國家控制取代了市場運營，能源部門重組並成為鞏固新政治權力之基，變成了財富增長和外交的槓桿。多年的高油價加強了油氣資源依附型的經濟發展方式所固有的慣性和路徑依賴，資源帶來的長期紅利，使俄羅斯結構性轉變的改革停滯不前。人們寄希望於長期的石油價格疲軟會刺激俄羅斯開展更深層次的制度改革。

問題是，油價的下跌進一步加劇了俄羅斯財政收入和國內通脹的壓力。更深層的憂慮是，包括俄羅斯、哥倫比亞和委內瑞拉在內的產油國，其主權債以及貨幣的波動上升表明，投資者已從質疑石油產生公司和政府的盈利能力，轉為質疑其信譽。同時不要忘了，

俄羅斯需要石油美元。

幸運的是，俄羅斯在 2016 年原油市場生死之際，選擇與 OPEC 結成重要聯盟，這是一個雙贏的棋子，俄羅斯一舉由一個重要的產油國和石油市場的一支力量，一下子躍升到世界原油市場的領導行列，藉助原油價格的反彈，成為國際石油市場的第三大動力，並使權力平衡變得更為複雜。

（四）

原油下跌，幾家歡喜幾家愁。總體說來，油價下跌給消費帶來了利好，增加了購買力，降低了通脹水平。瑞銀的研究報告指出，汽油價格每下跌一美分，將會帶來 10 億美元的消費者支出潛力。這意味着 2014 年下半年已貢獻了 1000 億美元的購買力。假設家庭不增加儲蓄，這意味着未來 12 個月名義消費將增加 3%。能源以外的行業應會受此支持，同時，能源價格下跌也有助於降低投入成本。

美國既是這一能源革命的始作俑者，也是最大的受益者。

基於「石油能夠締造或者粉碎一個國家」的箴言，美國多位總統——自尼克遜直至奧巴馬，均把「能源獨立」作為戰略目標。不管這是政客的說辭還是治國者高瞻遠矚的視角，美國一直以來都沿着這個戰略前行。2004 年美國政府憂慮，在假定同期內 GDP 每年增長約 3% 的前提下，美國的石油總需求可能從每天約 2000 萬桶增加到 2800 萬桶，這樣推導的結果是，美國的石油淨進口量可能從佔總需求量的 53% 猛增至 70%，到 2025 年時達到石油淨進口總量的 20% 左右。

不到十年的時間內這一假定就被推翻了，到了 2017 年，美國的

石油對外依存度已下降到了 33.62%。

頁岩革命集中爆發於 20 世紀 90 年代中期，在 2005 年前後碩果開始顯現。美國採取各種措施加強國內石油和頁岩氣生產，以減少對局勢動盪的中東的依賴，雖然中東進口的石油不到美國進口總量的四分之一。

2014 年後美國頁岩革命對國際石油市場的影響不斷彰顯。大衰退結束後不久，美國能源信息署（EIA）表示，北達科他州和德克薩斯州石油產量的大幅增加，幫助美國一季度的原油日產量推高到了 600 萬桶以上；2018 年的新數據顯示，美國 8 月原油產量增長 41.6 萬桶 / 日，是 2008 年 10 月以來的最大月度增幅，其中德克薩斯州和北達科他州產量升至新高。

北達科他州的西南部沉寂着大片荒地，連同丘陵密布的大平原一起被人遺忘。然而如同其他蘊有大量礦藏之地一樣，北達科他州也在重複上演因油而興的歷史。巴肯（Bakken）岩層是故事的主角，這個橫亙北達科他州並在蒙大拿州與加拿大間延伸的地塊，沉睡在地面數英里以下，以往只為石油地質學家們所熟知。

傳統的立式鑽床開採技術對積貯於薄薄的岩層下面的石油發揮不出威力。巴肯岩層的不可滲透性，使北達科他州在若干年前每天只能出產 1 萬桶石油，少得可憐。轉變始自鑽井技術的提高。水平鑽井和水力壓裂技術（fracking）帶來了開採革命，使人們可以在難以開採的石油儲藏層上大展拳腳，推動了北達科他州的迅速崛起。在短短幾年時間內，北達科他州一路追趕，石油產量排名直線向上攀升，一躍成為僅次於德克薩斯州的美國第二大產油區。

技術進步引領能源市場的變革，也把多年以來一直被邊緣化的

巴肯岩層轉變成石油生產的聚焦點。美國地質勘探局 2008 年的數據顯示，巴肯岩層所在的威利斯頓盆地（Williston Basin）地層擁有約 43 億桶油當量的可採石油及天然氣，而自 2008 年 4 月以來，北達科他州的石油產量增長翻了幾倍。

北達科他州創紀錄的原油和天然氣產量，是美國陸上石油開採的繁榮樣本。除了巴肯岩層，德克薩斯州的鷹灘頁岩油氣區（Eagle Ford shale）、科羅拉多州的奈厄布拉勒（Niobrara）、賓夕法尼亞州的馬塞勒斯（Marcellus）和俄克拉荷馬州的伍德福德（Woodford）都紛紛躍入人們的視野。在技術與創新、地質研究與市場運作環境的共同作用下，新的財富神話已被寫就。

頁岩氣的興盛帶來了經濟的快速增長。美國經濟分析局（BEA）的數據顯示，2011 年美國各州經濟平均增速從 2010 年的 3.1% 急劇下滑至 1.5%，在整體經濟增長放慢的背景下，北達科他州的經濟增速高達 7.6%，領跑全美。無論是長期還是短期的就業增長，北達科他州在美國都首屈一指。自 2011 年以來，該州一直是全美失業率最低的地區之一。

顯然，從挖掘到開採，再到運輸，都需要大量的人力。頁岩氣的繁榮使巴肯地區熱潮湧動。在 20 世紀 80 年代人口即已萎縮的北達科他州，在 30 年後反轉出現人口大量湧入。研究與經濟策略公司 Praxis Strategy Group 的分析師馬修・雷方（Matthew Leiphon）計算了就業與石油的關聯方程式，2012 年時他告訴我，北達科他州共有 200 個石油鑽井平台，每個鑽塔創造 120 個直接就業機會，大約 250 個間接就業機會。而全州有 2.5 萬個就業崗位虛位以待，卻苦於找不到人手。

　　由於水平井和水力壓裂技術的突破和大規模使用，頁岩油、頁岩氣革命改變了全球能源版圖，新能源的開發為美國經濟復蘇夯實了基礎，使美聯儲得以維持寬鬆貨幣政策。更低的油價強化了美國經濟的擴張。

　　各國投資者也看好美國，高盛則直接宣稱，美國的頁岩油創造了「石油新秩序」，其影響力將超越石油輸出國組織 OPEC。美國頁岩油會取代 OPEC 成為頭號產油決定因素，而 OPEC 則正在失去定價權。

　　美國的頁岩油革命重新整合了原油供需格局，伴隨着 2015 年底美國解除長達 40 年之久的原油出口禁令，美國從能源進口國轉變為出口大國。

　　美國原油出口熱潮繼續快速增長。不僅美國原油出口量跳升，汽油和餾分油的出口也在上漲，而美國液化天然氣（LNG）出口能力則在這個十年結束時增加四倍。國際能源署預計，2018 年之後的未來 5 年，美國將佔液化天然氣供應增長量的 75% 左右。美國是全球增長最快的液化天然氣出口國。

　　到了特朗普時代，他主張美國擁有「能源支配地位」，並呼籲放鬆政府對石油，天然氣等能源使用的繁瑣監管。他的政策使美國的石油工業如虎添翼。

　　石油從上世紀 50 年代起支撐了美國世紀的運行，而美國及北美油氣供需發展的新圖景正在改變世界石油市場。能源專家丹尼爾·耶金曾在書中描述說，在上世紀七十年代中期，OPEC 本身成為國際上的頭號奇觀。從上世紀七十年代到現在的半個多世紀時間裡，OPEC 一直是世界石油版圖的中心，並深刻影響着全球地緣政治的格

局。現在輪到了美國。

美國頁岩油、頁岩氣的繁榮是美國實現能源獨立的真正希望所在，否則它就是畫餅充飢。這一能源革命對全球石油市場影響巨大。美國額外的石油產量可以調解石油市場，降低價格和供應的波動性，同時給 OPEC 減產壓力，抑或使其接受更低的價格。而科技帶來的能源供應革命會外溢到更多國家，從法國到澳洲，到俄羅斯和中國，從而進一步重塑能源市場的格局。

這一變化首當其衝的國家是沙特阿拉伯，作為 OPEC 最大的產油國和最主要成員，沙特的剩餘產能有限。一位 IEA 執行董事曾描繪說：美國的原油與天然氣產量增速將超越沙特和前蘇聯，成就石油工業史上的最強勁增長，在未來幾十年成為「無可爭議的」全球油氣行業領袖。

時間點定格在 2018 年秋，美國超過俄羅斯和沙特阿拉伯，成為全球第一大產油國。至 2019 年為止，過去 10 年中，美國的石油產量翻了一倍多。非洲出口到美國的石油在很大程度上中斷了，低硫原油則在全球過剩，美國成為成品油的主要出口國……，各種變化不一而足。這意味着 OPEC 要麼接受失去曾經的市場份額，要麼接受更低的石油價格。無論哪種方式，都將使其收入下降。

擁有 13 個成員國、控制着全球約 40% 原油產量的 OPEC 翻雲覆雨的勢頭已大不如前。油價未來的升降，早已不完全控制在 OPEC 手中，美國頁岩油產量的存在大大削弱了 OPEC 的重要性。在到 2019 年前的 7 年中，其每年的市佔率下降了 1%。

再看美國，2018 年美國原油年產量達到創紀錄的 1096 萬桶 /日，比 2017 年的水平高 160 萬桶 / 日。2018 年 12 月，美國原油月

產量達到 1196 萬桶／日，是美國歷史上原油產量月度最高水平。預計 2019 年和 2020 年美國原油將繼續增長，分別為平均 1230 萬桶／日和 1300 萬桶／日。

在美國迎頭趕上之際，沙特阿拉伯則不得不四處出擊。在亞洲，沙特要與西非、俄羅斯甚至美國阿拉斯加等石油出口者競爭。與此同時，隨着油砂的開發，加拿大已超過海灣國家，成為美國最主要的石油進口來源，迫使沙特與打折的加拿大油砂爭搶墨西哥灣的美國煉油商。

全球經濟增長和能源需求相互影響。在全球經濟疲軟的環境下，沙特可動用的影響力受制於全球經濟的形勢。沙特希望通過鼓勵更低的油價來扼殺高成本的產油者，但沙特自身就沒有多少進一步增加產量的能力。

然而，伊朗、俄羅斯等產油國及美國卻可以通過增加自己的油產量來達到這一目的。如果需求更為強勁——假設中國、歐洲、美國經濟增長表現得更好，原油需求大幅攀升，那麼石油從基本面上就支持更高的油價以及逐漸增加的產量，那時油價將由市場驅動，沙特的發言權將變得更不足慮。

OPEC 自 2016 年 2 月以來能得以生存，有賴於俄羅斯在減產問題上的參與與合作。到了 2018 年 11 月，OPEC 面臨解體的風險陡然增大。沙特阿拉伯現在意識到他們參加的不過是一支小球隊，也許是時候進入大聯盟板塊了。

實際上，全球能源結構中的化石燃料比重仍將保持在較高水平，不過隨着各國氣候保護意識覺醒、清潔能源技術的不斷開發，化石燃料的份額已開始縮小。在這一前提下，中東在全球石油生產中的

主導作用將持續下去，因此，主要的石油出口國，尤其是 OPEC 國家還能看到一個可以容忍的未來。未來 OPEC 的收益取決於三個因素：世界石油市場的需求變化，OPEC 國家能提供多少石油，以及石油價格。

（五）

有觀點認為，隨着美國頁岩油產出超過 OPEC 的閒置產能，原油市場的定價機制將主要由美國頁岩油的邊際成本所決定。事實證明，二者的博弈並非此勝彼負那麼簡單。2017 年上半年全球油價令人迷惑的行情就是個典型的例子。

隨着美國攀升成為全球最大的石油生產國，以及美國的石油出口激增，中東對世界石油供應的衝擊不再像以往那一般有力。2019 年 9 月中旬，在沙特加工廠受到無人機襲擊破壞之後，油價僅上升 5 美元 / 每桶，相比之下，十年前或更早之前，同樣的事件可能會導致油價上漲 15 美元或 20 美元 / 桶。實際上，在不到兩週的時間裡，市場就完全回吐了這次油價飆升的漲幅。雖然這並不意味着未來中東地區對世界石油供應的意外中斷不會引起價格大幅波動，但確實表明市場參與者已經意識到，美國以及二疊紀盆地（Permian）在穩定全球石油價格方面起到了重要的作用。

既錯估了對手、又錯估了形勢的 OPEC 在 2016 年才意識到，他們面對的是石油市場幾近崩潰的爛攤子。嚴峻的現實迫使沙特阿拉伯和其他產油國走上了減產的道路。2016 年 11 月，OPEC 主要產油國和部分非 OPEC 國家達成了一份 8 年來最大規模的減產協議，宣佈將在 2017 年 1 月至 6 月減產 180 萬桶 / 日。彼時，受這一消息

的強刺激，國際油價開啟了自 2015 年以來最快速也是最大幅度的上漲週期。

OPEC 減產協議 1 月份生效後，從美國休斯頓到新加坡，石油交易商都忙於大量清空儲油罐中的原油。此前，在 OPEC 發起的持續兩年的價格戰中，大約有 5 億桶原油和成品油進入儲油設施。雖然 2017 年以來，全球浮式儲油裝置石油庫存已大減三分之一，2017 年 4 月全美石油庫存開始下降，為 1999 年以來同月首次下滑。不過，原油庫存規模正常化的挑戰超出了人們的想像。

全球油價的挑戰也超出了人們的想像。在全球需求強勁、美元走軟等大背景下，OPEC 和非 OPEC 減產的利好消息出台後，油價不升反而大幅下跌，甚至直接跌入了技術性熊市。2017 年 2 月 23 日－6 月 21 日，美國原油期貨錄得了 21% 的跌幅，最低跌至 42.05 美元 / 桶。

供給和需求的力量在全球原油市場充分發揮作用可能會需要一段時間，但無論如何，最終是供需因素起決定作用。如果 OPEC 平衡市場的努力失敗，那麼這一負擔可能會落到美國的頁岩油生產者的身上。

OPEC 約佔國際原油市場三分之一左右的份額，2017 年前兩個月，通過落實減產協議，OPEC 在國際原油市場展現了其強大的調價能力：投機基金在原油期貨和期權持有的多頭增至歷史高位，國際原油期價呈現震蕩衝高走勢，實現了 OPEC 減少庫存來提振價格的目標。

但好景不長，美國石油鑽井平台數的持續增長，在隨後的兩個月左右了市場情緒，美國原油庫存創出歷史新高，市場憂慮供應過

剩，國際原油期價呈現震蕩回落走勢。

2017 年 5 月，OPEC 與非 OPEC 產油國決定延長減產協議至 2018 年一季度，這一利好協議出籠後帶來的樂觀情緒卻未能持續，一方面 OPEC 成員國作弊的陰影揮之不去 —— 人們擔憂減產協議只是紙上談兵，另外的不確定性就是美國頁岩供應的生命力。

石油市場經過半年的波動後，油價在 2017 年 6 月創下六年來最差同期表現。減產協議達成的效果令人沮喪：石油庫存仍然保持在五年平均水平之上，而油價比 2017 年的高點低了 16% 以上，減產協議並未從整體上改變油價走低的趨勢。人們發現，OPEC 對原油市場的調價能力變得越來越弱，與之相對應的是，美國頁岩油供給的持續增加成為 OPEC 不可忽視的競爭對手。

美國油田服務機構貝克休斯數據顯示，截至當年 7 月 14 日當週，美國石油鑽井總數持穩於 952 口，其中石油鑽井增加 2 口，而天然氣鑽井減少 2 口。此前的 6 月 23 日當週，美國石油活躍鑽井數量 758 座，連續第 23 週出現增加，創逾 30 年最長連漲週期。

鑽井平台數量和油價的走勢在短期內沒有直接相關性，但從中期來看，兩者存在一定的正相關關係，當前美國原油價格的走勢將影響四個月後的鑽井數。高盛指出，未來十年，頁岩油強勢增長，生產的均衡價格也會因技術改良而下降，這可能令 OPEC 通過現貨升水來拖垮未來頁岩油生產投資的想法破產。

確定原油供應增量的真正邊際成本是複雜的，在滿足需求的增長和成熟油田產量持續下滑的前提下，美國頁岩供應的邊際成本會超過 40 美元 / 桶，有些產油商可以做到 40 美元 / 桶，但總的來說，40 美元的價格會使美國整體頁岩油生產持平或下降，除非是油價上

漲。米爾斯指出，油價在 50-55 美元的價格區間，足以鼓勵頁岩油出現強勁的增長。

在第一次減產協議後的一個月內，原油價格漲至每桶約 50 美元，油價持續低迷後有所上漲。部分業內人士宣稱 50 美元油價將是新常態，因為這一價格讓生產者和消費者都得以滿足。

OPEC 與頁岩油的博弈持續至今，一種觀點認為，OPEC 已對油市失去控制，頁岩油已躍居為主角。美國頁岩油將成原油供應的邊際來源，如果未來三四年原油邊際成本是 45 美元左右，OPEC 想把油價推升至 60 美元將徒勞無功。高盛估計，生產力成長會讓頁岩油的保本價進一步壓低至 45 美元。

對於通過鑽井平台數來宣判 OPEC 已無足輕重的說法，對立的觀點則認為，頁岩油行業大幅削減了成本，頁岩油行業大部分的效率收益得益於油服務公司收取較低的費用，但這些公司已經開始提高壓裂服務、鑽井和設備的費用，這意味着產油商最終要付出更高的成本，在這些前提下，讓頁岩油生產者進一步削減成本的空間非常有限，其應對低油價挑戰的韌性不強；另外，鑽井平台生產力在下降，成熟油田產量在下滑。

人們擔心，頁岩油行業的繁榮會因為債務問題和投資問題陷入停滯。當貸款機構收緊了信貸條件，如果沒有新的信貸或將債務展期，頁岩油公司將不得不大幅縮減支出計劃，或者出售資產。不過大衛·湯普森指出，美國的頁岩油生產者此前曾面臨巨大的壓力，今後還將再次面對壓力，但是，由頁岩革命帶來的全球石油圖景的改觀，不會由此止步。

2018 年一月的最後幾天市場情緒突然發生轉換，原油價格從逾

三年的高位回落。那時最大的謎團是，為甚麼原油價格上漲卻沒有促使美國頁岩油生產做更多的回應？

也許頁岩油生產商不相信石油輸出國組織可以維持生產紀律，但後者卻做到了。OPEC 減產是真實在發生的，但如果削減產量無法維持下去，人們普遍的擔心是，庫存將會重新增加。

在頁岩油這一因素缺失的情況下，OPEC 成功地使需求和供給在某種程度上達到平衡，這使原油價格能維持在一定的水平。在世界大型企業研究會經濟學家肯尼斯·戈德斯坦（Kenneth Goldstein）看來，頁岩油能夠把油價的漲幅一舉削平，但問題是，甚麼時候頁岩油生產商才會出手呢？

原油價格的上升、下跌背後最主要的敘事線索是供給和需求，但 2018 年 1 月美元的作用顯得非常搶眼。原油交割和計價都是用美元來結算，自 2017 年以來相當一段時間，石油價格變動和美元指數的變動環環相扣，共振效應明顯。2017 年，ICE 美元指數跌了近 10%，創下自 2003 年以來的最大年度跌幅。2017 年截至 12 月 29 日全年的最後一個交易日，紐約與倫敦油價分別收報每桶 60.42 美元、66.87 美元，全年分別上漲 12.5%、17.7%。

2018 年 1 月美元指數跌了超過 3%。美元持續走低為油價帶來了有效的提振。2018 年以來，布倫特原油和 NYMEX 原油累計漲幅分別達到 3% 和 7% 左右。美元走弱帶來的直接結果是原油價格變得相對便宜，從而提振了需求。美元指數的季度圖顯示，2017 年初美元指數在 103.815 達到頂部。美元若持續貶值，以美元標價的石油產品的實際收入下降，石油輸出國組織就需要通過提升原油價格作為應對措施來保持其價值的相對穩定。

原油交易正在反映美元走勢，而對美元趨勢的關注也不同程度地改變着原油市場的動態。同時，投資者也為原油價格走勢帶來了樂觀情緒。那段時間對衝基金、養老基金和其他投資者積累了美國原油期貨有史以來最大的淨多頭頭寸，原油牛市的氛圍有太多投機的味道，看漲的情緒於是開始發生微妙的變化，投資者變得更加警覺，認為油價漲得過高過快、需要調整的呼聲變得越來越高。

布倫特原油價格在 1998 年至 2016 年這一完整週期的均值水平是 64 美元。原油價格已超越了這一均值，但在一路強勢推進之後，處於上行或下探的十字路口。

布倫特原油在 2018 年 11 月 9 日當天收跌 1.9% 至 70.74 美元 / 桶，較同年 10 月 3 日創下的四年高峰 86.74 美元 / 桶跌了 18.4%。人們關心，油價若跌到每桶 70 美元以下，對現有的新能源格局帶來怎樣的衝擊。顯然價格越低，邊際收益就越少，盈利就越少。但油價如果跌到 70 美元一桶，產油國還是會賺錢，問題是，價格越低，那些能源成本越高的生產者就受到更大的打擊，例如俄羅斯，而在 70 美元的價位，墨西哥和巴西都接近於不賠不賺。

美國前駐沙特大使傅立民（Chas Freeman）相信，美國將在 2030 年底達到自給自足的水平，中東的地理戰略重要性可能有所下降，市場變得更為多元化。但他對我強調說，未來幾年中東原油進口商將遇到麻煩，而美國會遇到另一個問題，即未來國際貨幣系統將會有所調整，美元作為原油貿易唯一賬戶單位的歷史將不復存在。

OPEC 約佔國際原油市場三分之一左右的份額，2017 年前兩個月，通過落實減產協議，OPEC 在國際原油市場展現了其強大的調價能力：投機基金在原油期貨和期權持有的多頭增至歷史高位，國

際原油期價呈現震盪衝高走勢，實現了 OPEC 減少庫存來提振價格的目標。

儘管俄羅斯和 OPEC 受益於油價上漲，自去年年底以來上漲了近 20%，但它們的自願減產為其他產油國打開了大門，比如美國的頁岩油行業，得以提高產量並獲得市場份額。

美國頁岩油產量的迸發比人們的預期還要迅猛，其已在 2017 年底達到近三年最高水平，美國能源資料協會（EIA）公佈的 2018 年 1 月 31 日數據顯示，美國原油產量升至半個世紀以來的新高、高達 1004 萬桶 / 天，創 1970 年來最高水平。與此同時，2018 年第一季度和第二季度美國石油活躍鑽井數分別增加 50 座和 61 座。美國的原油加足了馬力增加生產，EIA 指出，美國原油日產量達創紀錄的 1160 萬桶。

頁岩油的增長會把原油價格拉回到 50 美元 / 桶，甚至更低。問題是頁岩油會等待多久才會直接出手，也許頁岩油生產者自己也不確定。

一方面，OPEC 到了 2018 年已信心大增，市場的指揮棒似乎又緊握在他們手中，其中標誌性的事件就是 2018 年 6 月下旬，世界主要石油出口國的能源部長們在石油輸出國組織維也納總部就增產石油達成一致，決定從 7 月份起增加原油產量，旨在為 2017 年以來節節攀升的國際油價降溫，平衡市場供需關係。他們放鬆減產措施、適度增加原油產量官方的說法是，平息消費者對原油供應是否充足的擔憂，但不乏有向市場秀肌肉的意味。

這也可以理解，自 2017 年以來，世界石油市場再平衡進程加快，業內人士預計供需對比轉換的臨界點即將到來。沙特阿拉伯和

俄羅斯兩國加起來佔全球供應量的五分之一。沙特石油部長法利赫在 2018 年初表示，在 OPEC 以及俄羅斯維持市場平衡的努力下，油價已經上漲 25 美元左右。

石油減產協議已使俄羅斯和沙特阿拉伯各增加了高於數百億美元的財政收入，其中俄羅斯平均每天多賺 1.17 億美元，成為減產協議最大贏家。沙特阿拉伯表態說，OPEC 及其他主要產油國將繼續穩定推進減產協議，並將在減產協議到期後謀求更多減產合作方式。

如何衡量 OPEC 掌控市場的尺度？在能源對衝基金 Again Capital 創始人約翰·基爾達夫（John Kilduff）看來，OPEC 可以承受的美國原油價格是 70-72 美元 / 桶的區間，直至 80-85 美元 / 桶區間。

美國頁岩油是能源市場上的不確定因素。在低油價時代，人們懷疑頁岩油的經濟可行性。

在 2015 年春天甚至更早，輿論就認為美國面臨油價崩跌而難以維持低成本高產出的生產方式。在 2016 年石油價格強勁反彈之前，頁岩油生產面臨着油井產量快速下滑的挑戰，那時關於美國整體原油產量開始下滑的預警聲四起。OPEC 就表示，美國原油產量在 2016 年將出現八年來的首次下滑，主因是石油生產商已開始削減開支。

而事實證明，美國在岸行業那時也在不斷調整，在無法控制價格的前提下，美國從業者努力提高鑽探效率和技術水平、減少運營成本，在更好更快更便宜上努力。

他們將運轉較慢的鑽機閒置，並將人員與高速鑽機轉移至含油量最豐富的地點。在選擇性開採的應對方式外，很多創新也應蘊而

生，有些地方在用砂對油氣井進行壓裂操作中，通過增加砂的注入來提高產量，減少成本。

在國家和企業不斷適應新的經濟和市場現實的過程中，人們發現美國每座鑽機產量已趨於平穩，頁岩油行業已達到現有工具、技術與策略所能達成的極限。同時，市場人士密切關注美國鑽井平台的減少。鑽井平台以及鑽機數量的相關性已經不再像頁岩革命發生前那樣重要，每台鑽機的生產率的提高改變了度量的尺度。

在油價低迷的環境下，那時已出任杜拜的顧問公司 Qamar Energy 首席執行官的米爾斯對我說，頁岩油的產量最終會下降，但是考慮到生產成本已然大幅減少，如果油價回升一些，比如達到 60 美元上下的水平，頁岩油的開採又會重新增加。

國際油價經過了先抑後揚的「V」型反轉。2017 年國際油價繼上一年大幅反彈後，再次穩步收漲，美元指數走弱也為油價上漲提供支撐漲。進入 2018 年，EIA 預言這將是頁岩行業扭虧為盈走出困境的一年。實際上在供需基本面和技術因素的互相推動下，原油價格開始大幅攀升，直到 2018 年 10 月開始出現轉折。在油價躍升的兩年多時間裡，頁岩油企業蓬勃發展，其中許多已經或正在實現正自由現金流。

但能源經濟與金融分析研究所（IEEFA）和視線研究所（Sightline Institute）在對 33 家公開交易的石油和天然氣水力壓裂公司的調查顯示，頁岩行業中還存在令人震驚的虧損。33 家公司中只有 7 家在 2018 年上半年有正現金流，整個行業 2018 年上半年共花費了 50 億美元的現金儲備，負現金流總額為 39 億美元。2019 年秋頁岩油氣行業企業都感受到了來自華爾街投資者的壓力，後者要求它們減少

對油氣生產的關注，轉向更具有股東回報的業務上來。

　　財務困境之外，很多頁岩生產商還面臨着提高產量的限制。以二疊紀盆地為例，它是美國頁岩油盆地核心區塊投資回報率最高的地區，但管輸能力的限制影響着該地區產量增速，EIA 和國際能源署（IEA）都預計該地區運力限制將持續到 2019 年中期。在與 OPEC 的較量中，頁岩生產商最大的牽絆反而是自身的基礎設施限制和財務業績的限制。在頁岩油氣產區，已出現了鑽井技術改進但收益遞減的趨勢。鑽井之間的距離越來越近，鑽井之間也會相互干擾，甚至總產量也會因此降低。

　　在操作上，頁岩企業的困境是，技術改進也有天花板限制，他們要鑽更多的井，以在生產自然下降加速時代來臨之前獲取一些利潤，就像在跑步機上，一個人不停地跑，而跑步機的速度卻在不斷增加。

（下）

房地產的十年景氣循環

（一）

　　房地產市場向來週期性波動，景氣循環。自 2008 年次貸危機以來，美國經濟一直徘徊在低谷。房地產市場幾度出現了復蘇的跡象，但都未曾走上正軌。

　　受房價下跌及銀行嚴格貸款標準的影響，2008 年美國貸款購房者面臨着巨大的壓力，住房止贖案例數量比 2007 年猛增 81%。危急之際，參議院於 2009 年 2 月通過了一項 185 億美元的購房者減稅優惠提案。提案規定，第一套住房購買者可將房價總額的 10% 但不超過 1.5 萬美元的部分從應稅收入中扣除。

　　購房減稅方案推出後，市場應聲回調。它被稱為是美國的第一個「房地產之春」，儘管不是大面積復蘇，但卻有實質性的意義。

　　這項提案為市場注入了活力。在隨後的三個月中，房屋簽約銷售指數實現連續增長，2009 年 4 月舊房銷量轉為正增長。但是這種春光乍現式的增長，並未反映到價格上。

　　房價沒有隨着交易量增加而上漲，而且根據凱斯—席勒（Case-

Shiller）全美住房價格報告，房屋價格的歷史最大季度跌幅同樣出現在 2009 年一季度。高庫存壓力之下，房價仍在承受下行壓力，這也使得經濟下滑的局勢變得更為混亂。

房地產反彈的曙光再次出現已是 2010 年春天。在經濟有所好轉的情況下，房地產反彈創造了更高的銷量，同時也推動了房價加速增長。全美房地產經紀人協會報告顯示，2010 年一季度美國城市房價飆漲了近 60%，152 個城市中 91 個城市的成屋簽約銷售中間價格較去年同期均有上漲。然而，好景不長，房價在上漲近兩年後，由於庫存壓力太高，2011 年一季度房價再次探底。凱斯—席勒房價指數跌穿 2009 年低點，創下 2002 年以來最低水平，並引發了經濟復蘇偏離軌道的擔憂。

2011 年底前，房地產終於走出徘徊的陰影，邁向增長的正軌，並在 2012 年秋季前後開始加速。

2012 年夏末秋初的那段時間，在美國經濟復蘇依然不溫不火的情況下，一系列經濟指標也乏善可陳。美聯儲的官員們發現，從在經濟活動中佔 70% 的消費性開支，以及製成品和投入價格，到就業、製造業，基本上可以用兩個描述性的語言概括：要麼「從持平到略有提高」，要麼「變化甚微」，而唯一出現的亮點就是房地產，美聯儲當然在此處重筆着墨：「房地產在較低的起點上持續地顯現出廣泛改善的跡象。」

美國房地產 2012 年以來的復蘇，與此前數次的復蘇不同：一方面，房價的啟動沒有再經歷漫長平緩的增長期，而是非常迅速地啟動，向前推進的勢頭也很足；另外，在美國全國範圍內房地產的年增長率達到 3%。如果考慮到仍然疲軟的就業和仍未釋放的購房需

求，這是相當不錯的表現。

房價開始增長後，美國聯邦政府持續的量化寬鬆刺激使更多需求進入市場。價格開始企穩，經濟環境正在改善。一些地區出現了超過 2% 的就業增長，所以未來即使聯邦政府不再吸引購房者進入市場，市場也將持續復蘇。

美國全國房地產經紀人協會 2013 年 1 月發佈的數據顯示，2012 年全年美國存量房銷售達 465 萬套，為 2007 年以來的最高點，比 2011 年增長了 9.2%。報告顯示，2012 年 12 月，全國所有房屋類型存量房平均價格為 18.08 萬美元，同比增長 11.5%，這是存量房價格連續十個月攀升。2012 年美國存量房價格中位數是 17.66 萬美元，比 2011 年增長 6.3%，也是 2005 年以來房價的最大年度增幅。

不少人仍然在不斷抱怨購房辛酸史，抱怨下跌的房價，但只要有一些刺激，哪怕只是一時的刺激，人們都會立即返回市場。2013 年春，全球知名投行諾斯德（Lazard）集團董事長兼首席執行官傑高博（Kenneth Jacobs）興奮地對我說，「這麼長時間以來，我第一次認為樂觀主義的種子已在美國經濟的土壤上扎根。美國經濟增長的傳統驅動力之一的房地產市場已然開始回歸，這會帶來更多的房屋開工建築活動，為美國的就業和其他經濟活動方面帶來乘數效應，是一個非常正面的跡象。」

房地產行業的復蘇，對經濟增長有相當大的支撐作用。美國聯邦儲蓄委員會前理事、前布殊總統經濟顧問委員會成員、芝加哥大學布斯商學院經濟學教授蘭德爾·克羅茲納（Randall S. Kroszner）就告訴我，美國經濟不能快速復蘇首先就是因為房地產問題，前一輪金融危機重創房地產，其間雖有過短暫回調，但整體低迷了四年，

2013 年春，房地產市場終於觸底回升。

（二）

那一輪房地產市場觸底反彈，通過兩個步驟完成：價格下跌和交易量大滑坡——這種滑坡自上世紀 40 年代以來首次出現，下跌程度之深會讓人以為交易量會持續低谷數年。2013 年初供需兩端都恢復了平衡，為房地產的全面復蘇提供了充分的條件。

在經歷了三年的調整期之後，房屋價格在 2012 年開始回升，購房者支付能力也隨之攀升。然而不同地區人們對復蘇的感覺冷熱不均，因為房地產市場恢復的程度在不同的地區並不均衡。有數據顯示，2012 年 12 月，除美國西部地區以外，美國其他地區的成屋待成交指數（PHSI）均實現了 8% 以上的同比增長。中西部地區呈現出較快的增速，較去年增長了 14.4%。

聯邦住房金融局（FHFA）的房價指數（HPI）體現了房屋的購買價格，它有代表性地把房屋資產價值在美國各地區層面的變動表現出來：在截至 2012 年 11 月的 12 個月中，美國一些地區的房屋價值實現了大幅上漲，其他地區則只有小幅上揚。

以科羅拉多州和亞利桑那州為代表的山區地帶，包括蒙大拿州、愛荷華州、懷俄明州等，房價指數自 2012 年大幅增至 14.8%，而大西洋沿岸地區就沒有這種現象，包括紐約州、新澤西州、賓夕法尼亞州各州在內的大西洋沿岸地帶房價指數增長僅為 0.5%。而美國中部的西南地區房價指數 2012 年增長了 5.4%。這一表現中庸的地區包括俄克拉荷馬州、阿肯色州、德克薩斯州和路易斯安那州。

從加尼福尼亞州到華盛頓州，包括夏威夷州在內，美國太平洋

地區的房價指數也有不錯的增長，為 11.1%。在另一端，包括華盛頓和馬里蘭州、弗吉尼亞州、喬治亞州和佛羅里達州等八個州在內的南大西洋地區的房價指數增長稍有遜色，為 7%。密歇根州、威斯康辛州、伊利諾伊州、俄亥俄州所在的美國中部的東北部地區表現不盡如人意：增長僅達到 2.3%。

如果把鏡頭推近再放大到各個城市，房地產復蘇的圖景就更加五色交織。

德意志銀行在一份購房承受能力的研究報告中指出，2012 年三季度，加利福尼亞州的八個城市房屋中間價格環比上漲了 4.9%；同一時期南部佛羅里達州的四個城市中間價格卻下降了 0.9%；東北部的紐約都會區的房屋價格在家庭收入增長 2.4% 的帶動下，僅僅增長了 0.6%。

大概三分之二的美國都會區都在相對可持續的基礎上實現了價格同比增長。2013 年 1 月 29 日在紐約發佈的數據顯示，凱斯—席勒房價指數自 2012 年 11 月以來增長了 5.5%，實現了自 2006 年 8 月以來最大的同比增長幅度。在截至 2012 年 11 月的過去 12 個月中，全美 20 個城市的房產價格增長實現六年多來的最大漲幅。

美國西南部亞利桑那州的鳳凰城位於常年乾枯的鹽河兩岸，它是那段時間美國房地產市場復蘇的領頭羊。DataQuick 房產數據公司信息顯示，2012 年 11 月，鳳凰城的舊房銷售實現了連續 12 個月的增長，達到了七年內的最高點；房屋中間價格達到 16.75 萬美元，較 2012 年 11 月增長 31.9%，創下四年內的新高。

分析人士認為，鳳凰城有一些得天獨厚的優勢 —— 就業增長高於全國大多數地區，靠近加州而從事商業活動的成本較低，因此吸

引了許多本該在加州開展的商業活動。相對於其他地區，鳳凰城的優勢使其總能在經濟復蘇伊始就表現得很搶眼。

　　另外房屋止贖活動的下降也推動了鳳凰城房地產市場的恢復。止贖重售的房屋比例在整個市場銷售的佔比下降到 17.2%，是自 2007 年 12 月以來的最低點，而 2009 年 3 月，鳳凰城地區的房屋止贖重售率曾佔到整個市場的 66.2%。

　　休斯頓也閃着奪目的光環。2012 年，整個大休斯頓地區房屋銷量未有絲毫鬆懈跡象，這得益於當地強勁的就業形勢和處在歷史低點的利率。到 2012 年 12 月，休斯頓的房屋銷量實現連續 19 個月的增長，房屋庫存持續縮水，房價上漲。

　　事實上，房屋的中值價格和平均價格都在 2012 年末達到了歷史高點。休斯敦地產經紀人協會數據顯示，單戶家庭住宅 12 月銷量較 2012 年同期增長了 11.4%。庫存銷售比下降到 3.7，是自 1999 年 12 月以來的最低水平。

　　芝加哥等其他部分城市則相對滯後。雖然房價也有反彈，但相較於同樣位於中西部的城市如明尼阿波利斯，芝加哥的表現就太弱了。這種不均衡即使在同一地區也有反映，一些城市恢復很快，而另一些則停滯不前，如在麻薩諸塞州、新罕布什爾州都如此。

　　美國房屋銷售和房價都從低水平開始起飛，而沮喪的賣家競相壓低價格導致的房價下行的壓力也在逐步消退，這預示着需求的增加。如果縱觀和房屋相關的各類統計數據，儘管所有指標都在 2012 年底前的六個月內有所提高，但調查顯示，其中房屋需求的上升最為急劇。

　　不同的調查報告都印證了房地產需求增長的有效性：雖然放在

整體水平上看還不值得大驚小怪，但樣板房的顧客流量在激增；無論是針對客戶置房計劃的調查還是針對家庭抵押貸款需求的銀行調查，都表明計劃購房的人數和抵押貸款的需求，終於回到正常水平。

有趣的是，客戶購房計劃的增加遠遠超過了樣板房的客流量。雖然美國家庭總體上還處於去槓桿化進程中，但抵押貸款利率長期在低位徘徊並不斷下探，同時可用信貸處於相對合理的區間，加上低房價，以上這三方面的因素，合力推動房屋需求繼續向高位延伸。

房屋需求增長的背後，是債務水平的逐漸降低和收入水平的逐漸增加。

在 2013 年前的幾年裡，按揭利率大幅下滑，對住房需求增長起到了極大的支持作用。按揭利率那時已從危機前的 6% 以上降到了 3.5% 以下，即便在美國整體住房需求和增長均有改善的情況下也持續下跌。利率下滑也引起了再融資活動的增長，儘管這樣的增長並不成氣候，僅佔可支配收入的 0.5% 左右，而且日漸式微 —— 對增長的推動作用越來越不明顯。

低價格和低利率的組合意味着，人們的住房負擔能力將長期提高，使擁有貸款能力的人們輕易利用價格優勢。顯然，房地產市場改善趨勢將繼續延續，受美聯儲政策影響而保持在歷史低點的按揭利率將貫穿其中。

美國住房市場需求動力的強勁是建立在住房建設極度萎縮的基礎上。美國住房建設此前佔 GDP 的比重超過 6%，至 2013 年前後僅佔 2% 或 3%，下滑幅度很大。美國每年建設住房的速度從 2005 年建設高峰期時的 250 萬套下降到 2012 年前後的 60 餘萬套左右。

要適應人口增長、渡假別墅的需求增加及舊房拆除等種種因素

的變化，真實的年度需求可能是 140 萬套到 160 萬套之間。

美國房地產市場一直沒能實現更為強勁的復蘇，在宏觀經濟層面上有多重因素的制約：失業率高居不下；市場未能在供應充足的情況下出現相應的需求；經濟環境太差，無法支撐相應的價格；信貸緊縮；許多購房者仍在場外觀望等等。市場仍有大量需求未被釋放。

現實的矛盾在於，信貸緊縮制約着需求的進一步釋放。對購房者來說，取得貸款很難，特別是對那些已被降低過信用評分的人。儘管聯邦住宅管理局已開始提供 100% 的按揭貸，也在接受較低的首付比例，但整體信貸收緊仍然是一種阻礙。在住房市場上，因無法得到按揭貸款，更多的美國人開始選擇租房，這又刺激了公寓開工量的增長。

市場對美國房價的走勢預期在 2013 年春變得非常樂觀。住宅固定投資那時持續上漲了將近一年半，顯而易見市場已觸底反彈。市場走上了這樣的正循環：持續低水平的存量＋寬鬆的貨幣政策＋改善的經濟環境，房價還將持續上升，進一步帶動需求，當需求增長高於存貨消耗的水平時，價格還將被進一步提振。

回顧歷史，美國三次經濟衰退期間，房地產市場復蘇都早於就業市場一兩年：1982 年，房市在二季度開始轉好，就業增長在 1983 年三季度啟動；1991 年二季度，又一次經濟衰退結束，就業市場在 1992 年四季度之前同比增長未曾超過 1%。同樣，第三次經濟衰退，房地產市場復蘇始於 2002 年一季度，就業市場增長則等到 2004 年一季度才開始。

據此，2012 年就業增長的平庸表現並未被認為是在掣肘房地

產市場復蘇，人們將就業狀況的改善視為提振地產市場需求的動力增量。

去槓桿化也是一把雙刃劍。美國房地產市場的升升降降，在很大程度上反映了美國持續降低由按揭貸款形成的高負債需求。因此，美國政府打出了放鬆貨幣、大量違約和一些轉移機制的組合拳，來應對美國家庭的去槓桿化。

橋水公司的研究報告認為，從本質上講，許多有壞賬的人都違約了；為應對這種通縮的力量，美國的政策制定者印了足夠的鈔票；在私有部門打算保持距離時，他們又向政府支持的企業貸款（GSE spending）提供了充足的轉移支付激勵和支持，為的就是防止房地產市場的下行壓力愈演愈烈，最後失控。

在調控工具多管齊下的作用下，房地產市場的混亂得以在幾年的時間內逐漸平息，並首次從對經濟增長的消極拖累，變成積極的影響因素。

一方面，去槓桿化和美國的經濟刺激政策，使美國的房地產市場有了撥雲見日的前景 —— 美國第三輪的量化寬鬆政策緩解了經濟情況，從根本上改善了陷入困境的房屋市場。另一方面，去槓桿化實際上說的是資產負債率。資產和負債的區別在於人們退休後有多少錢和為退休存下了多少錢。顯然，為了退休後能有更多的積蓄，要麼償還債務，要麼買入更多資產，但這意味着去槓桿化應該更加徹底，能否做到則是未知數，人們可能還會回到原來的思維模式。

如果去槓桿化真的走向深入，會使房地產市場的發展略有放緩。美國全國房地產經紀人協會 2013 年 1 月 28 日公佈的報告顯示，2012 年 12 月美國舊房銷售簽約指數為 101.7，從前一個月的高點滑

落，表現不及市場預期。在美國住房市場上，舊房銷售佔整個樓市銷售量的 90% 以上，而舊房銷售簽約指數是舊房實際銷量的先行指標。

這在某種程度上提示了美國房地產市場復蘇的複雜性。

（三）

美國房價在 2012 年第一季度觸底，隨後兩年房價連續上漲 10%，然後在 2014 年秋季開始漲幅放緩，最終 2014 年整體上漲 5% 左右。經濟學家們普遍相信 2013 年美國房地產市場會迎來溫和復蘇，事實證明，美國房地產活動的軌跡，自 2013 年下半年開始上行受阻，此後一直低迷。

美國住房銷售中，新房銷售佔比約為 8%。2013 年美國新房銷售不佳，銷量為 42.9 萬套，2014 年總銷售量稍有增加，為 43.5 萬套；2015 年美國 1 月份新房銷售量經季節調整後，按年率計算為 48.1 萬套，環比下降 0.2%。

2014 年美國新屋開工總數為 101 萬戶，比 2013 年增長了 9%，為 2007 年以來最高增速，但這個數字仍低於過去 20 年 150 萬戶的平均水平。2015 年美國房地產市場持續復蘇背後是積極因素的匯流，包括就業增長的強勁和消費者信心的不斷高漲，問題是缺乏房屋開工建築活動。

在短期和長期因素的交互疊加下，美國房地產市場反彈乏力。房地產市場數年不振，房屋開工建築活動是病灶之一。細分下來，多戶型房屋建築活動的表現可圈可點。由於多戶型新屋住宅市場在金融危機前未產生過熱，這一市場能得以迅速復蘇，並回到衰退前水平；但單戶型住宅開工建築活動則在 2003-2007 年樓市繁榮時

產生大量投機，之後，又被矯枉過正，使得單戶型新屋住宅市場在
2008、2009 年左右崩潰。後來單戶型住宅市場才緩慢恢復元氣。

結構性的改變也在發生。美國經濟學家丹尼爾·科瑞（Daniel
Corrin）特意對我提及人口的因素：美國戰後「嬰兒潮」一代退場，新
千禧一代在 2015 年進入 18 歲到 34 歲的年齡區間，成為美國主要人
口群體。而 25 歲到 44 歲的人群是形成家庭單位的重要部分，對房
地產發展舉足輕重，但長期趨勢是，25 歲到 44 歲的人口佔總人口
比重在 1990 年代經歷高點後，逐步縮小，在未來 20 年，美國住房的
需求量將主要由這個人群決定。

沃頓商學院教授約瑟夫·吉尤科（Joseph Gyourko）則從住房擁
有意願的角度解讀了這個現象，他告訴我，與美國房地產繁榮期的
高點相比，2015 年前後人們的住房擁有意願偏低，住房擁有率從那
時的 69% 降到那時的 64%，這個局面短期內不會有改觀。

在美國就業強勁的大背景下，就業增長會帶來住房需求的增加，
但這些住房需求方都會成為租房客而非買家，人們的產權心理發生
了變化，特別是年輕人心中，擁有住房不再被看作是財富增長的途
徑——他們見證了房價大跌，不想重蹈覆轍。

這幾乎是簡單的算術題，美國有 1.2 億個家庭單位，美國住房擁
有率從峰值 69% 下降 5 個百分點，就意味着，若每個百分點有 120
萬家庭單位的話，2015 年比 69% 住房擁有率的時期減少了 600 萬個
房主。這一比率也許不會發生逆轉，因此房主數量今後也不會有顯
著增長。後來中國大談消費降級時我意識到，美國年輕一代的經濟
收入要少於其他年齡階層。購房難度增加等也表明美國也在發生消
費降級。

房地產市場狀況更準確地反映了上一個週期前的常態，也因此會持續更久。相比而言，十多年前房地產市場的大繁榮是不太正常的。一般來說，美國房地產週期，從高峰到低谷再次回到高峰，平均為每 18 年一次。到了 2016 年，在低利率、更低的燃氣價格、更多的就業、迅速增長的工資水平和千禧一代入市等支撐下，美國住房市場走上良性發展的道路。

據美國人口普查局的數據，2016 年新單戶型住宅的銷售較上年同期增長了 12%，至 56.1 萬套。那段時間我身邊的很多美國朋友都買了新房。美國全國房地產經紀人協會（NAR）的數據顯示，2016 年的房屋銷售增長了 3.8%，達到 545 萬戶，是 2006 年以來的最高水平。

到了特朗普時代，由於稅改將企業稅從 35% 降到了 20%，對經濟的刺激和家庭的購買力，有極大的推動力。加之美國失業率創歷史最低水平，消費指數不斷增長，這些都刺激了房價繼續上漲，房屋供應量不足等都促使美國房地產市場整體供不應求。美國房地產估值公司 Zillow 的數據表明，2017 年美國房價上漲 6.9%。房地產市場的火爆延續到 2018 年，2018 年 1 月初美國所有房屋總價值 31.8萬億美元，同比增加 6.5%，創下自 2014 年 7 月以來最大同比增幅。

與房價大漲相伴隨的，是關於房地產泡沫異或危機的討論也逐漸增多，比較典型的城市是洛杉磯。美國媒體這樣描述說：洛杉磯房地產市場正陷入危機——「仕紳化」（gentrification）使城裡有色人種所在的低收入社區面臨系統性的流離失所。暴漲的住房成本導致近 6 萬人無家可歸、流落街頭；自 2018 年 3 月起，這座城市又經歷了近代史上最大規模的拒付房租行動。在仕紳化迅速的 Westlake 社

區，有三棟建築 80 個單元的 200 個家庭拒絕支付租金。起因在於房產管理公司雖然多年疏於管理，卻在今年 2 月大幅推漲房租，租金增長幅度在 25% 到 40% 之間，導致租房的工薪階層聯合起來搞拒付房租運動。

美國的房地產市場危機了嗎？這又是一場多大量級的危機呢？吉尤科認為，「房地產危機」這個術語涵蓋面很廣，鑒於利率長時間維持在如此低的水平，他擔心人們會對住房等長期資產錯誤定價。如今隨着利率繼續上升，人們此前看到的一些價格上漲將會解體。

不過此「危機」與 2006–2007 年間的次貸危機不可同日而語。美國的內陸彈性供應市場 —— 如拉斯維加斯和鳳凰城 —— 還未出現房價過高，當然這些市場的房價已大幅上漲，只不過是因此前跌得太狠。另外，這些市場的房價基本上沒有高於基本生產成本 —— 即房屋支付價格大致等於土地＋結構＋開發商利潤的完全複製成本。

房價漲得最兇的是美國供應受限的沿海市場，特別是西海岸。儘管如此，很多專業人士不認為有房地產市場泡沫。以三藩市和聖何塞等為例，市場需求的增長得益於強勁的就業增長和大幅度的工資增長。需求不斷增長而新房淨供應極為有限，導致高房價。一旦經濟衰退或高技術行業勢頭轉緩，情況就會發生變化。

到了 2018 年秋，美國房價增速放緩。美國商務部 2018 年 10 月 24 日公佈的報告顯示，受高利率下抵押貸款成本增高等因素影響，9 月美國新房銷量為 55.3 萬套，創自 2016 年 12 月以來新低，環比下降了 5.5%。住房市場數據不佳，說明臨近年底在諸多不確定性因素的影響下，消費者開始避免長期支出。

一方面抵押貸款利率節節上升，房貸利率刷新七年新高，另外

美國經歷着三十年來最嚴重的待售住房短缺問題，建築業並未在美國經濟擴張期中真正受益，這使得 2018 年以來美國房屋銷售量持續下跌，美國樓市開始放緩，但顯然其下跌空間與十年前不可同日而語。至少，美國人暫時不用為房地產危機擔憂。

2019 年，儘管從升息到降息，市場預期劇烈轉變，卻未對美國房地產市場帶來多大的幫助，而對經濟衰退到來的擔憂損及消費者信心，房屋需求很可能是第一個受害者。

充分就業的迷題

(一)

就業與失業的週期性行為撲朔迷離，讓我認識的宏觀經濟學家們大傷腦筋，被視為商業週期中唯一一個被廣泛研究卻又知之甚少的領域。在金融危機和大衰退的背景下，就業市場的低迷也躍升為美國經濟最大的難題。

最初，美聯儲前主席伯南克對於退出 QE 的前提條件設定是，如果美國國內經濟復蘇態勢持續好轉，美聯儲將有計劃地終止量化寬鬆貨幣政策。對於「持續好轉」的定義，伯南克將其與經濟活動、就業和通貨膨脹率等掛鈎。

就業是三者中的核心指標。2009 年 10 月美國失業率升至至 1983 年以來的最高點，達到 10.1%，此後緩慢改善，到 2013 年 11 月失業率調降至 7%，非農就業增加 700 萬。由於美國非政府部門的就業狀況依賴於經濟恢復步伐的快慢，7% 雖然仍不甚理想，但側面反映出美國經濟逐步在改善，美聯儲於是適時推出縮減債券購買。

2014 年春暖花開之際，美國的就業形勢也在轉暖，失業率有繼

續下行的趨勢。美國勞工部公佈的數據顯示，截至 2014 年 12 月，美國就業人數較上年增加了 300 萬，失業率則降低了 1.1 個百分點，非農就業已連續 11 個月高於 20 萬。

我記得世界大型企業研究會（The Conference Board）執行副總裁及首席經濟學家巴特‧范‧阿克（Bart van Ark）接受採訪時非常高興，他說，過去幾個月天氣惡劣，美國經濟在此影響下增速放緩，但就業市場仍然保持了適度的增長，這表明就業市場有向好的跡象。如果持續新增就業機會繼續反彈，則會吸引更多人、尤其是年輕勞動力重返就業市場，這至少在短期內增強了人們對就業狀況改觀的信心。

樂觀情緒那時開始瀰漫。其實，發達經濟體的勞動力市場整體上都有所改善。美國、加拿大和歐洲 2014 年 3 月的勞動力市場都在逐步好轉，失業率下降伴隨着新增就業的增加，其中增加最為顯著的是美國、意大利和瑞典。美國已比大衰退以來的任何時候都接近於 2007 年的就業水平。

實際上，就業還未恢復到正常狀態。布魯金斯學會勞動經濟學家加里‧伯特萊斯（Gary Burtless）給我描述了這樣的圖景：在美聯儲看來，美國失業率降至 5.2% 至 5.6% 的區間，則美國經濟達到了充分就業的狀態。放在上世紀 90 年代，5% 的失業率可能就足夠了，但考慮到美國人口的年齡分佈情況，更現實的政策目標應該是在 4.5% 左右，我們離此還相距甚遠。

一般來說，4 月份就業數據喜人幾乎是定律，一方面零售商熬過了寒冬的銷售淡季，戶外工作開始增多，酒店娛樂業等也籌謀為即將開始的旺季做準備，因此 4 月份雇傭人數通常較多。2014 年的不同

是，耶魯大學經濟學教授朱塞佩・莫斯卡銳尼（Giuseppe Moscarini）告訴我，從每月就業人數增加幅度和放棄尋找工作的比率來看，就業市場向正常回覆的「流動」已有段時日了，可能很快就會看到工資的增長。

一方面幾乎所有的新增就業崗位都來自私營部門。經濟擴張在 2007 年底結束之後，私營部門就業崗位大幅下跌，之後緩慢回升。從對雇主的調查估計，新增就業崗位增長的速度可能足夠快，以逐漸抵消失業數字。如果將月與月間的數字變化抽象化，那麼私營部門的預估新增就業數字，自從 2011 年早些時候起就已變得相當平穩：每月大概增加超過 20 萬個就業崗位。到了 2014 年 2 月，大衰退期間私營部門損失掉的工作崗位全部抹平，甚至比 2007 年的頂峰時刻還要多出 40 萬個就業崗位。

另一方面公共部門則是持續的疲態。在 2013 年 10 月以前的 6 個月，公共部門新增就業崗位一直為負數，之後的半年才開始逐漸轉正，走出了持續四年的下滑態勢。在美國經濟復甦的大部分時間中，政府部門就業崗位的萎縮延緩了整體就業的增長。即便如此，那時公共部門的就業崗位仍然比大衰退之初的水平低了 50 萬。

曾供職於美聯儲的約翰霍普金斯大學經濟學教授喬納森・賴特（Jonathan Wright）用一種模型來研究就業增長的季節模式，簡單地說，他希望去除就業增長季節模式陡然忽高忽低的傾向。但是，他對我說，美國勞動力市場自大衰退以來表現的主要特徵，不適用於季節模式，而是更長期的波動，其中，無就業復甦和勞動力參與率下降是兩個典型的例子──他們 12 個月的變化清晰可見，卻與季節因素無關。

（二）

金融危機後，經濟的迅速收縮使美國出現了規模龐大的失業人數。有關失業的總體指標極高，不過並非前所未有，但長期失業率——持續失業超過六個月則大幅飆升打破了歷史紀錄。長期失業人數佔美國失業總人數比重超過 20% 的情況極其罕見，但在那一輪經濟衰退最嚴重的時期，這一比例達到了 45%。就業市場的反常之處在於，長期失業人群的大量囤積，時間證明他們很難被消化吸收。

從 2009 年下半年起，美國經濟經歷了極其緩慢的復蘇的過程，直到 2010 年底至 2011 年初，經濟增長才相對穩定，但也只是比之前的增長速度稍有加快，沒能像人們期望的一樣平穩地把經濟復蘇轉化為就業機會。這就是說，有一個經濟收縮期，卻沒有一個經濟超常發展期，兩者間的巨大缺口以蝸行的速度縮小，在無法彌合的經濟斷層上，充分就業也就無從談起。

美國等待的一個經濟目標是失業率低於 6.5%，聊天時有經濟學家告訴我，失業率低於 6.5% 不是美國就業的目標，美聯儲認為至少要在失業率降至 6.5% 時，他們才可能會去提高聯邦基金利率。6.5% 是讓人們比較舒服的指標，在就業目標之外，可以用作減少債券購買規模的參照。

或者以時間為軸線，2014 年失業情況正回覆到正常狀態，但勞動力參與率卻無望在短時間內重返到 2008 年前的水平，就扼殺了在正常情況和趨勢下經濟繁榮和非常低的個人所得稅所能帶來的可能性。

美國就業市場更深層次的憂慮是勞動參與率問題。美國的人口

結構和勞動參與率長期以來都處在下降通道中。失業率在 2013 年底雖然降到 6.7%，但還是有 1000 萬美國人無業可就。此前五年中，美國勞動參與率降了幾乎 3 個百分點。

伯特萊斯計算的結果是，自從 2007 年到 2013 年 8 月，人口老齡化使預期的勞動參與率減少了 1.3%，而脆弱的經濟增長又額外使勞動參與率減少 1.3%。但是單就 60 歲以上的勞動參與率減少進行分析，疲軟的勞動力市場使 60 歲以上的勞動參與率減少了 1.5%。

美國的人口年齡分佈正在發生位移。美國人口正在變老。二戰後「嬰兒潮一代」大都進入退休年齡，這一因素使得即便在健康的勞動力市場，勞動參與率也會自然下降。但問題遠沒那麼簡單。有人說，結構性的因素 —— 老齡化是自 2008 年危機以來，美國勞動參與率下滑的主要驅動力，但只是老化的人口不能完全解釋勞動參與率的驟降。實際上，在勞動參與率低的推手中，老齡化佔比不到 50%，另外超過 50% 的原因是就業前景如此令人沮喪，阻止了失業者和即將工作的年輕人的加入。在 2014 年 4 月新增就業和失業率數據讓人欣喜的同時，勞動參與率的數據卻乏善可陳 —— 62.8%，比上月下降了 0.4 個百分點，為 1978 年 3 月以來最低。其中年齡在 25 到 29 歲之間的則降到自 1982 年有紀錄以來的最低點，其勞動參與率為 79.8%。1982 年 1 月美國勞工部開始追蹤這個年齡段的勞動參與率時，這一組年輕人中有 385 萬不在勞動大軍之中；而到了 2014 年 4 月，另有 42.9 萬年輕人未參與到勞動大軍之中，增加了 11%。

年齡範圍在 25 歲到 54 歲的成年人的勞動參與率向來是最高的，但美國勞工部統計數據也顯示出這個主力人群的參與率降到 80.5%，比 2013 年 9 月又降了 0.4%，是 1984 年 3 月以來的最低值。

越來越多的美國人正在退出勞動力人口。美國勞工部的研究表明，勞動參與率會緩慢下降直到 2022 年降為 61.6%。

要改變這個現狀，讓成年人重返勞動力市場，除非某一年齡段或某一人口組成的人們工作的意願加強，這幾乎難以料想。從歷史上看，女性勞動者加入勞動力大軍曾經在相當長一段時間提高了勞動參與率，從 1950 年代直到 1990 年代結束，女性從低勞動參與率逐步向男性非常高的勞動參與率靠攏。有趣的是，女性參與模式在 1990 年代工作機會遍地之際卻由於種種原因漸漸停滯了。

如今男性與女性勞動參與率的差異已縮小了很多，但這個縮小背後的近期原因之一，是男性工作得更少，最簡單直接的原因就是低技能、低學歷的美國男性工資增長沒有跑贏通脹，工作前景慘淡。

美國面臨的根本問題是，就業市場已經發生了根本性的轉變，這從 25 歲到 54 歲勞動力的黃金年齡人群勞動參與率下滑就可以體現出來。自從 1960 年以來社會對男性的看法及男性對工作的看法發生了天翻地覆的變化：二戰到 1960 年代早期，20 歲到 64 歲的男人為婦女和家庭所高度依賴。如今，男性做為一個整體要和女性為工作而競爭。

勞動力大軍的整體萎縮直接關係到美國經濟增長的前景，甚至是經濟緩慢的主要因素。而讓人憂慮的是，在中短期沒有有效的相關政策來應對就業崗位的減少，這帶來兩個問題，一是失業率總要比人們預期的高；二是那些積極尋找就業機會的求職者因而產生負面作用，進而影響勞動參與率，並在短期內影響美國國民的收入；而從長期來看，即使美國的就業市場重現 1990 年代的輝煌，在所有年齡組直至 55 歲的人口組成中，低技能者的工作機會仍然會令人沮喪的低。

　　過去經濟增長被當作實現充分就業的途徑。這種關係在大衰退後的幾年中反了過來，美國進入無就業增長時代。美國處在一個在技術上現在和將來都不產生很多工作崗位的時代。越來越多的工作崗位會被技術取替，或者由於技術上的可行性，一部分工作崗位轉移到海外。這是一種技術革命，即便那些機器無法替代的和無法轉移到海外的工作，也會由移民來的低層次勞動力從事。

　　我在波士頓出差時常在哈佛大學居民區轉轉。天氣晴好的日子，會有許多園藝工人鋤草、修剪灌木，他們彼此交談時都是帶口音的英語 —— 從事這些工作的都是移民。這是既不能被機器替代、又只能在當地進行的工作，而幹這活的都是移民到美國的低收入墨西哥人。所以機器替代了人，使就業崗位不足，機器取代不了的則被轉移到了海外，而當地人可以從事的崗位卻有外來移民，由此可見，美國的勞動力就業市場會發展得很緩慢。

　　這種狀況持續下去對整體經濟會帶來一系列衝擊。首先，無就業經濟復蘇會持續一段時間；其次，它意味着工資壓力的完全消失，工資因素可以引起通貨膨脹，以後這種壓力在一定程度會讓人不那麼擔心通貨膨脹了；第三，經濟無力實現強勁增長，要知道美國經濟 70% 靠消費拉動，如果工資停滯不前，同時很多人找不到工作，這就無法為消費提供強大的動力；進而不平等加距，貧富分化加大。在可預見的未來，美國最主要的難題是創造就業崗位。

（三）

　　美聯儲在相當長的一段時間最關注的莫過於讓經濟回到充分就業的狀態，因此，政策制定者在密切關注失業率，就業不足和工資增

長的情況。我寫稿子時也總是在尋找經濟已回歸並能量充沛的跡象。雖然通脹和通脹預期返回到 2% 的目標也很關鍵。比較起來，穩定的金融市場和全球經濟是另一個指標，儘管重要性差一些。

在幾個指標中，勞動力市場的表現在 2016 年春天要強於其他指標。

2016 年 3 月美國新增就業人數 21.5 萬人，顯示出了穩定的增長趨勢。美國勞工部報告顯示，美國 2016 年 4 月 16 日當週首次申請失業救濟人數意外下降至 24.7 萬人，低於預期的 26.5 萬人，並較此前一週減少約 6000 人，創下 43 年以來新低，同時標誌着首次申領失業救濟人數連續第 59 週低於 30 萬人水平。

2015 年 9 月份開始，失業率已從 5.1% 降至 5.0%，失業率已比危機的高峰點降下一半還多，這意味着不僅大學畢業生有業可就，同時表明，那些仍在失業煎熬中的人有機會進入勞動力市場。這一勢頭持續到 2019 年 4 月，美國失業率降至 3.6%，創近 50 年來新低。

首次申領失業救濟的人數被認為是能更好地衡量勞動力市場發展趨勢、衡量經濟健康的唯一最佳指標。雖然首次申領失業救濟的人數持續下降，表明勞動力市場持續走強，但人們對勞動力市場的解讀分歧在加大。

樂觀者認為，就業繁榮已指日可待。他們認為，美國 2016 年 3 月份非農部門新增就業崗位 21.5 萬個，略好於市場預期的 20.5 萬個，失業率微升至 5.0%。創造就業的機會接近於上世紀 90 年代後期的就業繁榮期，已達到了 2000 年代第一個十年中期的圖景；從薪資增長的趨勢來看，美國 2016 年 2 月平均每小時工資年率上升 2.2%；3 月平均每小時工資年率 2.3%，雖然增長緩慢，但從長期來

看，也處在勞動力市場繁榮的初期階段。同時，3 月份勞動參與率也回升至自 2014 年 3 月份以來的最高水平，說明越來越多的人重返勞動力市場。

薪資的增速在 2018 年開始大放異彩。2018 年 1 月平均每小時工資月率增長 0.3%，預期增長 0.2%，前值修正為增長 0.4%。1 月平均每小時工資年率上漲 2.9%，預期增長 2.6%，前值修正為上升 2.7%。半年之後的 8 月份，美國時薪平均增長 0.4%，將年增長率推升至 2.9%。創 2009 年 6 月以來最快的一次增幅。

美國勞工部 2018 年 10 月 31 日的數字更為驚豔，2018 年三季度私人部門薪資增長 0.9%，高於預期增速 0.5%，同比上漲 3.1%，增幅同樣創十年來之最。

近十年來，薪資增長一直是本輪美國經濟復蘇缺失的環節。美國經濟從金融危機中恢復，股市創下新高，但在相當長一段時間裡，美國薪資增長率在略高於 2% 的水平上裹足不前、勉強高於通脹率。這一現象讓決策者傷透了腦筋。一種讓人欣慰的解釋是，收入較高的嬰兒潮一代陸續退休，而填充新崗位的是經濟衰退時期失業的人員，這些人薪資偏低，這意味着薪資增長速度不及以往。

另一個因素是，美國工資水平的底部一直拖累着薪資增長的速度。情況得以改觀，2018 年年初起美國 18 個州的最低工資開始上調，這帶來了溢出效應，一次性提高了 450 萬雇傭人員的收入，廣泛地提振了薪資水平。

我的採訪對象中有很多悲觀者，他們認為即便就業真的繁榮，也僅是在低報酬的服務業市場上。自 2009 年開始，美國的勞動力參與率已從 65.7% 下降到 63%，僅此一項就表明有 680 萬人不在勞

動力市場，把這些人重新送回到勞動力大軍中，失業率就會飆升到
9.1%。範圍再縮小，那些處於「黃金年齡段」的就業者，他們就從未
從失業壓力中完全恢復。已經有 160 萬人離開勞動力市場，從長期
來看，勞動參與率的下降很可能是結構性而非週期性的，因此，貨幣
政策可能並不奏效。

　　放在歷史的背景下，讓樂觀者看多的工資增速也並非一片瑰麗。
工資增速遠遠不及前幾輪經濟擴張期。當前的工資增速不到 3%，
前幾輪在相似失業率情形下，工資增速超過 4.5%，在相同週期位置
下本輪工資上升是偏弱的。2019 年 9 月美國非農工資增長率明顯下
滑，同比增長 2.9%。而薪資水平又與通脹緊密相關。

　　本傑明·弗里德曼告訴我，他最大的擔憂是未來一代美國人找
工作會遇到真正的挑戰 —— 找到體面的工作會非常困難，他相信目
前還沒有人能想到解決辦法，可能最後會歸集到美國經濟的模式變
化。美國多年來一直靠借貸維繫，美國從海外輕而易舉地低成本借
貸的好日子就快結束了。如果真是這樣，它會迫使美國做一些經濟
上的調整，或者通過經濟模式的改變來實現。

　　同時，不斷提升的自動化與機械化對勞動力市場帶來了替代
性衝擊，已從技術進步對人力的簡單替代，發展到第四次工業革命
奠基，硬核科技崛起。長期而言它將對勞動參與率不斷下降的美國
帶來挑戰。一個典型的例子就是 2019 年 9 月美國汽車工人聯合會
(United Auto Workers) 舉行了 12 年來首次罷工，登上了全球新聞的
頭條，它宣告了有組織勞工運動在美國再度興起，這只是美國中西
部工業重鎮經濟陣痛的一個縮影。無論是薪資增速還是罷工突飆猛
進，美國就業市場的各種結構性干擾將會日益成為拖累。

坐等通脹

(一)

2009 年大衰退後的七年時間，通脹一直都沒有大的起色。

對住在華盛頓的我來說，通脹就是每年房東上漲的房租 —— 合同上說根據通脹調節，雖然我知道那只是藉口。

2016 年自 2 月中旬以來，油價在觸及 12 年低位後，在二個月內大幅反彈了近 65%，油價的跳漲提升了通脹的前景。通脹壓力雖然不會迅速加大並成為一個問題，但那段時間的數據顯示，通脹已不可以被完全忽視掉：食物價格在漲，大學學費在漲，醫療費用也在漲。但若剝離出食品和能源價格，把關注重點放在核心消費者物價指數上，則那幾個月的價格上漲還有些證據不足。

2016 年第一季度，人們擔心經濟增長可能會進一步放緩，第二季度經濟是否增長還有待觀望。於是美聯儲在當年的 4 月份會議聲明中，這樣措辭說：通脹繼續低於聯邦公開市場委員會長期目標，這部分反映了能源價格此前的下跌以及非能源進口產品價格的下跌。整體而言，最近幾個月中以市場為基礎的通脹補償指標仍保持在較

低水平，以調查報告為基礎的長期通脹預期指標則基本保持不變。

就這段話，巴克萊資本美國經濟研究與全球資產分配主管邁克爾·蓋朋（Michael Gapen）給我作了解讀：美聯儲看到了勞動力市場的改善，但未找到多少證據表明通脹和通脹預期的堅挺。通脹預期和基於市場的通脹補償指標均被描述為穩定在比較低的水平上。總之，勞動力市場的狀態更讓美聯儲有信心，同時美聯儲仍等待證據表明通脹堅挺。

那一年時近歲末，我見到了被認為是美國歷史上最偉大的美聯儲主席之一的保羅·沃爾克（Paul Volcker）。沃爾克坐在他在紐約的辦公室中，高大而魁梧的身體在這個有些老舊的房間裡顯得有些局促，屋內大部分空間被書籍和打印材料擠滿了。

因上世紀 80 年代成功馴服了高達兩位數的通脹，沃爾克一舉聞名。30 多年後，美國的經濟體系需要通貨膨脹，但在推出了從量化寬鬆到資產購買等提升通脹的措施後，人們還是沒有如願看到理想的通脹水平，至少在全球範圍內它是缺失的。

我見到沃爾克時他剛過完 89 歲生日不久，聲若洪鐘，思維也依然敏捷——在我手裡拿的英文材料中，他一眼就發現一個英語拼寫錯誤，並執意手寫改了過來。但畢竟上了年紀，那天他的脾氣有些壞，在見到他之前，我聽到他在辦公室大喊大叫。

我們的談話從貨幣開始，顯然他喜歡這個話題，人逐漸變得活躍，談笑風生。他告訴我，美聯儲希望提高通脹，但他們所說的通脹是幅度輕微的上漲，即加息幅度為 25 個基點，這不會有甚麼實質性影響。但令人擔心的是，美聯儲認為加息節奏太過緩慢而突然加快步伐，一下子從 0.25 個百分點躍升到加息 1 個百分點，那樣會帶來

大麻煩。

在沃爾克看來，那時最重要的問題是如何繼續沿着成功的方向行進，即讓價格穩定並且繼續保持穩定。一年前，2015 年的通脹水平更讓人擔憂，那時美國的通脹標準已與 20 世紀 50 年代至 60 年代的水平相似，消費者對長期通脹的預期處於歷史紀錄低點。因此有經濟學家指出，通脹率的任何上升都將傷害到消費者。所以美聯儲既擔心通脹上行，也擔心通脹下行。

通脹和通縮同時成為隱憂。美國和歐洲都把通貨膨脹的目標定到了 2%，但在實際的通脹水平上，當美國距 2% 的目標相差不遠時，歐元區那段時間通脹的實際水平僅為 0.4%，遠低於 2% 的目標，這就要求美聯儲繼續實行寬鬆貨幣政策，而歐洲央行則需要向更為大膽激進的寬鬆道路邁進。

低通脹不僅僅局限於歐洲，貨幣金融機構官方論壇主席大衛·馬什（David Marsh）告訴我這之中的主要問題是，低通脹使得高增長和低增長地區的調整更加困難，又加大了債權國和債務國之間的差異鴻溝，這在歐元區尤其明顯。

不過對比通縮和通脹，通縮比通脹更麻煩的地方在於，央行可以用貨幣工具來對付通貨膨脹。但對於通縮，即使投入大量流動性，並不能直接帶動投資，因為人們的預期很悲觀。

沃爾克倒不覺得美國會出現通縮，他說某一兩個月的價格輕微下行不會讓他感到擔心。但對政府來講，保持貨幣穩定是其基本職責。有趣的是，沃爾克在骨子裡是反通脹的。他認為對央行而言，其核心需求是保持貨幣的完整性和穩定性。2016 年年底時，需要通脹再高一點兒的呼聲很高。他卻對我說，已經有很長一段時間沒有

出現價格不穩定的情況了，這是好事。但如果「要讓通脹再高一點兒」的聲音大起來，他就會有些緊張──許願時要小心，得到的可能不是你真正想要的結果。

在他看來，通脹再高一點也沒甚麼用，甚至他覺得那時的情況很舒服，已經有段時間人們不再對通脹有很大的預期了，而在 20 世紀六七十年代，那時大家都預期通脹越來越高，他認為明白人不想再回到那種局面之中。

特朗普當選總統後，市場認為他的施政會推升通脹預期。市場似乎也樂見其成。那時美國核心消費支出價格通貨膨脹的年增長率已上升至 1.7%。對於如何看待美聯儲 2% 的通脹目標的設定，仁者見仁，智者見智。統計數據的完善程度還不足以體現出 2%、1.75% 和 1.5% 之間的差別，那種認為對經濟中通脹水平的衡量可以達到非常精確的水平是種很傻的想法──所有的都是估算值。產品在變，人們購買的內容在變。價格等要考慮很多因素，它們也有很多輕微的波動。

在美國科學院院士、芝加哥大學商學院金融學講座教授道格拉斯·戴蒙德（Douglas Diamond）看來，美聯儲並沒有一個通脹目標。幾年前他這樣對我闡釋他觀點：美聯儲有一個非正式通脹目標是 2%，它意味着在相當長一段時間內平均通脹率是 2%。市場大體解讀說，如果通脹目標高於 2%，美聯儲就得有所行動。但通脹率低於 2% 已經很長時間了，應該有高於 2% 的通脹。但如果長期通脹的平均數高於 2%，又會引發美聯儲擔憂。

在戴蒙德看來，3% 的指標跟 2% 不相上下，從某種意義上說，只要通脹是個位數，數字高反而有優勢：如果希望別除通脹因素後

利率保持低位，可以為名義利率設定零下限，這樣有更多騰挪空間。另外一個原因與工資黏性有關，某類工資具有向下剛性，可以將該類工資實際降低。而保持 2% 做為長期通脹目標的理想之處在於，它提前建立了人們的通脹預期。總結下來，談論如何實現長期通脹率保持在 2% 似乎更有意義。

（二）

2017 年，中國和美國成為全球經濟再通脹的雙引擎。始自於 2017 年的特朗普政府再通脹政策點燃了做多行情，美歐中日英等各大經濟體在這一年年初大都經歷了通脹持續回升的美好時光。

2017 年 2 月，美國個人消費支出價格指數（PCE）—— 美聯儲非常看重的一項通賬衡量指標近五年來首次超過美聯儲 2% 的目標。通脹率仍然略微低於 2%。能源、美元匯率和食品價格影響到通脹率。美聯儲的措辭中已有「着眼控制通脹和通脹預期」的字樣。美國通脹壓力處於上升通道。

一些經濟學家告訴我，通脹可能會維持在 2.5% 左右相當長一段時間，加息的前景將刺激借貸，進而促使通貨膨脹進一步走高。那時經濟波動性處於有史以來的最低水平。全球各類資產的市場波動率都處於歷史低位，這反映出全球經濟長期低增長的特性，也得益於全球央行提供的充沛的流動性。

我有一個朋友是摩根大通的經濟學家，他向我抱怨：央行推出了數萬億美元的信貸，這些資金創造了大量的資產泡沫，但這些資產僅由少數富人掌控，只有非常小的一部分財富會落到其他 95% 的人口身上，後者收入停滯多年，沒有能力大手筆借貸、融資，央行為

金融機構源源不斷地注資未能解決這一惡性循環。這也解釋了為何金融危機爆發後，各國央行競相出台寬鬆政策，但數年之後通脹目標仍未完全實現。

低於預期的通脹與經濟增長不同軌，在政治上推出了特朗普，在經濟上加大了人們對政策預期出現判斷的分歧，困擾着幾大主要央行的政策制定者。對世界主要經濟體的央行政策制定者們而言，評判經濟前景時他們會給核心通脹以更多的權重，但各國核心通脹與政策目標間的錯位難以讓人樂觀。

美國在 2017 年春一度面臨通脹沉悶的勢頭，通脹數據已有兩個月低於預期：2017 年 3 月核心 CPI 同比增速為 2015 年 11 月來最低，3 月核心 CPI 環比−0.1%，預期 0.2%；4 月核心 CPI 環比 0.1%，同比 1.9%，創 19 個月新低。

於是市場對通脹的預期降溫。與此同時，再通脹交易也在降溫。在此前的 24 個月中，美國股市展現出了強勁的韌性，人們將其歸結為再通脹交易點燃的熱情。再通脹交易的三個支點一是原油等大宗商品的價格修復，一是對特朗普新政的樂觀預期，另外一個支點則是押注中國經濟回暖。到了 2017 年 5 月底，這三個支點都變得不穩固。

特朗普在 2017 年 6 月 7 日提出了規模為 1 萬億美元的美國基建支出計劃，以使其經濟議程獲得動力。在當年 5 月提出的 2018 財年預算方案中，特朗普希望未來十年共為基礎設施撥出 2000 億美元，以此吸引來自私營部門、州和地方政府的投資，最終在基建領域投入超過 1 萬億美元。

美國財政部前官員、彼得森國際經濟研究所資深研究員加里·赫夫鮑爾（Gary Hufbauer）告訴我，若單靠特朗普的稅收改革自身不

足以提振經濟，但如與基礎設施投資結合則會奏效，大規模的基礎設施計劃肯定會推動經濟增長，支出產生的效應是即時的，但生產力的回報需要幾年的時間才能出現。

全球範圍內，寬鬆貨幣政策持續了數年，它使得投資者追逐更高風險的資產，所謂的再通脹交易背後更多的是流動性交易。美聯儲開啟量化寬鬆的印鈔機催生了近 5 萬億美元的貨幣供應，但通貨膨脹卻姍姍來遲，因為貨幣投放出來的速度較低，低息貸款的需求驅動主要來自股票回購。

美國經濟復蘇步伐自 2017 年初以來加快，經濟增長有明顯提升的同時，通貨膨脹的反應卻非常遲緩。這直接導致經濟學界對菲利普斯曲線框架的質疑，後者是美聯儲數十年來對通脹理解的理論依據。

菲利普斯曲線是用來表示失業率和家庭通脹預期之間關係的曲線。實際上在某種程度上通貨膨脹的走勢與菲利普斯曲線預測的完全一致，問題是美國失業率下降發生的時間太短、幅度太小，導致通脹未能大幅上升。從簡單的菲利普斯曲線模型來看，真正讓人困惑的是，2010 年到 2014 年經濟增長遠遠低於潛在的就業水平，但這段時間的通貨膨脹率卻沒有大幅下降。

2017 年 2 月，美國的實際失業率基本上看齊自然失業率的 4.7%。2017 年 10 月，美國實際失業率下降到 4.1%，這意味着整體就業比潛在水平高 0.6 個百分點。根據菲利普斯曲線，通脹將在 2018 年上漲約 0.5 個百分點。但歷史經驗表明，通脹可能會上漲 1 個至 3 個百分點。

考慮到 2017 年通脹不合預期的表現，聯邦公開市場委員會的工

作人員給出了一系列模型的結果，並指出「這些是近年來似乎對物價造成下行壓力的額外因素」。這些因素包括結構性變化，也包括手機服務價格一次性下降等臨時性因素的衝擊。聯邦公開市場委員會的參與者保持了傳統的觀點，即系統鬆弛的變化和長期的通脹趨勢是預測通脹的重要力量。

讓我費解的是，通脹率在此前五年的大部分時間裡都沒能達標，而美聯儲一直以來都對通脹低迷進行最大限度的容忍。我周圍的經濟學家對美聯儲是否應保持 2% 通脹目標的討論也變得沸沸揚揚。美聯儲於是站出來表示，其 2% 的通脹目標是對稱的。這意味着如果通貨膨脹過低或過高，決策者都會不開心。不過，通脹率若長期低於目標，他們也不會嘗試通過讓通脹率超標來補償。

隨着美聯儲財政政策變得更具刺激性，美國經濟以穩健增長的步伐邁入 2018 年。人們對通脹的信心變得更強了，人們開始相信美聯儲的對稱性通脹目標是有效的。關於通貨膨脹的論調終於開始有所改變。

隨着實體經濟的復蘇，美國通脹開始穩健上行，並伴隨着工人薪酬、企業福利支出和居民收入的提速而增長。這反應在各種不同的通脹計量指標上。

（三）

美國的通脹水平在過去十年的大部分時間內都在低位徘徊，人們甚至戲稱「通脹已死」。越來越多的跡象表明，通脹在 2018 年開始復蘇。

2018 年 2 月 27 日，華府沐浴在絢爛的春日陽光中，雖然白天的

暖意只是淺嘗輒止，但其釋放的春意信號強烈。同樣，通脹的信號也逐漸開始嶄露頭角。當天下午，在美國著名智庫布魯金斯學會，剛剛卸任的美聯儲前主席耶倫公開露面，與她的前任、美聯儲前主席伯南克展開對話。耶倫此時的身份是布魯金斯學會哈欽斯財政和貨幣政策中心傑出學者。耶倫顯得意氣風發，在她的領導下，美國失業率在過去四年裡下降了三分之一以上。2017 年 12 月，美國失業率水平自她上任伊始的 6.7% 降到 4.1%，創 2000 年以來的最低水平。同時，美國逐漸從龐大的經濟刺激計劃中退出，而美國物價增長水平也在接近 2% 的目標水平。

　　同一天早些時候，在距布魯金斯學會僅 20 分鐘車程的美國國會眾議院金融服務委員會聽證會上，新任美聯儲主席鮑威爾首次在國會公開亮相，他發表了半年度貨幣政策報告的證詞並接受了議員們的質詢。鮑威爾指出，美國經濟面臨的部分阻力已成為尾部風險。薪資應會以更快速度增長。美聯儲認為風險基本均衡，正密切關注通脹，必須努力求得平衡，以求在提升通脹的同時避免經濟過熱。

　　全球的低通脹時代在那時似乎駛入了尾聲。美國勞工部 2018 年 2 月 14 日公佈的統計數字顯示，1 月美國通脹率超過預期，其中核心通脹率達一年來新高。其中 1 月份美國消費價格指數（CPI）經季節調整環比上漲 0.5%，同比上漲 2.1%。其中，扣除價格波動較大的食品和能源的核心 CPI 當月環比上漲 0.3%，同比上漲 1.8%，漲幅均超過預期。

　　美國通脹壓力正在增大，有人擔心它最終會比投資者預期的通貨膨脹更高。非常緊俏的就業市場帶來了通脹壓力，減稅導致美國財政赤字飆升和政府支出增加，會在短期內刺激經濟的發展，將失

業率推近歷史最低點，就業市場因而將變得更加緊俏。能源價格的上漲和美元走軟只會增加通脹壓力。

在耶倫和伯南克對話之前，華爾街投資圈已形成共識，耶倫會表達對通脹的謹慎言論。耶倫回顧說，20 世紀 90 年代的低通脹反映了有利的供給衝擊。美元強勁、油價下跌、醫療保健成本增長放緩，也有助於壓低通脹，其中一些場景在當前也有發生。生產率上升也有助於抑制通脹，但今天這一現象並不存在。在經濟增長緩慢和低利率時代，央行應該重新評估對通脹的看法。

但如果經濟繼續保持良好發展態勢，而央行們因通貨膨脹而被迫收緊市場，股市可能會大幅下跌。那段時間市場波動加劇，一個主要原因是對通脹和利率上升的擔憂增加。同時，最低薪資水平和一次性獎金的上升，為新年開局的雇用成本指數 (ECI) 提供了動力。ECI 被普遍認為是衡量勞動力市場閒置情況的較好指標之一，它能更好地預測核心通脹。有分析顯示，勞動力成本要上升 3%，才能推動通脹率更加接近美聯儲 2% 的通脹目標。

從美國 13 個城市過去 20 年的季度數據可以得出結論，當失業率跌至 4% 下方時，價格上漲得更快。在全美國範圍內，失業率已經從 2009 年經濟衰退時期的高點 10% 降至了目前的 4.1%，因此美國已接近這一門檻水平。

其他重要的基本條件也擺在那裡。投資、貿易和工廠產出的回暖共同推動全球經濟加速。紀錄低位的失業率、原油價格的回暖、相對弱勢的美元和依然寬鬆的貨幣政策、1.5 萬億美元減稅帶來的經濟刺激，這些因素合力會使通脹在 2018 年上漲。美聯儲也確定無疑會繼續逐步提高利率，即使在金融市場有所波動的前提下，美聯儲

也不希望停下升息的步伐。

自 2017 年底以來，不管是亞特蘭大聯邦儲備銀行特殊通脹系數、黏性消費者物價指數（CPI）——衡量那些波動平穩的物品和服務價格，還是克利夫蘭聯邦儲備銀行的 CPI 中位數（Median CPI）指標——不是簡單剔除能源、食品等關鍵價格，而是剔除月度波動（上漲、下跌）最大的商品價格，力求最真實地反映物價情況，抑或是達拉斯聯儲計算的 12 個月截尾均值 PCE 通脹率、紐約聯儲的「潛在通脹指標」等等，都顯示通脹大幅上升。

另一方面通脹持續高漲對食品、醫療保健和兒童保健等都有潛在影響，價格上漲就如同施加累退稅，對低收入家庭的影響高於高收入家庭，甚至會對整體經濟產生負面影響。

到了 2018 年年中，似乎美國經濟有望在一段時間內保持快於預期的增速。當時大多數美聯儲政策制定者認為，即使通脹保持溫和，在那種環境下維持過低利率也可能帶來其他風險。他們擔憂的一個主要問題是，借款成本較低可能會造成金融泡沫，在金融危機過去 10 年之後這仍然是政策制定者關注的核心問題。

通脹率在 2018 年一度升至 2%，但又再次回落。雖然 2% 的通脹目標是對稱性的，美聯儲數年來都預計通脹會達到這一水平，然而一系列意外情況導致通脹大多維持在該位下方。人們擔心隨着時間推移，通脹不達標可能會損害通脹目標的可信度，導致消費者和企業預計未來通脹下降，進而推動價格壓力進一步減弱。

2019 年秋，美國 2017 年 12 月通過的減稅法案對消費刺激效果正在消退，通脹、貿易和全球經濟放緩等因素並沒有出現明顯改善，這不是好日子的信號。

4% 的增長，看似一步之遙

（一）

自從特朗普當選總統以來，樂觀甚至極度興奮的情緒瀰漫，我身邊的人都期待減税、放鬆監管以及基礎建設支出等政策組合可以促進經濟增長。特朗普經濟學則為市場提供了保持熱度的理由。所謂特朗普經濟學包括：推行税改、能源獨立，放鬆監管，大手筆的基建計劃，「小政府」機制及增加國防支出等，這使得特朗普提出的 3%–4% 的增長目標似乎可期。

在此之前，美國經濟復蘇的經歷緩慢而痛苦。

在經濟學家們為大衰退蓋棺定論後，美國經濟從 2009 年 6 月正式進入復蘇期。

2011 年，美國經濟逐漸從自大蕭條以來最嚴重的金融危機和住宅市場崩盤中復蘇，同時還面臨着其他各種阻力，消費者無力也無慾於消費，不安情緒瀰漫，經濟復蘇處於脆弱關口。雖然經濟二次探底，甚至再次衰退的可能性被大多數經濟學家排除。

2012 年我搬到美國，當年美國經濟一度被懷疑會成為 2011 年的

翻版——2011 年一季度美國經濟增長率從前一個季度的 2.3% 驟降至 0.4%，此後是連續兩個季度的疲弱增長，到了四季度升至 3%。美國消費者面臨着這樣一個惡性循環，它始自失業，累及消費，危及復蘇。2012 年春，美國就業人數的增加低於總勞動人數的增加，造成失業率由 8.1% 上升至 8.2%，成為美國經濟喪失動能的最新跡象。

美國經濟總體的健康性與可持續性再次引發了人們的擔憂，美聯儲前副主席、美國全國財政責任和改革委員會成員艾利斯·瑞夫林（Alice Rivlin）也不樂觀，我們在一次聚會上碰到，她對我說，在多重因素作用下，美國經濟增長的速度相當遲緩，人們的信心受到打擊，而形勢要有所改觀，遠非一朝一夕之功。

在 2013 年 6 月來臨之際，美國經濟已在疲弱中掙扎了整整四年，而復蘇的號角終於在這一年的春末夏初從美國的四面八方吹響，引領美國經濟駛入盼望已久的較快車道。

四年中，被危機重創並被迫重新洗牌的銀行業完成了資本重組，在復蘇的軌道上前行。美國聯邦儲蓄保險公司（FDIC）2016 年 5 月底公佈的數據顯示，該公司承保的商業銀行和儲蓄機構盈利創歷史新高，2013 年一季度，美國銀行業利潤總和為 403 億美元，同比增長 15.8%，實現連續第 15 個季度的同比增長，創歷史新高。數據還顯示，當季有較大倒閉風險的問題銀行數量比上一季度減少 39 家，降至 612 家。當季共有 4 家銀行倒閉，是 2008 年二季度以來的最低水平。

銀行業數據公佈的前一天，評級機構穆迪上調了美國銀行系統評級展望。2008 年金融危機時，穆迪將美國銀行系統評級調降至負面，五年後，這一評級從負面上調至穩定。銀行業在危機後浴火重

生，蓄勢待發，為商業企業和消費者提供支持。

美國經濟改頭換面的一個更重要指標是房地產市場的東山再起。那些日子陸續公佈的市場數據都指向了房地產強勁復蘇的趨勢，新屋開工和准建數據、新屋銷售和成屋銷售數據都現漲勢。標普和 Case-Shiller 2013 年 5 月底報告顯示，美國 3 月大城市房價指數年率上升 10.9%，同比創下自 2006 年 4 月鼎盛時期以來的最大升幅。此前，美國房地產市場經歷了五年的價格下跌。

就連此前一片頹廢的製造業狀態也有所改觀。雖然芝加哥中西部 4 月製造業指數結束連月升勢，但達拉斯聯儲 2013 年夏初公佈的數據顯示，美國 5 月德州地區工業活動激增，5 月達拉斯聯儲製造業活動指數從 −0.5 大幅改善至 11.2，5 月里奇蒙德聯儲製造業指數也從 −6 改善至 −2，顯示了地區製造業狀況有所好轉的跡象。

更重要的是，復蘇積極的跡象催生了人們對經濟的信心。世界大型企業研究會當年 5 月美國消費者信心指數升至五年來最高水平，消費者信心指數升至 76.2，遠高於經濟學家預期的 71。

對經濟前景持樂觀態度帶來的良性循環，意味着消費者可能加大當前支出，使消費上升，從而進一步刺激復蘇。同時，美國當年 4 月失業率從年初的 7.9% 回落至 7.5%，與此同時，美國股市連續飆升，標普 500 指數自 2013 年年初以來上行超過 15%，推至歷史最高水平。

美國經濟復蘇的脆弱性一直以來都讓人非常失望，不過增長還是在逐步實現，失業率依然高企，雖然讓人很不舒服，但下降的趨勢還在持續。可以肯定地說，經濟是在真實地復蘇。

截至 2013 年第一季度，美國經濟已連續 15 個季度保持增長。

不過，美國商務部當年 5 月 30 日公佈的首次修正數據顯示，2013年一季度美國 GDP 按年率計算增長 2.4%，增速高於前一季度的 0.4%，但略低於上個月初步估測的 2.5%。

諾貝爾經濟學獎得主、紐約大學斯特恩商學院經濟學教授邁克爾·斯賓塞（Michael Spence）對我分析說，美國的可貿易部門正在變得更有競爭力，能源與之相輔相成。私人部門則在重組中向更可持續的模式轉化。房地產市場獲得穩定並在發展，除政府公共部門外的去槓桿化雖然拖累了增長，但還算說得過去。

局限性在於公共部門的投資太低，不足以實現經濟發展的全部潛能。美聯儲的超低利率政策和其他政策工具為發展提供了橋樑，起到促進作用，但附帶着代價和風險，而其他政府部門則貢獻廖廖。改革沒有如期進行，稅制改革進行了，卻沒甚麼助益。也因此，美國的經濟數據好壞參半。

美國外交關係委員會發佈報告比較說，在經濟開始復蘇後的第45 個月，美國 GDP 僅比復蘇起始時間 2009 年 6 月的 GDP 高 8%，而從「二戰」後經濟復蘇的平均水平來看，到這一時段都會有超過16% 的 GDP 增長；美國房價仍比復蘇起始時間的房價低 7%；美國家庭負債現在的水平還是遠差於復蘇起始時間的水平；而聯邦財政預算赤字則遠超過「二戰」後任何一次經濟復蘇的規模。

復蘇不盡如人意，與 2007 年晚些時候開始的大衰退同時發生的是，住房需求和消費支出疲軟，金融崩潰隨之浮現並擴散，到 2009年早些時候，失業率迅速攀升，消費支出驟然下跌，住房部門的不景氣迅速通過金融系統擴展，金融系統隨後被積累的巨大槓桿壓垮，引發次貸危機。因而，房價的崩塌重創了家庭資產負債表，導致消

費者避免舉新債，脆弱的消費需求使得復蘇極為緩慢。

　　房價的積弱不振被歸咎為此次經濟復蘇疲軟的禍首。而經濟開始集中出現積極的跡象，復蘇勢頭開始加速，其核心動力也得益於房地產市場的復蘇。自「二戰」以來的歷次復蘇，房地產市場都起到引領經濟的作用，這一次也不例外。而房屋市場轉好，是對美國經濟前景保持樂觀的最重要理由。美國聯邦住房金融局（FHFA）的數據顯示，2013 年一季度美國 FHFA 房價指數季率上升 2%，實現了連續七個季度的持續增長。

（二）

　　雖然還未到論功行賞之時，小布殊、奧巴馬和伯南克已被推到復蘇的功勞簿上，其中，美國前後二任總統推行了經濟刺激計劃，而伯南克更功勳卓著，他創造性地運用多種調控工具改善經濟，包括雷曼兄弟破產後建立的各種形式的貸款窗口，以及各種量化寬鬆舉措，使人們相信，在政治僵局下，是美聯儲幫助美國經濟度過了疲軟期。

　　第一輪量化寬鬆的效果因其他事件和同時並行的政策而難以準確評估，美聯儲在 2010 年末啟動第二輪量化寬鬆，但事後證明它對經濟增長速率的貢獻同樣幾近於零。可圈可點的是起於 2012 年的第三輪量化寬鬆政策，美聯儲每月購買 850 億美元債券，它緩解了經濟困境，掀起了投資者對實現收益的熱情，使房屋市場得以從根本上擺脫不景氣的泥沼。而處於低位的按揭利率推動了美國房地產市場的恢復。

　　房地產也是相當多的美國家庭最主要的金融資產。伴隨着美國房地產市場的復蘇，代表製造業的開發商、與零售業極為密切的家

居建材，以及涉及服務領域的房地產中介，業績都出現了大幅度的增長。住房活動的增加也在建築和相關領域孕育了更多的工作機會。沉寂多年的房地產價格開始高企也促進美國家庭財務狀況的好轉。

最具戲劇性的房市回暖的指標，是房利美和房地美（下稱「兩房」）的起死回生，並成為股市新寵。「兩房」在次貸危機中瀕於破產，並於 2010 年從紐交所黯然退市。在接受美國政府 1874 億美元的援助和美聯邦住房金融局接管近六年之後，「兩房」業績大幅改觀。

在不到 1 美元的價格上橫盤了近三年後，「兩房」股價從 2013 年 3 月中旬起在場外電子櫃台交易市場（OTCCB）異軍突起，其中，房利美的股價從 25 美分一路攀升到 5 月 29 日早盤的 5 美元，在不到兩個月內井噴式上漲了 1900% 左右。

「兩房」的季度盈利也連創新高，房利美 2013 年一季度實現稅前淨利潤 81 億美元，連續五個季度實現盈利。房地美一季度實現盈利 46 億美元，較 2012 年同期飆升 7 倍。「兩房」為美國約三分之二的新房貸款提供融資，有數據顯示，美國抵押貸款質量正在迅速改善，房地產市場也在逐漸由亂而治，並成為對經濟增長的積極變量。

「兩房」在 2013 年 5 月中旬分別表示將向美國財政部支付股息，從而實現去政府化，這需要以美國房地產復蘇勢頭平穩做後盾，而後者則需要就業狀況的好轉和其他經濟指標向上的互相扶攜。由於房屋供給的制約使住房市場發展受限，美國就業市場的恢復極其緩慢。房地產市場的復蘇將幫助美國在三四年內恢復至充分就業，而住房市場是消除就業缺口的關鍵。

當美國房價在 2012 年下半年開始上揚、家庭負債在 2012 年四季度有所起色時，我發現樂觀的情緒並未在人們中間傳遞。到 2013

年 5 月，當各種經濟數據相繼亮相，濃墨重彩地表明經濟好轉的勢頭強勁時，很多人意識到自己對美國經濟的走勢預期偏低。

人們預期不高，因為財政隱憂懸而未決。

美國聯邦財政預算的赤字相當龐大，為給經濟增長搭建穩固的基石，美國政府在控制支出上付出了相當大的努力，使財政赤字得以迅速收縮。在 2013 年夏季之前的三年中，財政赤字以每年平均超過 1% 的速度減少，從 2012 年 3 月赤字佔 GDP 超過 8%，到 2013 年 3 月，佔比已經不到 GDP 的 6% 了。

國會預算辦公室預計在截至 2013 年 9 月 30 日財年，美國赤字與 GDP 之比將為 4%，低於 2 月所預測的 5.3%。而美國預算赤字的降速快於預期，也與經濟好轉不可分割。雖然經濟學家們一度擔心減支對經濟增長帶來風險，但到那時為止，減支對經濟增長的殆害仍處在可控範圍之內。

美國各級政府部門的財政政策都與經濟增長速度直接相關，而美國長期存在的結構性問題使問題更為複雜化。伯南克的美聯儲一直在實行擴張性的貨幣政策，購買另類資產和長期債券，這並非伯南克所願，只是美國的財政政策沒有多少伸展空間。

2009 年前三個季度美國各州整體稅收收入下滑，下滑程度幾乎是半個世紀內的最高跌幅，創下了歷史最差水平，個人所得稅和銷售稅也一樣狼狽不堪。在復蘇階段，2013 年前的四年中，美國各州和地方政府砍掉了大約 70 萬個工作崗位，同期，美國各級政府砍掉了有 80 萬個工作崗位。如果同 2001 年衰退後的復蘇期比較，2001 年衰退後的四年復蘇過程中，美國各級政府增加了 50 萬個工作崗位。

經濟有回升勢頭，美國各州和地方政府的預算前景也得以改觀，

使它們可以放慢財政緊縮的步伐。在聯邦政府層面，財政限制則變得更緊。當聯邦政府擴張時，州和地方政府則在收縮，以抵消聯邦政府財政政策的影響。2013 年情況相反，聯邦政府實行緊縮，州和地方政府可以擴大支出。

稅收雖已開始逐漸增加，但速度緩慢。由於聯邦政府對各州的資金支持限制已被大大削弱，州和地方政府已從較低的水平開始增加支出，只是支出不會顯示在就業增加上，基本上會投入到醫療、養老等方面。州和地方政府的財政支出，在一定程度上可以加快美國經濟復蘇的步伐。不過，財政政策拖累的負面影響不僅限於自動減赤機制。

國會減支和稅收增加將會減緩美國經濟的增速，歷來在經濟復蘇中，4% 的 GDP 增長才算是正常的，但 2013 年只有不到 2.5%。

美國面臨着自「二戰」以來最嚴重的財政牽絆，中性的財政政策會給經濟帶來 3.5% 的增長。除非財政的不利因素消退，否則經濟增長不會獲得大的牽引力。

自 2013 年 1 月以來，在企業盈利高於預期，以及美聯儲的三輪量化寬鬆政策雙重推動下，美國整體市場迅速升值。作為美國經濟和專業投資者的風向標，2013 年 5 月標普 500 指數實現連續七個月上漲。這是該指數自 2009 年 9 月以來連續上漲的最長時期。標普 500 指數自 2009 年 3 月以來已上漲 143%。市場在持續地做出正面回應，大多數股票已達到或超過金融危機之前的水平。這種「比擔心的要好得多」氛圍，導致股票市場的超常回報，尤其是在失業率微不足道地減少到 2013 年 4 月 7.5% 的情況下。

儘管短期內經濟向好，但是人們擔心美聯儲政策的長期可持續

性。美聯儲通過大規模債券購買計劃向市場注入大量流動性，而近乎為零的超低利率，也降低了股市以外的資產收益率，人們發現不可能期待債券收益率符合投資的長期目標，這又強化了股市的吸引力，推動股價上漲。同時，公司和企業都持有相當可觀的現金量，以不斷地通過股票回購和增加分紅來回報股東。股票市場的繁盛和低利率在某種程度上使併購更有吸引力，並為其提供了資金支持。

不管怎樣，華爾街又一次比實體經濟更快地復原了。當商業企業在經濟衰退中減少它們的成本結構後，很自然地會在經濟回升中快速壯大盈利，股價也自然會領先恢復。這一次有低利率為推手，也推升了股價的飆升。歷史如此循環往復，如果以史為鑒，實體經濟也很快會生機勃發。

其實這種外部衝擊多次發生在美國歷史中，每一次由於市場內在的彈性和系統的靈活性，美國經濟都會重獲動能，繼續前進。

按照一般的邏輯，金融部門、股市和體現在公司資產負債表上的好跡象應該衝涮整體經濟。但在實行了五年的非凡的貨幣政策後，美聯儲雖然穩定了市場，卻不能孕育大的經濟增長。最讓人擔憂的是，經濟體系不同部門的好消息並不會傳導催化快速的就業增長。

其實在過去的三次衰退之後，就業增長的考驗也存在，只是這一次更極端化，又附加着收入分配的逆向轉移，至今仍未找到解決途徑。如果沒有快速的就業增長和收入增加，實體經濟很難獲得真實的增長。同時，更多的努力需要放在去除過剩、削減債務方面。

在經濟前景改善的背景下，2013 年夏美聯儲的下一步政策為經濟表現增添了不確定因素 —— 包括是否改變第三輪量化寬鬆的資產購買速度以及何時縮減 QE 規模。而悖論在於，是美聯儲的超低利率

政策幫助美國經濟告別財政緊縮導致的疲軟，而提前或稍後退出，都會給平穩復蘇造成傷害。

在各種指標都將美國經濟放在復蘇加速軌道之際，怎樣的增長是真實的增長變成了新問題。人們可能要適應美國經濟增長的「新常態」，即 GDP 年率增長 2%–2.5%，而忘掉持續了一個世紀之久的 3.5% 的增長率。

（三）

2017 年夏，美國經濟已處於商業週期的晚期階段，正在接近實現充分潛能。美國經濟在好轉。在金融危機過去快十年後，我身邊的經濟學家們終於對衰退的風險鬆了一口氣，但有跡象顯示，經濟增長不時還有磕磕絆絆。

人們期望通過刺激政策和創新來促進經濟增長，但問題是美國 2016 年勞動生產率的增長是自 2011 年以來最慢的，四季度生產率增長 1.3%，美國潛在的單位勞動生產率增長最高也不過 1.5%，考慮到美國人口紅利衰減等因素，美國 GDP 可能在五到十年內都將維持在 2% 的增長水平。

美聯儲於 2014 年秋結束第三輪量化寬鬆後，接下來的三年美國經濟增長與之前並無二致。但在美聯儲主動「縮表」後的九個月裡，經濟出乎意料地開始提速 —— 儘管這可能主要是因為減稅及開支增長，而不是美聯儲的資產負債表上持有了多少債券。

2016 年全年美國 GDP 增速僅為 1.6%，是自 2011 年以來的最低。2017 年開年雖然延續了 2016 年底的低增長，但特朗普當選總統引發的積極情緒持續發酵，甚至出現了激增。

　　美國經濟向好於是突然間勢不可擋，在颶風頻仍的困擾下，2017 年第三季度美國實際國內生產總值（GDP）初值按年率計算增長 3%，略低於美國第二季度的 3.1%，但超過市場預期的 2.5%。也是美國三年來首次連續兩個季度的經濟增幅在 3% 以上。尤其令人驚喜的是，2017 年三季度美國 GDP 是由消費、投資和淨出口三駕馬車共同拉動，三者增速均好於預期。

　　美國經濟有多好，以萬聖夜為例，美股 10 月 31 日收高，三大股指收於紀錄高位附近，道指與標普 500 指數均實現連續第 7 個月攀升，為 2012 年來最長連漲週期。受良好的企業財報推動，美股三大股指在當年 10 月均收穫較大漲幅。10 月 31 日盤中，納指最高攀升至 6729.52 點，再創盤中歷史新高。

　　萬聖夜來臨，鬼怪和糖果、南瓜一統天下，也統領了美國的消費。據美國全國零售聯合會（National Retail Federation，NRF）的估算，2017 年萬聖節期間，美國人的消費額預計將達到 91 億美元，這是該聯盟自 12 年前首次追蹤萬聖節消費以來，創下的歷史新高，較 10 年前的 51 億美元增加了 40 億美元。消費經濟佔美國的 GDP 比率高達三分之二，在整個經濟活動中起重要作用。萬聖節消費狂潮只是冰山一角。

　　那一年我也加入了萬聖夜狂歡。世界大型企業聯合會（Conference Board）此前投下一顆經濟喜糖——其消費者信心指數從當年 9 月份的 119.8 上升到 10 月份的 125.9，超過了此前經濟學家預估的 121。與此對應，2017 年 9 月美國個人消費支出（PCE）環比飆升 1%（經季節調整），創 2009 年 8 月以來的最大漲幅，由於消費者動用儲蓄去購買物品，當月儲蓄率也降至 2008 年以來的最低水平。

股市繁榮，低失業率、低通脹水平、以及房屋價值的再次上漲，這些從不同層面大幅提升了消費者的信心水平。2017 年 10 月 31 日的另一份報告顯示，美國第三季薪資加速增長，8 月房價持續上升，給經濟前景提供進一步支撐。8 月標普國家住房價格指數上漲了 0.5%，達到 195.1，是近三年來的最高增速。

消費者的信心取決於全面稅收改革、或者更重要的監管改革的前景，這些問題在過去的幾年裡阻礙了美國經濟的發展。這也解釋了為甚麼經濟活動不溫不火，消費者信心和市場卻都在上升。實際上，人們看到的是美好的未來。

美國經濟自 1980 年起曾持續 20 年保持平均 3.5% 的增速。不過近年來美國經濟平均年化 GDP 增速保持在 2.1%。美國經濟如果要實現 3.5%–4% 的增速，需額外增長 1.5%–2%，這需要大規模的財政政策刺激。特朗普將目光聚焦於減稅來刺激經濟增長。

非黨派國會研究服務局幾年前有一份報告分析了 1945 年至 2010 年稅率的影響並得出結論，最高稅率的降低對經濟增長、儲蓄、投資或生產力增長沒有積極影響，但會增加收入不平等問題。有學者指出，基數原因會令減稅以及其他政策在施政初期對經濟產生提振，同樣由於基數原因會難以為繼。

問題的核心是，如何找其他渠道增加收入，抵消減稅導致的財政缺口？有經濟學家潑冷水說，推行複雜、全面的稅改或許是不可能的。另外，隨着國防和基礎設施支出的增加，這些稅改政策會變得昂貴起來，至少最初可能會降低聯邦政府的收入，而且還會進一步擴大國債規模。

30 年前，美國掀起了一場意義深遠的稅制改革。30 年後的 2017

年 11 月 2 日美東中午 11 點 15 分，經過數月的辯論、衝突和拖延，白宮號稱「史上最大」規模的稅改終於揭開面紗。在特朗普和共和黨看來，稅改會提高美國經濟的全球競爭力。

賓夕法尼亞大學沃頓商學院的一份報告預計，稅改將使美國的經濟增長率在十年內提高 1.3%－1.5%，與此同時，該報告指出，在同一個十年內，聯邦將損失 1－3.5 萬億美元的稅收收入。美國稅收政策中心（Tax Policy Center）則預計，特朗普的減稅計劃將在 2018 年－2022 年期間促進經濟增長，但在 2022 年後，美國經濟將走衰，而十年內，聯邦將損失 2.4－2.5 萬億美元的稅收收入。不過也有經濟學家指出，最終政府徵收的稅額很可能沒有變化，稅改最終對經濟增長的實際影響，也許是噪音多過真金白銀。

為了對得起「史上最大」的稱號，使得特朗普的「讓美國再次偉大」的口號變成現實，此次稅改希望能降低企業負擔，刺激投資，拉動經濟增長。為了體現這一初衷，特朗普曾堅持要將稅改方案命名為「減減減法案」（The Cut Cut Cut Act）。這個朗朗上口的方案名稱最終因為反對的聲音過大而被否。最終公佈的稅改名為「減稅與就業法案」（The Tax Cuts and Jobs Act）。

這一稅改法案共 429 頁長，以期從法案長度上就抹去稅制過於複雜、繁瑣的惡名。多位業內專家告訴我，這一法案的一些條款符合此前預期，如將美國企業稅從 35% 降至 20%。但這一法案最大的贏家還是富人，因法案規定，在未來六年內，逐步廢除遺產稅。

在不增加赤字的前提下促進經濟增長有很多方式和途徑，但對急需的基礎設施項目擴大赤字支出肯定是有效的，也許它是通過增加財政赤字來促進經濟的最有效途徑之一。

　　特朗普推出了總規模為 1 萬億美元的基建計劃，此前參議院民主黨向特朗普提出的一攬子方案中包括 1800 億美元的鐵路公共交通系統，650 億美元港口、機場、水路，1100 億美元供水和污水處理系統，1000 億美元能源基礎設施，以及 200 億美元公共和原住民區土地等，有研究指出，這一方案在未來十年兌現是大概率事件，如果以 1.5 倍的財政乘數估計，基建計劃對美國經濟實際拉動或為 0.81%。

　　2018 年第二季度美國 GDP 增長率達 4.1%，創近四年來單季增長最高紀錄。美國白宮將這一切歸功於美國總統特朗普進行的稅務改革以及採取的放鬆管制措施。在歡呼雀躍後有學者指出，事實上，4% 的增長並非異常值，它可以追溯到本輪經濟週期的開始——2010 年，這一輪經濟週期至今經歷了三次明顯的經濟放緩和四次明顯的增長加速。但不管怎麼說，2018 年美國 GDP 才達到潛力水平估值，超過了國會預算辦公室（CBO）分析師認為——如果 2007 年房地產泡沫沒有破裂、投資銀行雷曼兄弟在次年沒有破產、世界沒有陷入深度衰退情況下——美國經濟早該達到的水準。

　　特朗普面對的現實是，美國經濟週期在接近成熟，週期性的財政刺激措施對經濟增長的影響有限。看經濟的潛在增長率，不能只看短期週期性增長，更要看長期的結構性增長。誠實的凱恩斯主義者會說，財政刺激只能在經濟蕭條時期起作用，那些不太誠實的凱恩斯主義者則認為只有民主黨才能使財政刺激生效。然而，財政政策不可能解決經濟供給中勞動力和生產力的制約。

　　生產率增長在過去的幾年異常微弱，在過去的 10 年中僅維持在 1.25% 的增長水平上。抑制生產率增長來自錯誤的財政和貨幣政策

以及經濟債務和利息支付水平的提高。聖路易斯聯邦儲備銀行總裁布拉德表示，美國需要提高生產率增速以維繫當前經濟成長速度，它可以通過投資及科技來達成。但重回到當初很困難——2000年底勞動力參與率非常高；現在，嬰兒潮一代開始退休，即使勞動力捲土重來，勞動力參與率也無法回到當初的水平，而且也沒有理由恢復到當初的水平。

教育、技能、培訓、創新、研發是美國保持長期增長的重要領域，對其他國家而言也是如此。具體而言，製造業的勞動就業比例處於長期下行趨勢，但這不可避免，這是提高生產率所產生的副作用。正如過去200年的歷史所展現的，在農業方面，在農場工作的人口比例為1%，以前絕大部分的人口在農場工作。

在更長的跨度中，美國人口增長在過去幾十年一直穩步下降。人口增長率在10年的年化基礎上曾一度超過1.8%，這使美國的經濟增長率保持在4%以上。但在過去10年中，美國人口以0.76%的速度增長，更慘淡的事實是，勞動年齡人口的增長率僅為0.52%。移民約佔每年美國人口增長的一半，並且直接影響到勞動力的增長，從而影響經濟增長。但特朗普意在控制和減少移民數量。美聯儲主席鮑威爾表示，減少移民將限制美國勞動力增長，可能會在長期內導致經濟增速放緩。

在將財政刺激政策假設納入經濟增長預期方面，美聯儲一直很謹慎，因為額外的財政刺激可能導致更強的通貨膨脹壓力、更強勢的美元和更高的利率，而一旦財政效應蒸發，貨幣緊縮則可能造成經濟放緩的風險。

2019年7月，美國經濟迎來連續第10年增長，創下史上最長

的經濟擴張紀錄。支持這 120 多個月經濟持續增長的力量，來自持續 10 年的低利率和美聯儲的大規模干預，幫助 2200 萬人重返工作崗位。

美國經濟擴張不會因時間持續久而立即結束。它的結束需要政策失誤。華盛頓不同的政治派別對經濟增長、小政府、財政赤字等目標的實現路徑觀點迥異。即便特朗普承諾的減稅和基建支出都得以實施，對美國經濟比較合理的預期是短期內實現 2.5% 的增長。在截至 2019 年 6 月的九個月中美國經濟年化增長率為 2%，低於此前九個月的 3%，這種情況大概率將持續。有調查顯示，在 2020 年美國總統選舉前的 12 個月，美國經濟增長率料將低於 2%。

第三章

押注製造業反轉

製造業推動美國成為 20 世紀世界強國

如今製造業在美國經濟活動佔比不到 12%

重振製造業不只是多年的美國國策，更是大城市掙扎的
起點

大城市丟掉了最多的製造業就業崗位

很多就業崗位一去不復返

製造業工作崗位的大量流失讓美國中下收入群體深陷困
境，財富差距急劇增大

持續數代人再工業化的所有努力

帶來失敗和成功的樣本，南卡從傳統經濟向高端製造業轉
型底特律則在痛苦中找尋服務業與傳統製造業的平衡

美國經濟與外交的分裂與混亂，貿易戰的祭出，都有製造
業的影響和考量

底特律起死回生

（一）

在我的手機通訊錄有個電話號碼一直讓我猶豫，是刪是留，最後我打通了這個電話。電話那端，傳來濃重的美國中西部口音，元音被搞得很誇張，拖得更長。我想像着 John 的樣子。John 應該快 70 歲了，他是土生土長的底特律人。幾年前的 2013 年 7 月 18 日，底特律市負債超過 180 億美元，正式申請破產保護，成為美國史上申請破產保護的最大城市。那次採訪，John 充當我的司機。

破產消息一出，我只有 4 個小時的時間準備去底特律採訪，人生地不熟，加上要去的地方城市破敗、犯罪猖獗，我心裡充滿了恐懼。我向三個朋友求助，一個朋友是手眼通天的 CEO，她直接把我介紹給州長的老婆；一個是我的黑人好友，她介紹我認識了一些底特律的 NGO 負責人、公司老闆；另一個是美中關係全國委員會副會長 Jan Berris，她舉止優雅，氣質和她的中文名白莉娟很配。

白莉娟聽說我要獨自去底特律，比我還擔憂，立刻介紹很多人幫忙，從美術館館長到大學教授、律師等不一而足，還有一個就是

John。John 是典型的美國白人，卻有着極其陰暗的人生歷史，他酗酒、吸毒、偷盜，屢次入獄，與殺人犯為伍。

在底特律，John 開着和這個城市一樣破敗的二手車帶我四處轉。車右側的後視鏡早已被撞飛，後面一塊車窗也碎裂了。在車上，戒毒不久的 John 給我講他如何從 17 歲開始吸毒，如何四處逃亡，一生渾渾噩噩，麻煩不斷。

我看着這個有不堪過往的男人。他的人生經歷簡直是底特律走向頹廢的濃縮，在底特律觸底之際，他也才真正開始思考自己的人生和出路。底特律經歷了這 60 餘年的渾沌後，也正在重新尋找城市的定位，艱難尋求振興。

五年後和 John 通話時，電視裡放着福特正式買下密歇根中央車站的新聞。當年 John 特意帶我去了這個廢棄了數十年的火車站，它在雜草叢生中佇立，成為底特律經濟崩潰的地標。如今福特計劃對中央車站重新開發建設，作為其自動駕駛汽車計劃的一部分。John 興奮地告訴我底特律城中心完全不同了，城市在復興，他也買了部新車，盤算着新的人生規劃。

我想知道，底特律的新生有多少要感謝破產呢？美國布魯金斯學會城市規劃項目前負責人 Bruce Katz 為美國聯邦、州和地方政府提供大都市治理的政策建議。他給我的答案是，破產對底特律城市的復興發揮了作用，但私人投資和公益投資是振興當地經濟的主力軍。

底特律是世界級的製造業中心，當它申請破產時，也是世界級的新聞事件。

去底特律前，我對底特律的全部了解都來自於 2003 年獲普利

策小説獎的 Middlesex。後來我見到了小説作者、美國作家 Jeffrey Eugenides，了解到他的童年暗合了底特律的衰敗，他的創作與他的成長歷程相交織。這部史詩般的小説在不同歷史時期的底特律穿梭，從禁酒時期到福特公司的早期，再到 1967 年的種族暴亂。

身處底特律，我並不想去尋找小説場景中的現實版本，而是想搞明白，從曼徹斯特到都靈再到底特律，這些製造業重鎮重複着從繁榮走向沒落的循環，底特律有甚麼不同？

幾天的採訪結束後，我在底特律的身上看到了美國半個世紀的變遷史 —— 美國從以製造業為基礎的經濟模式，轉向為以服務業為基礎的經濟發展，藉助信貸實現增長，靠債務和各種願景支撐信心，而金融危機、房地產市場崩潰和接踵而至的衰退與債務困境，暴露了其經濟結構長期隱藏的危機。

底特律濃縮了美國在不同時代面臨的幾乎所有問題，並將所有問題極端化於一身。所以對熟悉並居住在底特律的人們來説，破產是這座世界級的製造業中心一路下行過程中，一個繞不開的坎。

（二）

底特律市申請破產帶來的震驚，更多的停留在底特律以外的世界。

底特律獨特的經濟現實是，數十年的關鍵經濟基礎設施投資匱乏，其間伴隨着持續的人口流失。從全球城市發展的維度，大規模的城市建設一度助力城市成為內陸腹地的經濟主導，但在整個 20 世紀後 30 年中，人口和大公司的總部都不斷向郊區或小型城市遷移，使得城市的規模從城市的優勢變成了城市的負擔。

底特律不但經歷了這一變化，其過程也更為複雜和特殊。在汽車帶動的工業繁榮中，底特律人口爆炸式地增長，大量黑人從美國南方遷入底特律，種族問題引發的民權運動，帶來一場黑人奪取底特律城市主導權的運動。

起初，騷亂動盪使白人大量逃離。後來，汽車業的衰落遷移也使人口隨之減少。

密歇根州韋恩州立大學商業管理學院副教授傑弗里·斯特爾曼在他的辦公室對我解釋這段歷史說：工業人口隨汽車業南遷的過程很長，每一波浪潮都有數千人的規模；人口老齡化也使底特律人遷往溫暖地帶，新出生人口及遷入人口卻遠不足以填補缺項，經濟活動減少，城市稅收不斷下降。

我在底特律見到了具有偶像地位的民權運動領袖玉萍（Grace Lee Boggs），那年她已是 98 歲的高齡，雖然脾氣有些古怪暴躁，仍活躍而健談。她的一句話讓我印象極深，她說：「60 年前我搬到底特律時，你向空中扔塊石頭，石頭落下來會砸到一名汽車工人；底特律人口移出之後，你向空中扔塊石頭，石頭落下來會砸到廢棄的房屋或土地。」

那年 7 月底，走在天氣偏涼的底特律街頭，我想像着再向空中扔塊石頭，石頭落下來會怎樣？石頭可能會砸到像北京三里屯後街一樣的新舊交相生長的街面，也可能會砸到頗有紐約風格的樓群，更可能砸到如鬼城一般荒蕪的地界。

這就像密歇根州眾議院議員哈維·桑特那對我做的總結，人們願意用「雙城記」形容底特律混雜的衰退和復興，但他覺得情況遠為複雜，可能用十五城記來形容更恰當。

在美國不到 300 年的歷史中，尚未經歷多少城市的衰敗。新奧爾良受颶風襲擊後遇到了巨大的災難，但底特律不同，它面對的不是突然襲來的天災，而是一場持續數十年的、緩慢襲來的經濟災難。

到了最後，自 2008 年起，底特律每年的支出高於收入 1 億美元左右。破產時底特律的財產稅收入較 2008 年降低了 20%，個人所得稅較 2002 年降低了 30%，加之其他因素的綜合作用，底特律無法收取足夠的稅收來滿足各項義務，只有通過申請破產來避免局勢進一步惡化。

美國人至今在苦苦思考，重建一個大型城市意味着甚麼。

在底特律之前，加州的幾座中等規模的城市如斯托克頓市、聖伯納迪諾市相繼宣佈破產。猛獁湖市只有 8000 人口，負債卻達 4300 萬美元，走上了申請破產的道路；斯托克頓市有近 30 萬人口，因受到房產泡沫破裂的衝擊，其稅收收入在金融危機爆發後大幅縮水 70%，導致市財政出現了高達 2600 萬美元的赤字；而截至 2009 年，斯托克頓因改善市政、支付退休金等原因，負債將近 10 億美元。

在底特律後，奧克蘭、洛杉磯、菲尼克斯、奧斯汀、休斯頓、亞特蘭大和匹茲堡等城市一度有傳言會緊隨底特律宣佈破產。最吸引眼球的是芝加哥破產的預言。自 2002 年開始的 10 年間，芝加哥大舉借債，公債借款增加了 84%。這使每個芝加哥居民負擔的債務增加了 1300 美元。芝加哥長期的結構性預算赤字和龐大的養老金負擔，到 2016 年底總計達到 3576 億美元，這降低了芝加哥一般債務信用評級，提高了其借貸成本。

不過這種山崩式的城市破產並沒有出現，至少現在還沒有出現。實際上美國城市破產極為罕見。有分析稱，從 2008 年到 2012 年，

每 1668 個符合條件的美國地方政府中只有一個申請破產保護，比率大體上是 0.0006%。實際上美國並非所有的州都允許政府申請破產，只有約一半的州保留了授權城市破產的法律。

但不可否認的事實是，美國如今很多城市也面臨財政困境。美國總統特朗普推出了 1.5 萬億美元的減稅計劃，它對經濟產生的提振作用現在仍無定數，但減稅方案將在 10 年內給美國聯邦政府增加 1 萬億美元債務。同時，特朗普政府和國會同意大幅削減赤字和增加支出，政府債務迅速上升，它意味着政府提供需求的空間在縮小。公開持有的聯邦債務現在佔美國國內生產總值的 77%，是 2007 年的兩倍。

我的朋友 Don 是財稅問題專家，他告訴我，美國城市在特朗普時代都面臨着收入來源和預算限制的不確定性。特朗普的稅改立法中包含了一些限制州和地方增加收入的條款，加上特朗普政府可能會維持先前的提議，削減國內支出和社保支出，這樣會迫使各州提高服務門檻，減少居民所需要的服務，從而使地方政府負擔加重。

美國一些州已很辛苦地防止破產。2019 年加利福尼亞州以 1550 億美元的債務位居美國州債務之首，其次是紐約州，為 1410 億美元。伊利諾伊州一直是美國負債最重的州之一，其一般義務（GO）債券評級是 50 個州中最低的，僅比垃圾級別高出一兩個檔次。

美國的地方債如此嚴重，很多城市都面臨養老金虧空、基礎設施陳舊，以及產業衰退的問題，這讓底特律破產的可複製性變成一個問題。

底特律當年將約 180 億美元的債務減記了逾 70 億美元，在 10 年內投資超過 15 億美元用於改善公共服務設施。城市的債務重組和

財政緊縮涉及到《破產法》第九章的內容，但該法此前未經歷過大的考驗，案例非常有限，實際上很多基本問題都無法回答。

尼克遜‧皮博迪律師事務所（Nixon Peabody LLP）合夥人大衛‧舍昂（David Schon）參與了很多底特律著名大廈的修復，他告訴我，從政府管理的層面來說，破產在城市重振中起到了關鍵作用。現在底特律已將年度預算改為中期預算，以四年為一個週期，減少短期的波動和政治上的影響；成立了預算留存基金，必須保持不低於年度支出總額的 5% 的餘額。未來還將計劃建立退休保護基金，2019–2022 年大約將得到 1.7 億美元的投入。減少債務利息支出，用 3000 萬財政盈餘支付部分退出破產的債務，通過可分配州救助債券（Distributable State Aid Bonds）的再融資減少大約 6000 萬的債務。

如果有可複製性，也許是破產後底特律減少財政風險的措施，可複製性更強。其實，美國對地方政府實施財政破產已屬鮮見。全球其他城市從底特律破產學到東西應該是，城市是網絡，而不僅僅是政府。底特律的復興說明，城市必須建立經濟增長的平台。比如我去採訪時，底特律有 40% 的路燈不亮，城市公園也被政府遺棄，下水道也沒人管，城市破敗建築物隨處可見，而這些是地方政府需要確定的基本要素，至少向企業和居民發出了可以留下來的信號。

（三）

1975 年紐約瀕於破產時，一家報紙在頭版觸目驚心地打出這樣的標題 FORD TO CITY: DROP DEAD（福特總統對紐約說：去死吧）。事後證明福特並未這樣說，兩個月後，紐約獲得了救助。

底特律在延續了半個多世紀的淤滯後也走上了破產的道路。對

很多美國人來說，他們甚至連「去死吧」這樣的字眼都懶得用。畢竟這個城市和製造業一度聯繫得那麼緊密，而製造業的走衰已經被消化多時了。

工業主義在 19 世紀末重塑了美國：移民，歐洲的投資，北美消費基礎的全面增長，製造業尤其是大規模生產的迅猛發展，打造了底特律一類的工業城市，而這些實現了工業化的城市，在競爭中上演着優勝劣汰，去工業化的城市也多少都經歷過艱難歲月。

水牛城是其中的一個。水牛城隨着水運的發展成為製造中心，並在 125 年前進入全盛時期。那時的底特律只是座港口，中轉木材、礦物和一些農產品。19 世紀末汽車行業的崛起，使底特律迎頭趕上並實現了繁榮。就像很多中國城市經歷的發展一樣，人們迅速湧入，對住房、交通、學校教育及其他一切都產生了影響，一切都在為經濟增長服務。

到了經濟放緩階段、競爭週期開始後，底特律的基礎設施已建設完畢，城市鋪陳在方圓 140 平方英里的土地上，需要與大量人口互動來煥發生機。

遺憾的是，底特律在發展中未能建立多元化的經濟體系，對汽車業倚賴程度相當高。斯特爾曼對我解釋說，這不只包括對通用、克萊斯勒和福特三大汽車製造商的依賴，還包括所有的供應商、二三級製造業的工程師，餐館、貿易公司等整個服務經濟，後者幾乎和主要的汽車製造商共進退。

汽車工業從 20 世紀 60 年代起經歷了一系列重大的變化，湯普森說，先是美國工業界 / 軍界從二戰時期轟炸德國的案例中意識到工業集中付出的代價，開始分散汽車業，並促使各區域間相互競爭。

其結果是，雖然汽車公司總部或設計部門等依然在底特律，但大量生產工廠都遷移至美國的其他地方及加拿大，從底特律這樣的高薪大都會區奪走了大量製造業崗位。

底特律經歷了第一次汽車工業的衰落和人口的大量流失。

然後是上世紀 70 年代石油危機重創美國汽車業。禍不單行，日本在此期間超越美國，成為世界上最大的汽車製造商，進一步削弱了美國汽車業的競爭力。

從美國建國之初，製造業的增長便賦予國家經濟以力量。1953年，通用汽車就創造了美國 GDP 的 3%，雇傭人數一度是內華達和特拉華兩州人口總和。但在過去長達 30 至 40 年時間裡，美國製造業就業機會增長發生了巨大的變化，隨着全球化加深，需求開始主導製造業的潮流，製造業消費從發達國家大量轉向發展中國家。

製造業就業及相關機會的喪失對底特律及周邊社區影響深遠。2009 年汽車巨頭的崩潰曾導致底特律失業率逼近 30%。同時，布魯金斯研究員布魯斯·卡茨發現，底特律市只有 30% 的工作由當地居民承擔，61% 的底特律人選擇在城外工作。

如果故事到此為止，美國汽車工業不過是不幸地重複了航運業、鋼鐵業和航空業的悲劇：因未能處理好與一些競爭因素的關係，而無法適應製造業的新競爭形勢和新技術。但這種情況通常會激發人們尋找新的經濟發展動能，取代此前的增長因素。

底特律的別名恰恰是「汽車城」，根深蒂固的汽車文化將這個城市拖得更深。儘管過去的 30 年中，這個城市與汽車業的金融聯繫變得纖細：在市區內只有克萊斯勒和通用各有一個裝配廠還在運轉，三大汽車業巨頭中只有通用的總部留在城裡；儘管密歇根州仍然維

繫着工業製造與工程的核心，但是大部分工作都在底特律城周圍的區域。與其說底特律依賴汽車行業的垂直產業鏈，不如說，這更是一種感情和文化上的依賴。

我在底特律停留時，發現不時會有人自豪地提起，世界第一條城市高速公路在上世紀 40 年代就已在底特律建成。便捷的高速公路極大地方便了交通，相比於交通導向型發展的城市，由於本身生產汽車，底特律沒有下多大力氣應對城市交通體系的建立。斯特爾曼 25 年前到底特律，他驚訝於在這裡幹甚麼都要開車，但當地人卻認為，作為全球汽車製造業中心，理應如此。

底特律曾有發達的有軌電車系統，上世紀 50 年代轉而使用公共巴士，並添加了三條無軌電車線路。但由於公共巴士由通用生產，汽車商的自身利益捲入其中，加之公共巴士要面對路上小汽車的競爭，這一體系並未發揮多大作用。從大蕭條一直到 1969 年，底特律經歷了小汽車交通日益佔壟斷地位的時期，喪失了建立強有力的公共交通系統來強化城市結構的機會。

其間，1967 年的第十二大街騷亂和廢除了種族歧視的公共巴士業造成白人大量逃離，城市人口急劇下降。有識之士意識到公共交通的缺課，福特總統就在 1976 年提供了 6 億美元的資金用以修建區域公共交通系統，但從未破土動工過。

諮詢機構 New Solutions Group 董事弗朗西斯・格魯諾向我分析深層次原因時說，作為美國大湖區的重要港口，底特律有絕佳的地理位置，傲視全球的汽車製造和工程技術，豐富的資源和人才，這種「豐富感」使底特律人缺少緊迫感與危機感，一再坐失良機。

同時，汽車業在政治上的影響也阻礙了它按城市正常的發展邏

輯進行規劃。50 年來密歇根西南部甚至沒有好的交通管理機構。勢力龐大的汽車工會則在財政上對城市施加影響。儘管汽車業的遊說力量也影響其他城市，但底特律的脆弱性在於，它沒有地鐵或其他城市立體的交通體系作備選。

（四）

數十年來，試圖凝聚這個城市的努力也從未停止過。給底特律帶來轉折點的是披薩連鎖店 Little Caesar's Pizza 老闆麥克·伊里奇。我在底特律期間，他的名字被無數次提及。其家族擁有底特律老虎棒球隊和底特律紅翼冰球隊，上世紀 80 年代，伊里奇把公司從郊區遷到市中心主幹道的伍德沃德大道上。

隨後的 30 年中，市政投資第一次出現了真正的明顯轉向。福特家族則決定在市中心修建新的體育場，由此帶來了市中心的新劇院和娛樂區。雖沒有紐約的項目規模宏大，但它吸引了慈善家及代表他們的基金會參與到如何建設城市的討論之中。

更大規模的城區建設嘗試發起自中城（Midtown），主導者蘇·莫茲是底特律中城股份公司主席。她和她的非贏利計劃與經濟發展機構對中城的貢獻如此之大，以至於人們送她了「中城市長」的綽號。

莫茲用了 26 年的時間，一個街區一個街區地改變着中城的面貌，我輾轉了很多人找到莫茲。過去 60 年中的癥結在莫茲看來是投資不足使中城萎靡不振，她的策略是從小做起，鼓勵小規模的生意，並通過提供更多的住房選擇來吸引人們，現在中城已開始煥發生機了。

底特律家喻戶曉的甜品店 Avalon International Breads 的 CEO

安·泊淖特見證了這樣的變化。1997 年泊淖特建店時，整個中城沒有多少商業活動，而卡斯大道（Cass Avenue）因駐紮着五個流浪漢收容所而臭名昭著，南邊一條街基本是棚戶區。我們坐在她甜品店的窗戶邊，泊淖特半開玩笑地說，流浪漢是她每天開門營業見的第一批顧客。

2013 年 7 月的最後一天，午後的陽光和卡斯大道的風格一樣，讓人倍感舒服愜意，這裡已是底特律的時髦去處，畫廊和各種時尚小店、新潮裝置雲集，充滿嬉皮街道的趣味。泊淖特的生意也已擴大到服務 20 萬個客戶的規模。中城商業地產創造的稅收曾佔底特律的 70% 以上。

底特律一度被人稱為犯罪之城，公共安全是這座城市最大的隱患。沒有安全無法吸引投資，對受財政問題困擾的底特律來說，大規模的投資才能雪中送炭。政府也意識到這一點，在中城投入了相當的努力。走在中城的韋恩州立大學學區，視線所及之處有警車巡邏，街頭醒目地安着報警裝置，2008 年之後的五年，這些措施使中城的犯罪率降低了 50% 左右。

中城及底特律發展的另一個潛在載體，是 2017 年投入使用的輕軌系統 QLINE。底特律過去的發展印證了「沒有大眾交通運輸系統就沒有經濟活動」，汽車使居民郊區化，造成郊區和城市的分隔。人們希望貫穿南北的輕軌能帶來更多的經濟活動。

就在泊淖特甜品店的後街，全美國熱議的 Shinola 店面像觀光景點一樣受追捧。作為美國高端製造業的代表，Shinola 生產高端腕錶、自行車、皮革製品等。

我像遊客一樣照了很多照片，同時請教 Shinola 所在的 Bedrock

Manufacturing 首席執行官希思·卡爾。他選擇底特律基於一個簡單的想法：重回「美國製造」。他說，底特律是美國製造業的遺產，我們需要裝配腕錶的引擎，底特律生產了無數引擎，是汽車工業的核心，自然成為首選。

在中城的 Shinola 店面開張後生意興隆，一表難求。Shinola 的目標是成為美國最大的高端手錶製造商。機緣巧合，Shinola 製造工廠設在多年前通用汽車的研究實驗室中。Shinola 生意不錯，到了 2018 年秋天，已進軍酒店業，忙於準備同名高檔酒店的開張。在電影《綠簿旅友》（*Green Book*）獲得 2019 年奧斯卡最佳影片的致詞上 Shinola 與這座城市的關係也被提及。

製造業的過去與未來在這裡相交。Shinola 希望利用汽車工業打下的高質量和高生產率的製造業基礎，在底特律培育制表工業的種子。而 Shinola 在復古自行車上的投入，則暗合了歷史的輪迴——19 世紀 90 年代，單車熱潮被汽車時代的到來橫腰斬斷，而從汽車製造到單車製造，底特律正和美國其他地方一起，擁抱單車時代的回歸。

金融危機後，底特律本已萎縮的製造業又喪失了 52% 的就業機會，隨着汽車業反彈，製造業就業也在緩慢地恢復。在能源成本降低的前提下，美國正迎來製造業的復蘇。Shinola 之外，包括 Detroit Bikes 和 Detroit Bicycle Co. 等單車製造廠商，以及高端牛仔褲製造商 Detroit Denim 等都移師底特律，它們的共性是把「底特律」作為主打招牌。

好消息是，自 2010 年 6 月以來，底特律大都市圈每個月的就業人數都在增加。而那些還屬小作坊式的生產企業若能持續成長，也許有一天「底特律製造」會成為「美國製造」的代名詞。

（五）

　　我在底特律的賓館在渡船街（the Ferry Street）上，紅磚結構的維多利亞式建築疏密有致，這些散發着「鍍金時代」風情的樓庭對面，是底特律工業家、藝術收藏家弗瑞爾（Charles Lang Freer）故居，凝重而低調。

　　弗瑞爾故居負責人威廉姆‧柯爾本特意帶我參觀，向我演示弗瑞爾為收藏藝術品設計的裝置時，他想表達的意思是 —— 一個世紀前，底特律是當時的「矽谷」，創意和研發盛行，催生了各類產業，產業間互相影響扶持，帶動企業家精神，最終使底特律成為世界製造業之都。

　　按照傳統的經濟增長軌跡，每種模式都會盛極而衰。底特律上個世紀就沿這個軌跡由興而衰。但斯特爾曼說，另一種經濟發展框架是轉型，經濟從繁榮變為較不活躍，然後轉型成另一種模式，底特律需要完成這個轉型。

　　轉型的一種可能是變成第二個「矽谷」。汽車工業結構收納了越來越多的信息系統，正因為如此，底特律周邊湧現出相當多的創業公司。而在市中心，底特律汽車與數字文化的混合吸引了 Twitter 在底特律設點，作為辦公的分支機構。同時，很多高科技公司如 Detroit Venture Partners、Skidmore Studios、Detroit Labs and Doodle Home 等都在底特律市中心集結，形成了一定的規模。

　　不過，底特律轉而大力發展信息經濟的前景目前還不清晰。可以看得見的增長來自服務業。美國已從製造業經濟轉型為知識經濟。底特律的零售社區和娛樂社區規模雖然遠沒有紐約的大，但銀行業、

金融社區和零售社區提供了一定的就業機會，尤其是類似於抵押貸款供應商快速貸款公司（Quicken Loans）這樣的企業。

另一個產業亮點是醫療保健。底特律的亨利福特醫院（Henry Ford Hospital）和底特律醫療中心（Detroit Medical Centre）能提供上萬個就業崗位，從初級護理到清潔服務，面面俱到。湯普森說，美國的醫療系統將發生巨變，部分原因在於人口老齡化，部分原因是奧巴馬大力推行的《平價醫療法案》使局面發生很大變化，基本醫療覆蓋面將比以往大大提高，這會帶來更多的附屬服務。

確定的一點是，底特律已從主要以發展汽車工業為主，發展到開始有更多樣性的產業選擇。底特律的汽車工業仍佔據舉足輕重的地位，底特律也應以此為起點謀求發展。

底特律的城市廢墟，幾乎成了它的民間明信片。對看客來講，廢墟可以逃避現實中無處不在的秩序；對城市發展而言，底特律的房地產市場參與創造了這些廢墟，並一直被這些廢墟所拖累，進而使得城市復興的若干努力都顯得蒼白。

底特律社區大學歷史教師彼得・博伊金聲若洪鐘，他從歷史的角度對我解釋說，半個多世紀以前，在底特律人口達到峰值的那段時間，住房短缺，房東趁機分隔房間出租謀利，銀行和房東均對租戶使用歧視政策，導致城中絕大多數住宅樓從尺寸到質量都無法跟上時代的要求。

從底特律穿城而過，「冷清」二字會浮現在我的腦海，畢竟這是一個土地面積有 140 平方英里的大城，比波士頓、三藩市兩個城市的面積加起來還要大得多，而半個世紀以來，人口不間斷地移出市區後，底特律破產時僅剩下 70 萬人，三分之一的土地空曠閒置。

底特律的城市設計經過 100 年的打磨，一切為工業讓路，使得底特律的城市景觀與房地產市場都無法讓人愉悅。城市畢竟為商業而設計，是人們聚集起來工作、並交流和分享思想的地方。建城之初，底特律在這些方面做得太好，以至於造成了某種程度上現在的城市失效。

不過，底特律的房地產市場也並非從未發展過。布尼亞·帕克是底特律一家商業地產經紀公司的董事，2003 年他回到家鄉時，底特律的小戶型高檔公寓市場價格上漲——行情幾乎到了每平方英尺200 美元左右，但這多半是享受了美國經濟情勢大好和整個房地產市場高企的溢出效應。而由於沒有產業支持，底特律的辦公樓盤價格處於低谷。

這期間，底特律市區邊緣新建了約 10 萬套住宅。當房地產泡沫破滅、價格大跌時，這 10 萬套住宅超低的價格吸引了大量城市核心地帶的住戶，他們拋棄了城裡年代最久遠，質量最差的房屋——這些房屋基本只剩下空殼，如果在市場上出售，也不過幾千美元。

房地產業「過濾」的自然過程加劇了底特律的困境，取消抵押品贖回權又削弱了底特律僅存的部分家庭的消費能力。2008 年金融危機雪上加霜，導致底特律市內大量房產空置，樓市崩盤，加快了人口流失速度，進而牽連市政主要收入的房產稅。城市部分區域的工業也面臨被廢棄的命運，底特律自此失去了稅基。

底特律的癥結所在是密度問題，它的人口密度和產業密度都無法使城市大規模發展。而阻礙人們聚集的就是那些猶如暗星一般侵蝕價值的廢棄住宅，它們使底特律的房產貶值。

為走出這種半死不活的狀態，底特律一度提出了「縮城計

劃」——與其遍撒胡椒粉，不如放棄那些殘破區域，傾力扶持基本面好的地帶。這個計劃廣招爭議，又缺乏實施的可操作性，最終不了了之。

另一個效果更好的點子是嘗試開發濱水區，搞賭場經濟。這個計劃的模板是拉斯維加斯，人們希望通過在底特律河沿岸設立一系列賭場，從而使底特律成為會展和旅遊勝地。雖然由市政府購置所有土地，並見到了一些收益，但這種經濟拉動方式並不長久。

賭場經濟說穿了，就是人們進入一座樓房，然後開始賭博而已。亞特蘭大城和底特律之所以失敗，是因為對想去拉斯維加斯的人來說，去那裡很容易。但底特律不是拉斯維加斯，拉斯維加斯同時有地理優勢，毗鄰很多旅遊景點及可以娛樂之處。亞特蘭大城沒有後面那些元素，底特律和新奧爾良也沒有做到這一點。

亞特蘭大摔得不重，因它有旅遊傳統又毗鄰人口聚居地，由此生存了下來。底特律賭場獲利後，俄亥俄州看到了底特律榜樣的力量，決定開設四家賭場。問題是流入賭場的資金只有那麼多。當更多的競爭者進入，流入底特律的資金就開始變少了。

底特律在困頓中掙扎了多年，雖然民間組織領袖和大公司對中心城區進行了投資，也出現了許多新建設項目和工作機會，但底特律再也沒有重新實現增長。

從芝加哥到洛杉磯，再到匹茲堡，在歷史的某個階段都出現過底特律面對的困境，但它們都以不同的方式走了出來。

值得注意的是，在聯邦住房政策的推波助瀾下，美國經歷了郊區化運動，郊區化的結果是底特律人口發生了根本性的減少。半個世紀後，美國的眾多城市經歷了另一場運動 —— 仕紳化（Gentrification）

的城市改造運動。華盛頓等城市都由此重獲新生，但變化的種子直到 2011 年前後才在底特律扎根發芽。

這一改變源自於商業資本的強勢介入，其背後是底特律功不可沒的商業領袖們。快速貸款公司董事長丹·吉爾伯特則是其中的佼佼者。

2013 年 7 月 29 日，時斷時續的陰雨中，帕克在市中心「戰神廣場」公園中向我介紹他最大的客戶吉爾伯特——更確切地說，他可能是底特律最大的買家：吉爾伯特自 2011 年到 2013 年夏，已在底特律市區購買了超過 30 棟房產，以及周邊約 15 個停車場或車庫，總建築面積約 750 萬平方英尺。

帕克的手指基本以戰神廣場公園為軸畫了個圓，因為周圍的數個摩天大廈多已納入吉爾伯特旗下。就在底特律申請破產前一天的 7 月 17 日，吉爾伯特名下的 Rock Ventures LLC 提出以 5 億美元開發底特律市中心的韋恩縣司法部樓盤，包括建了一半的監獄。他們計劃了一個總面積 170 萬平方英尺的住宅和酒店混合項目，還有 20 萬平方英尺的零售中心及停車場。

底特律過去三年以來房地產市場的變化，讓很多當地人瞠目。底特律房產市場興旺的一個原因是，即使和五年前相比，房地產價格也相當便宜，吉爾伯特購買高 23 層，面積 33 萬平方英尺的克萊斯勒大樓時，花費約 1500 萬美元，平均每平方英尺只有 45 美元，比紐約的一套高檔公寓還便宜。

底特律熱點區的房產早已不存在需求問題，需求非常地旺盛。即使破產的消息也未能給底特律的房產降溫。當年的 7 月 22 日開發商麥科馬克·撒爾雜宣佈了 6000 萬美元的濱河項目；兩天之後，一

個 4.5 億美元的市中心以北的建築項目也獲得了密歇根戰略基金的批准。而更多的交易正在進行。

城市的政府不等同於城市的經濟，不可持續的城市預算、政治紊亂與生機勃勃的區域發展可以並存不悖。

很多人看好這些商業房地產的投資價值。以凱迪拉克大廈為例，2011 年它以 500 萬美元左右的價格出手。這個佔地 40 萬平方英尺的龐然大物出手時有 80% 的佔有率，而最初的抵押貸款金額是 1700 萬美元；而第一國家大廈（The First National Building）佔地 80 萬平方英尺，2011 年的買入價是 900 萬美元左右。帕克説，你在任何別的地方拿這個價錢都不可能買到這樣質量的房子。

底特律在過去的一個世紀的面貌由二次大的移民潮塑造：一是新興的汽車工業吸引的來自東歐和美國南部的移民大潮，二是 1967 年底特律暴動後的白人大批逃離。

底特律正在孕育新的移民潮。麥克爾是快速貸款公司的部門負責人，2010 年，吉爾伯特將公司總部從底特律郊區搬到市中心時，他不情願地跟進了城。回憶那個場景，他對我説，「之前我認為底特律就是一個犯罪大本營，但搬來的第一天，我看着四周説，這裡還不錯！之後這裡飛速發展，越來越好，現在我下班了也在這裡流連，聚會的地點都改在這裡了。」

麥克爾是 7600 名被吉爾伯特帶進城中心的一員。吉爾伯特的策略是，吸引剛出大學校門的年輕人，因為「他們想要都市中心的繁華和熱鬧」，並為他們提供鄰近工作的住房──吉爾伯特的房地產公司則負責裝修，建造宜居的公寓吸引租戶。

和快速貸款公司一樣，位於城中心的大公司，從軟件製造商

康博、BCBSM、DTE、Marketing Associates 到 Strategic Staffing Solutions 等，都有一系列鼓勵員工在城中心居住的優惠，包括新房主可收到高達 2 萬美元的免除貸款，新租戶可拿到第一年 2500 美元、第二年 1000 美元的津貼，老房主花 1 萬美元以上搞外部裝修的，可以收到相對應高達 5000 美元的津貼等。

房租直線上漲，越來越多的房產項目從商用樓改造為居民樓或商住兩用樓。尼克遜・皮博迪律師事務所合夥人舍昂參與了城中心 34 層高的著名的布羅德里克大廈的修復，他告訴我，這個住宅樓有 124 個公寓，2012 年 11 月 2 日下午 3 點 30 分大廈剛拿到入住許可的通知，當天就有 5 個住戶搬了進去，當週的週末另 50 戶人家入住，四個月後整個大廈就全住滿了。

越來越多的人才和經濟活動向市中心聚集，促進了底特律市中心的復蘇，並慢慢向城區擴散，使得公寓樓、閣樓和套房的需求旺盛。有數據顯示，2013 年 6 月底特律同比住房價增值了 14.3%，市場上出售的房屋中，有 72% 的交易獲利。而 6 月的住房銷售價格比一年前漲了一多半。

人們不斷地向市中心和中城遷移，市中心的入住率已達 90%，中城的入住率達到 95%；就連賓館入住率都從 2009 年的 47.5% 提高到 2013 年的 61.3%，基本達到了美國賓館入住率的平均水平。

在美國其他都市已升級重建了十多年之後，底特律的這股熱潮方興未艾。人們急於改造倉庫、舊工廠和汽車展廳——格魯諾辦公的綠色車庫（Green Garage）就是由近百年前的汽車展室改造成優雅獨特的環保空間。

曾幾何時，底特律是全美留存上世紀 20 年代、30 年代摩天大

樓和歷史建築最多的城市之一。這些歷史建築的榮耀光彩消褪之後，人們放棄了這些醜陋的龐然大物，就如同放棄了底特律。現在這些樓面貌一新，昭示着底特律也將迎來新生，破產為這座城市提供了前進的契機。

（六）

底特律建城之初是皮毛交易中心，1805 年，底特律所有的房屋與建築被一場大火吞噬，只剩下一座倉庫和一個磚製煙囪。

我努力想像着底特律的城市發展路徑。美國餐桌上的叉勺在中國很少有人用：勺的頂端不封閉，而是短粗的叉子。這像極了底特律的發展：沿河一帶最先發展，鐵路和公路的發展向內陸縱向推進，10 平方公里大小的布萊特莫爾（Brightmoor）已近西北邊緣，始終處在發展的後端。

布萊特莫爾於上世紀 20 年代被開發商買下，作為安置南部州移民的廉價房區。2013 年 7 月 28 日夕陽西斜時，我來到這裡，這個曾經人聲鼎沸的工人社區一片寂靜。在過去的 40 多年中，布萊特莫爾的住戶驟然萎縮。

丹尼斯‧塔爾博特 1990 年搬到布萊特莫爾，那時，布萊特莫爾有近 2.4 萬人。2000 年，布萊特莫爾的人口降到 1.9 萬，比十年前降了 16.5%，其中 37.2% 的人口年齡低於 18 歲，5.3% 的人口年齡大於 64 歲。又一個十年過去了，2010 年，布萊特莫爾的人口降到 1.2 萬，比十年前降了 35.3%，其中近 30% 的人口年齡低於 18 歲，12.7% 的人口年齡大於 64 歲。

塔爾博特開着車和我在布萊特莫爾緩慢前行，掠過的獨門房有

很多超過 70 年的歷史，年老失修伴着雜草叢生，而縱火和塗鴉則一同把這個社區拉向墮落。

即使是走馬觀花，也能找到布萊特莫爾和底特律最直觀也最棘手的問題：大量廢棄房屋充斥，而在布萊特莫爾，損毀房屋幾乎成了風氣。市長戴夫‧賓也意識到這個問題，他信誓旦旦，要在任期結束前鏟平 1 萬棟空房，數據顯示，底特律當時有 8 萬棟廢棄建築，3.1 萬座廢棄房屋，9 萬塊空地。

塔爾博特曾任職於底特律市工商發展部主任，因對政府的不作為失望，轉而建立了自己的 NGO 組織，希望以一己之力改善這個名聲不好的社區。塔爾博特説，政府的政策是涓滴效應，不會惠及大眾，且成本太高，速度太慢。

在政府拆除了廢棄房屋後，碎石瓦礫仍然留在那裡。而布萊特莫爾能期待政府提供的公共服務，已經僅限於收垃圾和提供用水，而類似於教育、社區發展、公共衛生等空白，則由各種非政府組織填補。

就在那年 7 月初，底特律治枯權威（Detroit Blight Authority）宣佈了一項清理計劃：清理目標是布萊特莫爾 14 個街區的 70 座廢棄和燒毀的建築，500 塊居民區空地。

對比政府拆除廢棄房、治理城市萎縮的嘗試，這個計劃雄心勃勃：從 2004 年 1 月到 2008 年 12 月，總共 23 棟廢棄房被拆掉；而清理 14 個街區產生的 7 萬鎊重垃圾，幾乎等同於美國歷史上損失最大自然災害之一的卡特里娜颶風摧毀新奧爾良產生的垃圾量。

距離塔爾博特樸實簡潔的房子不遠，有一處規模不大的溫室大棚，鮮花蔬果一片生氣。這是底特律斯基爾曼基金會（Skillman

Foundation）的草根項目——青年布萊特莫爾種植市場花園（Youth
Growing Brightmoor Market Gardens），當地青少年被召集在一起種
地，在集市上出售，以此培育小型農民公社。

在布萊特莫爾，其貧困人口的比率是密歇根州的 3 倍，參加這
個項目的「年輕農民」一個月能掙 100 美元和 15 美元的金融課津貼。
布萊特莫爾是犯罪高發區，毒品交易猖獗、未成年懷孕屢見不鮮，
這樣的青少年項目意義遠遠超過「認識勞動的價值」。

這裡大到國家級、小到社區類的非政府組織雲集，它延續了底
特律在汽車工業引領的經濟繁盛期的傳統：基金會等非政府組織支
持城市發展。

Fred A. and Barbara M. Erb Family Foundation 是活躍在底特律的
基金會之一，我遇到了其項目副總裁舟迪·雷恩斯，他回顧說，汽
車工業蕭條減少了相關基金會的資金流入，而當地的一些小的非政
府組織也各自為戰。轉折點發生在 25 年前左右，柯瑞斯格基金會
（Kresge Foundation）一類國家級的基金會開始把大量精力放在底特
律，基金會開始有了支配地位。

從 2009 年起至今，幫助布萊特莫爾走出困境的民間組織已經形
成了相當大的勢力。最重要的是，雖然致力於底特律的基金會一直
都積極投入，但他們缺乏條理，獨自開展小規模項目。在他們各自
為戰了相當時間後，真正的變化出現，他們開始走向合作。

以清理 14 個街區的項目為例，底特律治枯權威有布萊特莫爾
聯盟（Brightmoor Alliance）和汽車城凋萎克星（Motor City Blight
Busters）兩個非營利機構的現場支持，資金則來自斯基爾曼基金
會，DTE 基金會和 Max M. & Marjorie S. Fisher 基金會和 the Pulte

Family。他們自信比政府做得好，因為他們聚合了私營部門治理城市凋敝問題的專家，以及懂得與社區打交道的非營利部門的業內人士，還有生活在布萊特莫爾、關切它的存亡的居民。

此前，斯基爾曼基金會每年擲下數百萬美元，用來提高整個城市的公立學校體系，效果甚微。後來他們轉變思路，重點扶持六所學校，並為其所在的社區提供資金幫助。2007 年到 2012 年，六所學校中的四所畢業率上升了 14%，而同期美國全國的畢業率提高了 1%。後來底特律的慈善機構終於意識到，單靠一己之力無法解決社會問題，一定要與私營部門並肩作戰，以創新的觀念來吸引投資。

樂觀者甚至認為，如果布萊特莫爾，這個城市最明顯的瘡疤可以被清理，底特律就會有新的開始——起碼，城中心和中城已在非政府組織和私營企業的帶動下一片生機。而非政府組織的活躍，不僅局限於焦點地帶，幾乎每一條街道都能找到他們的痕跡。

2013 年 8 月 1 日傍晚，在里沃諾艾斯走廊（Livernois corridor），每月一次的支持社區發展的民間籌資活動「湯會」（SOUP）在音樂聲中開始了。里沃諾艾斯希望複製中城的成功故事，那段時間有開發商投巨資興建 1 萬平方英尺樓區的消息讓人振奮，而湯會這種每人花 5 美元來喝湯，籌集的錢支持社區的活動也有聲有色。

我也跑去喝湯，人群中金髮碧眼的吉姆·斯威夫特惹人注目。她所在的機構「為和平而來」（We Came In Peace）正在打算用紐約的商業模式打造底特律的時尚一條街。

底特律展現的如火如荼的草根運動，引發了很多人的思考，激進者如玉萍，認為它會導致美國的下一場革命，去產業化帶給底特律深深的困擾，但底特律的努力表明，自給自足的都市農業運動可

以為後工業化城市奠定基礎，而有 3D 打印和社區組織為後盾，新型的社區可以取代政府。

更理性的看法是，底特律是在真實的復蘇之中，有更多自下而上的努力在改變社會面貌，但這並不意味着社區可以自行解決安保，可以創立學校，也許非政府組織可以促進商業發展，但這不意味着人們可以拋掉政府。恰恰是因為自下而上的這些努力都太小太分散，而沒有在根本上改變底特律的命運。

底特律這個城市的眾多社區，如果缺少政府、非政府組織／慈善組織以及商業力量三者的任何一個，都無法運轉，而城市能夠真正實現復興，需要這三者的通力合作。

（七）

底特律試圖再開發的過程中，曾經數次顯示出恢復活力的跡象，但又迅速灰飛煙滅。

我在底特律四處尋找答案。參與城市復興努力中的底特律創意走廊中心（The Detroit Creative Corridor Center）主任馬修‧克雷森的解釋是，此前 40 多年的時間，底特律發展的特徵是，前進一步，後退兩步。目前正在展開的復蘇，既有非政府組織的牽引，又有商業資本的推進，唯一缺失的就是政治領導力。

採訪中我遇到了密歇根州眾議院議員弗瑞德‧達饒，他的選區包括底特律的南部和西南部，那裡挺立着密歇根中央火車站，一座壯觀而頹廢的大廈，正是美國城市衰敗的象徵。

達饒決定競選底特律市長，在他看來底特律市政府的各個部門基本上分崩離析，除了被財政問題困擾外，這個城市需要有政治領

袖，起碼要讓它像一個正常城市一樣運轉。

同樣在底特律宣佈破產後角逐下任市長的威利‧里普斯科姆，已經做了 14 年之久的州地方法院的法官，人緣很好。在他看來，此前底特律的政治領導者沒有依據變化的世界做出政策調整。他和我總結說，此前的 40 多年中，底特律的政治家們依然寄希望於汽車產業，並相信這是一個有起伏的週期性產業，他們不過是恰巧處在汽車產業的低谷期，一切都會好起來，而沒有意識到全球化帶來的競爭和挑戰。

2013 年 7 月 30 日是底特律政治生活中重要的一天，這天晚上舉行了市長初選前的電視辯論。在觀眾席上，帕妮絲‧史密斯坐在我身邊，認真地記着筆記，但這並沒耽誤她喜笑怒罵地反饋候選人的辯詞。史密斯被當地人稱作「帕妮絲媽媽」，她是 1973 年底特律選舉的第一位黑人市長科爾曼‧揚的班子成員，已在政壇活躍了 40 年。

史密斯對連任 20 年市長的揚的看法是，他早年有工會經歷，善於煽動，當選連任也得益於工會的支持。在揚執政的過程中，政策向工會傾斜。揚最終留下約 8850 萬美元的赤字遺產。底特律有 47 個工會，強勢的工會被認為是拖住底特律靈活轉身的羈絆，使得城市緊縮的措施無法實施。

時任市長戴夫‧賓曾是美國 NBA 全明星級球員和美國十大鋼鐵公司之一的創立者，出任市長讓他遭遇到了人生最大的挑戰。他的前任誇米‧基爾派瑞克在任期內因多個罪名被起訴，後被法院裁定犯有腐敗和受賄等 20 項重罪，鋃鐺入獄。戴夫‧賓自稱他接手的底特律是個地獄般的深洞。立志有所作為的戴夫‧賓在四年任期內，因與州政府、市議會等方面的政治罅隙，最終成為一名跛腳鴨。

正因為如此，底特律人相當關注那場初選辯論，他們知道那關乎這個城市的政治出路。

在底特律人押注的市長候選人中，底特律醫療中心前 CEO 麥克‧達根當時是領跑者之一，隨後成功入選。他的競選主管、26 歲的哈佛畢業生布萊恩‧巴恩希爾頗有少年奧巴馬的架式。巴恩希爾和我談起他的策略是，黑人在底特律城市人口構成中佔 82.7%，白人只佔 10.6%，連達根的競選班子都是黑人主導。但身為白人的達根會得到黑人支持並勝出的可能性在於，他有成功扭轉敗局的經驗。

此前，底特律的市長們選擇投入財力物力於那些本身底子不錯的地方，與這種錦上添花的做法不同，達根的策略是把注意力放在基礎服務方面，從最基本的照明問題和公共安全等方面切入。這在大多數底特律人看來，是多年以來應該採取而未採取的政府決策。

底特律有 40% 的路燈不亮，即便富裕的社區也是燈火闌珊。城市大量的廢棄建築使街燈沒有了存在的意義，而依然立在街頭的路燈則成為偷盜目標。達根的辦法是建立五天為基準的路燈維修日程，與新的街燈管控機構合作，加速更新老化的設備。

更大的挑戰是控制犯罪。雷恩斯從郊區搬到帕默伍茨社區（Palmer Woods），那是底特律可以和美國任何優雅的社區媲美的幽靜所在，數十年來一直很穩定，我到雷恩斯的家裡坐客，感同身受地理解了她的心頭之患：犯罪問題。考慮到致電警方平均 58 分鐘的等待響應時間，和僅為 8.7% 的破案率，雷恩斯和其他社區家庭一樣，每月花 490 美元左右雇用私人安保。

底特律警務缺口達到 700 人，因為警官都忙着做文職工作。達根的方案是，在嚴厲打擊持槍犯罪的同時，大量培訓平民來行使處

理文件的職能，讓警官騰出手來處理犯罪問題。對於只有三分之一
的救護車提供服務的憂慮，達根打算維修和啟用老舊的救護車，同
時投錢提高工作人員的薪酬。

達根更吸引選民的從業記錄是，他曾力挽狂瀾，使韋恩縣政府
逃出破產的厄運；也曾把破產的底特律醫療中心拉回正軌。達根打
算在底特律市照搬他處理縣政府和醫療中心的破產經驗，他說，要
用先進的電腦系統收稅，裁除冗員，預算則實行部門負責人制。

所謂的先進電腦系統反映了底特律政府管理的落伍程度。因為
這套系統的缺失，底特律每年要流失 1 億美元的稅收，很多統計數
據也要靠非政府組織提供。

其實政府的形式並沒有唯一，只有無法有效運作的政府才是獨
一無二的，而破產便是底特律市政府不能有效運作的佐證。

不管達根設計的藍圖多麼誘人，他面臨的艱難挑戰是改變底特
律的政治生態。由於連年的管理不當和政治失調，使得底特律相當
一部分選民放棄了政治，對政治漠不關心。在 2013 年之前的那屆市
長及市議會的選舉中，底特律的投票人數不足 17%。

無論是政客、商人，還是普通民眾都已經意識到，僅靠商業影
響不足以帶動底特律華麗轉身，必須為底特律搭建新的政治架構。

55 萬底特律選民在 2013 年底選出了他們的新市長，那年 8 月 6
日的市長初選是要過的第一關。更多的政治興奮來自於同一天的底
特律市議會成員選舉。8 月 6 日的議會選舉是自 1918 年以來，底特
律人首次根據選區來選議會成員，而過去近 100 年來，底特律獨特
的政府組織結構是不按選區選市議員，阻礙了底特律的社區像其他
城市一樣成熟發展。新的選舉方式有更直接的代表性，拉近了民眾

與政府的距離。

　　不論是誰當選新的市長，以及新的議會成員班子如何組成，他們都需要創造出一種新的政治文化，這種新文化就是擁抱改革，及時應對新產生的問題，而不是延遲決策，推諉到下一代身上。

　　底特律城市破產也許提供了這樣一種新的政治文化生長的空間。

「翻新」美國製造　南卡樣本

（一）

布萊克斯堡（Blacksburg）的阿特拉斯工業園猶如一個白色龐然大物，橫陳在美國東南部兩大製造業中心 —— 北卡羅來納州（下稱北卡）和南卡羅來納州（下稱南卡）交界處，那裡空置着面積近 5 萬平方米的廠房。

2013 年 3 月 3 日早上 9 點，工業園和當地招商部門負責人衣着筆挺，恭候前來挑選廠房的顧主 —— 我夾在顧主的中間，想知道製造業如何塑造美國的昨天和明天。

經歷了 2008 年以來的嚴重蕭條衝擊，布萊克斯堡的經濟乏善可陳，失業率遠超美國平均水平。但在 2012 年，阿特拉斯工業園的業主卻投入 200 萬美元翻新廠房，期望從區域經濟恢復發展和美國製造業再度繁榮中分一杯羹。

工業園區的正面，是美國 85 號州際公路，沿路向南就會進入阿拉巴馬州的蒙哥馬利，最後匯入 65 號州際公路。在最近兩年美國的製造業重振嘗試中，這兩條公路頗為特殊。

在墨西哥北面的阿拉巴馬州，豐田汽車公司和梅賽德斯奔馳、韓國現代汽車公司鼎足而立，支撐着當地汽車業。該州 2012 年又吸引歐洲空中客車公司投資 6 億美元製造飛機零部件，一躍成為 19 個主導美國製造業發展的大州之一。

沿 85 號州際公路向東北，沿途經過佐治亞州、南卡和北卡，他們是美國製造業的重鎮。

佐治亞州的製造業曾在金融危機後的五年中增長了 14%；近年來，南卡交通領域的就業人數是紡織服裝行業就業人數的兩倍，成為南卡最大的製造業部門，也因有波音公司的製造基地和幾家全球一流汽車零配件供應商的生產基地，南卡一躍成為美國高端製造業的領頭羊。

在傳統製造業重地北卡，製造業幫助北卡走出衰退，同時製造業就業人數在過去五年增加了 6.7%，雇用工人數達到 464947 人。根據 2018 年 10 月的數據，製造業為北卡經濟發展的貢獻，佔私營部門對北卡 GDP 貢獻的 22%、達到 1067 億美元。

美國製造業的復蘇不只集聚在 85 號州際公路沿線，相關企業、城市和產業帶散布美國各地。從最近幾年看，製造業的復蘇在地理分佈上較為均衡。

美國製造業進入上升通道的跡象在 2013 年開始變得明顯，這令遠在南卡一隅的阿特拉斯工業園亦感受到新的景氣湧動。該工業園負責人告訴我，截至 2013 年 3 月這半年來，有更多物流公司來詢價，也有很多製造業公司實地探察，包括造紙、塑膠製品和高端棉紡公司。

在南卡，物流業和塑膠業是汽車製造業和其他高科技產業的重

要支撐。在這裡，塑膠業以每年 4% 的速度發展，塑膠產業工人佔本州產業工人總數的 13%；紡織業一度在南卡佔據絕對優勢，州內散佈着數個棉紡織工業城市。

南卡的經濟發展軌跡，與美國宏觀經濟復蘇高度契合。南卡州前商務廳廳長羅伯特·希特告訴我，金融危機後的五年，高度依靠製造業的特性，使南卡有更獨特的笑與痛：一方面，南卡固有的工業眼睜睜地從人們視線中消失；另一方面，作為工業多元化努力的結果，高端製造業的新成果開始顯現。

在產業觀察者眼裡，南卡是美國製造業轉型升級的濃縮樣本。

美國製造業在 2013 年開局良好。美國商務部報告亦表明，美國製造業出現了對外投資下降和稅收利潤上升趨勢，美國「再工業化」戰略開始生效，實體經濟顯現振興跡象。

在製造業翻新過程中，有些機器可以重新轉動，但大規模就業愈難企及。美國勞工統計局的數據顯示，美國製造業就業總人數從 1980 年的 1860 萬人降到 2013 年 1 月的 1190 萬，其間，美國製造業的勞動生產率持續提高。以實際美元計算的製造業總產出在 2019 年年中達到了歷史最高水平，產能利用率回到了戰後的正常水平。

布魯金斯學會外交政策項目非常駐研究員葛藝豪（Arthur Kroeber）對我說，富裕國家若寄希望通過重振製造業解決就業問題會很愚蠢，由於自動化程度提高和生產力增強，一個國家能做到的是，在製造業就業萎縮的情況下保持高水平工業生產。

美國和德國是這方面的突出代表。美國製造業就業人數佔總就業人數的比重，從 1950 年的 35% 一路降到今天的 9%，但美國依然是世界上最大的高附加值製造業基地。

如今，美國製造業重振圖景，以不同方式體現在 19 個州：從加利福尼亞到路易斯安那，從俄亥俄到賓夕法尼亞，從肯塔基到俄勒岡，從密西西比到阿肯色，不一而足。其共同點是分享多元化製造基地和重視商業環境，有靈活激勵策略和州與地方政府產業扶持的互動。

比起一些跟隨奧巴馬政府重振製造業戰略而有所動作的州而言，南卡對製造業轉身的渴望來得更早、更急迫，南卡樣本也更能體現美國推動製造業重振的趨勢與挑戰。

（二）

淡黃色字體、帶黑色陰影的「Hollingsworth」（霍林沃斯）字樣，印在一台台大型紡織機器的側面，我第一次看到這個曾在世界上引來無數仰慕的名字時，它和已顯陳舊的設備一起，塵封在南卡一家待租售的紡織工廠中，昏黃的燈光已沒有能力照亮廠房每一個角落。

19 世紀晚期，紡織巨頭約翰‧霍林沃斯的爺爺用一匹騾子拉着四輪馬車建起家族企業，那時美國正經歷着工業從歐洲遷往美國東北部的運動。紡織業的遷移從未停止，陸續又從美國東北部遷到東南部，令格林維爾等地崛起。

受紡織工業帶動，南卡一度成為美國各州工業化最發達者。1942 年，約翰‧霍林沃斯在父親死後接管了其家族紡織機械製造企業，並將其發展成為價值 6 億美元的商業帝國。在霍林沃斯輝煌之際，當地有數百家紡織廠機器轟鳴，南卡主導着全球的紡織業動向。

2000 年，每天工作 12 至 14 個小時、一成不變穿着燈芯絨褲子和法蘭絨上衣的紡織巨頭霍林沃斯去世。同年，南卡勉強保住世界

201

最大高端紡織業桂冠，但紡織業已江河日下。

南卡羅來納大學向政府提供了一份詳盡報告，闡述南卡經濟結構變化及其影響。報告說，南卡轉型與美國製造業逐步讓位於服務業和金融擴張的大潮流一致，製造業要學會應對全球競爭。

南卡上州聯盟（Upstate SC Alliance）總裁兼首席執行官亨利·約翰遜（Hal Johnson）對我解釋說，當年製造業從歐洲遷往美國是為了服務美國市場，從美國東北部向東南部遷移，則主要出於成本考慮：綜合了勞動力、電力和運輸成本等方方面面。

多年之後，正是同樣的成本和市場因素，使得以南卡為代表的美國紡織業步入垂暮狀態：2001 年中國進入全球貿易體系，中國和墨西哥等國可以用更低成本進行生產和運輸，而自動化和智能管控的普及，更令美國紡織業連續受到重擊，工廠大量關門停產，霍林沃斯的企業也在劫難逃。

2013 年 3 月 2 日，春寒料峭。北卡 Goulston Technologies 公司中國區業務經理菲利浦·林開車到南卡見客戶。他所在的公司負責給化纖企業提供原料，因此他長期在美國主要化纖工業帶穿梭，從弗吉尼亞到北卡、南卡、佐治亞、阿拉巴馬，一直到田納西和密西西比。

看着車窗外掠過的空地和密林，他感歎：這 20 年來，眼看着工業帶上的化纖紡織廠一家家倒掉。如今，化纖紡織業在美國製造業中所佔比重已經不大，他的出差目的地逐漸改為中國。

近十多年來，高度競爭的紡織業在全球進行了大規模重組，企業在全球尋找最有利可圖的市場，同時在最經濟、高效的地方佈局紡織生產。

南卡紡織企業經歷了一輪大浪淘沙，一部分企業進入中國和東

南亞。那些仍留在南卡的紡織企業碩果僅存者，也注入了革新元素，陸續轉成高端紡織業一員，南卡也因此吸引着其他國家高端紡織企業的入駐。菲利蒲‧林的客戶此次即是遠道從中國來，準備在南卡建化纖紡織廠。這個客戶解釋說，他們的產品主要出口美國，這裡是他們的市場。

南卡紡織業的起承轉合，與當地人的命運如此緊密，以至於每個人都能講述一段紡織往事，包括土生土長的格林維爾市市長諾克斯‧懷特（Knox White）。他是 Haynsworth，Sinkler & Boyd 律師事務所的合夥人，業務特長是提供移民和清關服務。

上世紀 90 年代，很多當地紡織廠移師東南亞和中國，懷特有過一次為期三週的環球之旅。中國是其中一站，他前去為南卡的外包企業提供法律諮詢，包括移民簽證等事宜。

我在飯桌上巧遇懷特時，他津津樂道於當年的首次中國之旅，這時有人進來遞給他一個信封，裡面裝着一家中國化工企業經理的簽證材料。這家民營企業 2012 年在南卡投資 7700 萬美元做綠地投資，但簽證出了差頭，需要用到懷特的智慧。

為挽救美國紡織業，2007 年，北卡羅來納大學給南卡競爭力委員會提供的一份報告指出，南卡紡織業包含了完整的生產、營銷和服務體系，既有獨特的紡織產品，也有多元化用途市場，從服裝、家紡、非織造布到醫療和交通，前景廣闊。

這份報告出台的同時，南卡紡織實體數據庫（South Carolina Textile Complex Database）也建立起來。在遭受重創後，南卡紡織業依然扮演着不可忽略的角色：南卡 46 個縣郡中，每個縣郡至少還有一家紡織企業。2007 年，南卡是全美紡織業就業率最高的州。

　　一個共識在南卡漸漸形成：在商品端的紡織業務漸成明日黃花時，紡織業及相關產業中有科技含量的部分可以獨立出來，煥發生機。

　　南卡於是迅速轉身為美國高端材料製造中心，尤其是復合材料的製造中心。在南卡上州（Upstate of South Carolina），聚集了來自全球不同地方的高科技紡織企業，包括澳大利亞的 Alexium International 公司，該公司專門開發生產防護類纖維織物；還有意大利高端紡織品公司在美國設的分部，Saati Americas，其長項是材料科學。

　　距離這些高端材料製造企業不遠，BMW 公司正在翹首企盼新研製的紡織材料，用於汽車內飾。遠在查爾斯頓的波音公司，也在為其夢想客機尋找碳復合材料和絕緣紡織品，它們的需求，為南卡的高端材料製造業提供了發展依託。

（三）

　　如果說，南卡作為美國復合材料製造中心還是一個雛形，以 BMW、波音以及德國大陸輪軚公司為代表的高端製造業，經過二三十年積澱，正在重新劃定南卡經濟版圖：汽車業在北部蓬勃發展，波音引領的航空航天業在南部發展壯大，中間陜長地帶則是輪軚業的王國。

　　過去十多年，這三個產業合力將紡織業的頹垣斷壁掃清，把南卡帶上高端製造新領地。2011 和 2012 兩年間，BMW、波音、大陸輪軚和米芝蓮等行業巨頭就在南卡總計投入 70 億美元的多個新項目。從 2010 年 1 月算起，它們為南卡創造了 2.1 萬個製造業工作機會。

希特粗獷的外表下掛着和藹的笑容，作為出身製造業的南卡羅來納州商務廳長，希特在我的眼中屬於「有料」的官員。他和五個前任苦想同一件事：如何讓南卡製造業在紡織業以外實現多元化。開啟他們心智和工作局面的，正是上世紀 90 年代 BMW 公司的駕到。

在過去 100 多年裡，全球汽車業製造版圖數度變化，美國各汽車製造基地起伏不定，南卡亦喜樂其間。BMW 新工廠的落地，讓他們重溫了汽車工業興起時的製造業福音。

當時，BMW 在美國為新工廠選址，鎖定北卡和南卡等州，但相對心儀北卡。不料，北卡一些政客對 BMW 這個德國派頭的大主顧頗有微辭，BMW 最終將製造基地移師南卡。

BMW 工廠帶來了集聚效應，迅速吸引米芝蓮等汽車零配件供應商跟進，BMW 也不斷擴張——自 1994 年新工廠投產到 2013 年，BMW 在南卡累計投資 50 多億美元用於製造產能擴大，累計生產了 200 多萬輛 BMW 汽車。其間，南卡 46 個縣中，超過 40 個縣有與汽車業相關的公司落戶，僅 BMW 的供應商就有 40 餘家。

自 2011 年 1 月，南卡吸引到與汽車業相關的投資約 50 億美元，將十餘個與汽車業相關的項目收入囊中，創造了超過 8000 個工作機會。2013 年前的兩年，南卡製造業崗位增加了 1.65 萬個，僅 BMW 在 2012 年就為南卡新增 1000 個工作崗位。

最重要的是，BMW 等企業的投資，把南卡大量低技能紡織勞動者轉化成高技能工作大軍。一些與高端製造業有關的研發機構也陸續選擇南卡，形成相關產業和經濟發展的良性循環。

如今，南卡製造業新貴是與汽車緊密相關的輪軚行業。從 2011 年起，南卡輪軚業的投資突飆猛進，那時許多南卡人大膽預測，五年

內南卡會成為美國的輪軚生產大州。事實上，2012 年南卡輪軚出口量已佔美國各州之首，佔「美國製造」輪軚出口的 30%。根據追蹤輪軚貿易的出版物《輪軚業》(*Tire Business*) 2017 年年中的數據，南卡每天生產高達 10.7 萬個輪軚，生產能力完勝美國其他州，這還不包括當時仍在建設中的佳通輪軚 (Giti)；根據美國勞工統計局的數據，南卡雇用的操作輪軚製造機械的人數也超過其他任何州。

2012 年 4 月，米芝蓮公司宣佈將在南卡安德森縣投入 7.5 億美元擴大生產，在此之前的 21 個月中，米芝蓮共在南卡投資 11.5 億美元，至少創造了 870 個就業機會。2017 年米芝蓮公司在南卡已經雇用了 8520 人。日本普利司通公司也宣佈要在南卡擴建輪軚生產項目。

大陸輪軚也投資 5 億美元在南卡薩姆特縣 (Sumter County) 建立新廠，二期建設將於 2021 年完工，全部建成後每年將生產約 800 萬條輪軚，為當地創造約 1600 個新工作崗位。

隨着輪軚巨頭在南卡擴張步伐加快，輪軚處理、翻新等關聯企業也有所動作。輪軚回收和橡膠製品企業 Tire International 宣佈，將在南卡建立價值 2500 萬美元的生產設備。

在規模化更大的飛機製造行業，南卡也是焦點區域。波音設在南卡的 787 夢幻客機的總裝工廠，毗鄰查爾斯頓國際機場。當地獨立出租車承包人傑米一年要往機場跑無數趟，但每當車開上直對機場的公路，他都會興奮地眺望遠處有 12 個橄欖球場大的工廠——那是波音製造基地，佔地近 11 萬平方米。

雖然我只能看到這個巨型工廠的停車場和廠房一角，但從這個總投資近 9 億美元、有 6000 多名員工的「製造巨獸」旁掠過，其震

撼感也足以讓人回頭。

2012 年，首架在南卡州組裝的波音 787 客機亮相，南卡州聯邦參議員林賽‧格雷厄姆神情激動地說，「波音把南卡放在世界經濟的地圖上了。」因為波音，南卡成為世界上僅有的三個能生產超大型飛機的地方，另外兩處分別是華盛頓州的波音總部和法國圖盧茲的空中巴士總部。

波音此前選址時，注意到了南卡擁有完整的飛機工業供應鏈，從塑膠及復合材料的製造、加工，到金屬加工和化工製造。南卡的航天工業業務範圍包括飛機生產、裝配、零部件製造，技術、工程諮詢，特製私人飛機及娛樂用飛機製造等。查爾斯頓所在的南卡沿海地區，正圍繞着航空、航天和醫療等製造業前沿建立發展潛力，波音強化了南卡打造高端製造業基地的夢想。

（四）

不到 3 萬人口的格里爾市（Greer）一直默默無聞。1992 年 BMW 把北美汽車生產基地設在此，格里爾市一躍成為地圖上一個醒目的標注。夾在格林維爾與斯帕坦堡（Spartanburg）之間，格里爾市每天有三倍於當地人口的人流，從橫貫市區的兩條高速路上穿城而過。

2013 年 3 月 1 日午時剛過，高速路上匯聚了南卡州長、國會議員和交通部長拉胡德以及一些大公司負責人的車隊。車隊停在距鐵路線 90 米遠的地方，南卡內陸港破土動工儀式在這裡舉行。

鐵路線兩端分別連接着交通樞紐重鎮亞特蘭大和美國第二大金融中心夏洛特，南卡內陸港破土動工儀式的地點，也是南卡上州地

區的心臟地帶。1873 年，第一列火車就沿着這條鐵路線從夏洛特駛向亞特蘭大，途中經停格里爾，卸下一堆肥料。火車駛過之處，工業發展隨之而起，推動了鐵路沿線製造業的繁盛。

給我講述這段歷史的是格里爾市市長里克‧丹納。用他的話說，南卡內陸港項目帶給格里爾的歷史意義，超過在 140 年前駛來的第一列火車。鐵路曾在歷史上為美國擴張經濟版圖開路，南卡內陸港則為蓄勢待發的製造業再度起飛奠好基石。通過直接或以鐵路通勤線連通的方式，南卡內陸港與美國東部第四大國際集裝箱港口查爾斯頓港連接，為南卡製造業打開新的市場通路。

美國商務部的數據顯示，2012 年南卡通過該港向 197 個國家和地區出口了 253 億美元的貨物。南卡港務局也宣佈，查爾斯頓港集裝箱處理量在 2012 年增長近 10%，高於全美 2% 的增長率，其中亞洲貿易量上升是主要原因，中國和日本是南卡十個主要出口市場的領頭羊。

南卡內陸港是一個相當大膽的計劃，它將把南卡港務局的港口設備向內陸延伸 212 英里，查爾斯頓港船舶上的集裝箱會被直接運上火車，直達南卡上州。那裡有十個縣郡，超過 120 萬人口。

由此，南卡內陸港使超過 9400 萬的消費者，能在一天的車程內獲得港口服務。南卡內陸港的巧妙之處在於，它繞過了日益擁擠的 26 號州際高速公路，一年約 5 萬輛卡車的交通流量將被減掉；同時，它把查爾斯頓這個國際航運中心與美國東南部交通幹線 85 號州際高速公路連在一起，可以提高東南部地區物流的效率。

我去時南卡內陸港地塊已經平整，雨後有些泥濘，混雜着大型機械與小汽車的輒跡。

早在 30 年前，就有人提議建內陸港，但這一建議當時被譏為笑柄。再次提議是前兩年的事，BMW 的汽車裝配廠起了主要推動作用。

BMW 找到諾福克南方鐵路公司（Norfolk Southern），表明如果車輛運送出廠速度加快，BMW 可以生產更多車輛。在 2012 年 1 月，BMW 集團宣佈投資 9 億美元，擴大北美生產基地所在的斯帕坦堡廠，擴建一旦完成，其北美汽車年產量會超過 35 萬輛。

BMW 工廠毗鄰南卡內陸港，內陸港一旦建成，鐵路線可伸進BMW 廠區。帶有雙層集裝箱的貨運列車將載入 BMW 車所需的原材料，再把 BMW 車運到查爾斯頓港。來來回回，BMW 每年要通過內陸港運送 2 萬個至 2.5 萬個集裝箱。內陸港將把 4 小時的卡車車程縮短為 1 小時火車運送，可減少成本，增加靈活性和持續性。

除了 BMW，同樣受益的還有米芝蓮、阿迪達斯和亞馬遜等公司。有人估算，南卡內陸港第一年運營，就會把 2.5 萬個集裝箱從卡車搬到火車上。

在南卡上州，有 230 多家國際公司分支，超過三分之二的製造企業員工與出口相關。丹納對我說，在以內陸港為半徑的 50 至 150 英里範圍內，大大小小的製造業及相關行業公司林立，內陸港將給它們準時交貨的可能，並推動新的工業中心、零售配送中心應運而生。

全球運輸成本都在上漲，庫存日益昂貴。保證供應鏈效率、降低成本，成為製造業制勝要素。如今，貨物運輸和配送越來越多采用運輸聯合作業（intermodal operation）。

火車與卡車聯運即是一種模式。美國堪薩斯城建設了這樣一個巨無霸項目——把高速公路和鐵路線串成網絡，把堪薩斯城不同的社區與美國市場和海外市場聯繫起來。堪薩斯城由此成為運輸樞紐，

促進了當地已經商業的以展，並吸引了大量新業務蓬勃發展。類似聯合作業在洛杉磯、弗吉尼亞等地也是吸引投資的醒目招牌。

南卡內陸港幾英里之外，就是南卡州九個商業機場之一的格林維爾－斯帕坦堡國際機場，這增加了南卡內陸港空運的巨大潛力，形成集海運、火車、卡車和空運於一體的聯合運輸作業方式。其另一個利好是，查爾斯頓港投入 3 億美元，把 45 英尺航道加深至 50 英尺，從而對接「後巴拿馬運河時代」的大型集裝輪。

內陸港這個幾十年前的笑談，正像磁石一樣激發製造業的熱情，還將吸引倉儲公司、物流公司、運輸公司加入，並帶動加油站、飯店、機械維修等相關服務行業的發展。

南卡內陸港相當特別，以這樣快的速度進行的經濟發展項目非常罕見。內陸港項目在當年 9 月交付使用，前後用時僅六個月，從項目宣佈時間起，整個過程也不過一年多。

放在美國基礎設施建設的大背景下，南卡內陸港的發展更有指向性。美國土木工程師學會的一份報告曾指出：美國基礎設施赤字達 1.6 萬億美元，在下一個十年內，赤字水平會增加到 2.75 萬億美元，到 2020 年，如果這個巨大投資裂谷仍未填平，美國經濟會有 1 萬億美元的商業損失，並導致 350 萬個就業崗位喪失。特朗普總統在 2018 年 2 月公佈新的基建計劃，提出將整修全美道路、橋樑、港口和公共交通，預算從 1 萬億美元提高到 1.5 萬億美元。但是數月之後，由於無法解決「錢從哪兒來」的問題，基建計劃一時陷於停滯。

回到 2013 年，美國公共部門為基礎設施提供的資源本已捉襟見肘，自動減赤機制和財政危機更束縛了手腳，政客們忙於應付口水

之爭，資金籌措似成一潭死水，南卡內陸港則像是在水中投下一粒石子。

南卡港務局為查爾斯頓港量身打造了一個為期十年、金額達 13 億美元的基礎設施投資計劃，用於整固現有設施增加新建設施，並配備信息系統。南卡州政府也加入進來，為與港口相關的基礎設施追加投資 7 億美元，形成一個公私合作的夥伴關係。投資 3000 萬美元的內陸港項目，正是其中的重要組成部分。

按照美國三藩市聯儲發佈的報告，基礎設施領域投資對經濟可以產生相當大的短期和中期效益，每 1 美元投資至少會產生 2 美元的經濟效益。

我見到格里爾市政工程委員會負責人佩里‧威廉姆斯時，他也擠在南卡內陸港破土動工儀式的人群裡。他說，南卡每五個工作崗位中，就有一個與查爾斯頓港相關。南卡內陸港建設，會使該港集裝箱吞吐能力增加 50%，查爾斯頓港的經濟輻射強度在下一個十年內還會加強。

20 年多前，格里爾市準備迎接 BMW 落戶時，聽說 BMW 預計雇傭 2000 人，年產 10 萬輛車，當地人頗受震撼。丹納回憶說，他們當時不確定是否有能力接受 BMW，更不要提 20 年後，BMW 會有 7000 名全職員工，在當地年產 30 多萬輛車了。

（五）

南卡與北卡、佐治亞州發展製造業的資源稟賦相當，爭奪重要項目的競爭也相當激烈，當地官員如數家珍地給我講了很多項目的真實個案。比如當年 BMW 北美製造基地的進入，讓南卡決策者領

悟到，國際資本能幫南卡搶回製造業制高點。相對於那些從美國一個州移到另一個州的新注入資金，國際投資使南卡直接站在國際舞台上，對美國 GDP 產生直接影響。

20 年前，國際資本進入美國，南卡只能在稅收、貿易以及投資政策等方面向海外製造商傾斜，以換來產業升級換代。20 年後的奧巴馬政府祭出同樣手段，用稅收、貿易和投資政策傾斜，試圖提振製造業。2012 年南卡的製造企業開始擴張，投資也開始追加。隨着高端製造業擴展，企業已在嘗試提高員工的專業技能，為發展高新技術鋪路投資。

顯然，南卡可以繼續打國際投資牌，畢竟路子已經走得很順，IBM-Plant Location International 評定的結果是，通過引入外資而吸引就業，南卡在全美排名第一，外國企業在美投資，南卡是首選目的地。2012 年，南卡有 40% 的商業項目是國際項目。

隨着中國製造業的轉移浪潮興起，2012 年至 2016 年計劃到美國投資的中國企業數量在猛增。Uniscite Inc. 就是那段時間在美國落戶的中國製造企業，他們的負責人在南卡盯着廠區修建，每天都算成本賬，我隨手記下了他們的賬本：付給美國員工的工資是中國員工的 8 倍，廠房造價是中國的 3 倍，僅消防設施就花了近百萬美元。但美國物流比中國便宜，40 尺的集裝箱運送 1000 公里，花費大約 700 美元，低於中國物流費用，因為中國要收很多過路費和罰款。

他們所在的包裝行業在中國和美國冰火兩重天。十多年前中國的包裝行業很不成熟，美國則高度發達，基本上處於產能過剩階段；十多年後，中國包裝業在全球屈指可數，美國本土企業則未進行新的投資，產能不足，美國包裝業的需求增長，吸引了 Uniscite 公司。

「江南化纖」那時來美國考察投資項目，我跟着他們四處選址。他們考慮成本的順序是原料、能源和人工。那時美國的棉花比中國便宜約 30%，中國已失去了在原料上的競爭力。中美之間運輸的差價就更大，在美國運同樣的東西是 2000 美元，中國則可能要花費大約 4000 美元。雖然美國人工更貴，若非高度勞動密集型企業，上述三項綜合成本對比，美國反而有優勢。

中國的勞動工資不斷上漲在很多人看來是好事，時任國際貨幣基金組織副總裁朱民就和我強調，美國製造業的復蘇不等於中國失去製造業優勢。IMF 通過模型做的研究發現，中國失業和未充分就業的勞動力在 1.5 億人左右，到 2020 年這些勞動力人口會下降到 3000 萬，所以那時說中國人口已到「劉易斯拐點」欠妥。

麥肯錫公司董事長兼總裁鮑達民觀點相似。他告訴我，一些中國的製造企業會在美國出現，不是中美之間的勞動力成本差異所致，而是能源成本差異所決定的。據他們測算，在不少製造業企業，能源成本佔附加成本的比例，要比勞動力所佔的比例更大。近年來，美國頁岩氣開採大大降低了能源成本，也相對增加了美國製造業的競爭優勢。

更多人傾向認為，美國製造業的復蘇還停留在起跳點上。引領美國製造業復蘇的行業相對較少。自 2010 年 1 月到 2013 年間，美國新增的 50 萬個製造業就業崗位中，汽車、機械、原生金屬和金屬製品這四個相關行業貢獻了 35% 的崗位，推動就業增長率上升 75%。美國其他針對技能發展和創新的製造業政策，則需要更長時間才能發揮作用。

有人用「精品店」（boutique）描述南卡回流的那些製造業，雖

有特性，主要還是少數企業回歸。但製造業崗位增加是真實的，2018 年南卡新增了 8700 個製造業崗位，佔美國新增製造業崗位位的 7.4%。

「美國製造」的神話

（一）

　　媒體自 2010 年以來熱衷於辯論「中國製造」還是「美國製造」，美國總統等政經要人也不忘大談重振美國製造，製造業自然成為我關注的一個焦點，這背後是全球製造業正在搭建某種復興台架，但誰領舞仍充滿變數。

　　1990 到 2010 年間，美國失去了 700 萬份製造業的工作，1 萬家工廠倒閉。這樣的損失巨大，影響到中產階級。解決這個問題並不容易，但在此期間，高科技領域創造了 440 萬份工作，自 2010 年以來，高科技行業又增加了 100 萬個就業機會。製造業如今也重新開始創造就業。

　　美國確實出現了某種製造業的復蘇。

　　在我印象中，2013 年製造業在全球獲得增長，它再一次激發了人們對製造業到底可以走多遠的探討。2014 年 1 月 2 日公佈的調查結果顯示，全球製造業以強勁的增長揮別 2013 年，美國、日本和德國等主要出口國面臨的需求都出現回升，製造業部門出現了不同程

度的擴張。

作為製造業大國，美國製造業的回歸在 2014 年似乎到了揚帆破浪的時點。作為奧巴馬政府重振美國經濟的重要舉措，製造業復蘇背後是一系列的政策措施，化解產業空心化的危害。奧巴馬推出了再工業化戰略，2010 年美國先後制定了《製造業促進法案》《創造美國就業和結束外移法案》，通過減免稅收、補貼等政策措施鼓勵美國企業加大在美國本土的投資，並吸引跨國集團來美投資。

美國 ISM 製造業指數自從走出 2013 年年中的底部之後，便一路回升。到 2018 年秋，美國 ISM 製造業指數已連續超過 24 個月高於 50，50 被認為是製造業的榮枯分水嶺，其中 2018 年 8 月美國 ISM 製造業指數上升至 61.3%，創下 14 年來的新高點。

縱觀 2013 年，幾個標誌性的拐點也預示着製造業躍進的可能性。首先，2013 年製造業就業首次突破了 1200 萬人的標線，達到 1201.4 萬個就業的水平。美國製造業聯盟（Alliance for American Manufacturing）的數據顯示，2013 年美國製造業部門增加雇用了 6.3 萬個工作機會。

其次，2013 年 11 月份美國商品和服務貿易逆差降至 2009 年 10 月以來最低。而出口增加、進口減少是貿易逆差收窄的原因。出口方面，11 月商品和服務出口分別為 1371 億美元和 578 億美元，均為有記錄以來最高。工業供給材料、資本品、汽車及零部件、旅遊等出口增長較多。進口減少則主要來自於工業供給材料、食品飼料飲料、消費品和航運港口服務等。

事實上在此之前美國國際貿易逆差一直維持趨勢收窄。中金研究報告認為，這既有人口老齡化帶來的消費結構變化的因素，也與

美國對其他國家石油製品的需求顯著減少相關——因為頁岩油/氣革命，美國石油產品的產量增長較快，伴隨着更加節能技術的推廣，對其他國家石油製品的需求因此減少；另外，美國本土生產的商品競爭力有所增強，美國本土生產耐用品消費品的市場份額停止下降，使得進口耐用品的比例在過去 3 年持續下降。

美國製造業整體呈現擴張態勢。其擴張得益於其汽車和房產銷量的逐步上升；更重要的經濟支撐來自於貨幣刺激的效果，以及去槓桿後經濟結構的大幅改善；製造業就業前景繼續改善——美國製造商正以 2011 年 6 月以來最快的速度聘用工人。所有這些與其他宏觀經濟因素一起，合成了美國製造業的正向循環。

雖然製造業在各國 GDP 中所佔比重逐步降低的現象已經被廣泛接受，但美國在經歷了信息技術泡沫和次貸危機的慘痛教訓之後，重返製造業，並收穫甚豐——自 2010 年到 2016 年期間，美國增加了 80 萬個製造業就業機會。

這些都發生在特朗普橫空出世之前。2016 年特朗普參加競選時，誓言要「重振美國的製造業」。當他鎖定了共和黨總統候選人提名時，特朗普大談特談從中國、墨西哥手中把製造業的工作崗位奪回來。2019 年 7 月特朗普簽署了一項行政命令，要求政府在採購中加大購買美國製造的產品。

製造業在特朗普任期的頭兩年有所改善，到 2019 年上半年，自特朗普上任以來，製造業總就業人數增加了近 50 萬個。以實際美元計算的製造業總產出在 2019 年年中達到了歷史最高水平，產能利用率回到了戰後的正常水平，商品出口是農產品出口的 10 倍，自 2017 年 1 月以來增長了約 15%。但好景不長，從 2019 年年中左右開始製

造業明顯放緩。

美國供應管理協會 2019 年 8 月和 9 月製造業月度調查結果為負值，觸及 47.8 的低點 —— 低於 50 表示製造業在萎縮，為大衰退以來所未見。出口訂單、就業和整體新訂單的分項尤其疲弱，資本投資在第二季度下降了 1%，2019 年商品出口總額將出現自 2016 年以來的首次小幅下降。

我認識的很多經濟學家都認為此時美國製造業已陷入衰退。如果包括直接依賴製造業的採礦業、運輸業和商業服務業等，美國有約 30% 的 GDP 是在製造業，製造業可能導致整體經濟放緩或衰退。

其實一直以來很多經濟學家和業內人士不太買「美國製造業復蘇」的賬。

加拿大人鮑達民（Dominic Barton）高大而謙恭，他是前加拿大總理特魯多（Pierre Trudeau）的經濟顧問，後任加拿大駐中國大使。我之前經常和他探討，他就是不買賬的人之一。他認為美國製造業復蘇的主要原因是美國能源成本的改變，頁岩氣影響深遠。美國放寬管制和促進製造業增長的政策，與能源問題相比只會相形見絀。美國製造業回流最大的推手正是能源成本明顯下降。最重大的變革莫過於美國頁岩氣成功開採。它令歐洲企業震驚，有歐洲化工廠和鋼鐵廠因為能源成本而搬往美國，其他製造業也會加入，因為美國有巨大的市場。

能源成本佔附加成本的比例，要比勞動力所佔比例更大。一些中國製造業將會在美國出現，這不是因為勞動力成本差異，而是能源成本差異。

　　同時引領美國製造業復蘇的行業相對較少。自 2010 年及之後的幾年，美國新增 50 萬個製造業就業崗位中，四大關聯行業 —— 汽車、機械、原生金屬和金屬製品行業貢獻了 35% 的崗位，推動就業增長率上升 75%。就政策支持而言，尤其是汽車業的政策至少在那幾年是成功的。其他針對技能發展和創新的製造業政策則需更長時間才可能發揮作用。

　　做為實踐者，萬向副總裁、萬向美國公司總經理倪頻的話很耐人思考，他對我說：「從我們踐行者的角度來講，美國的製造業很有前途，但美國製造業必須要轉型。要從垂直的、封閉的、傳統的製造走向開放的、扁平化的、以服務和技術為主的製造。」

　　諾貝爾經濟學家斯蒂格利茨（Joseph Stiglitz）對我說，製造業的問題在於 —— 復蘇的可能性很小，因為生產率的增長遠遠超過了人們對製造業商品需求的增加。潛在經濟增長率取決於勞動力的增加和勞動生產率的提高，製造業不可取代，但同時，製造業創造的就業機會卻在減少。以美國為例，2016 年 4 月的非農就業數據就讓人氣餒 —— 數據不及預期，主要是製造業就業出現淨減少，4 月製造業新增 4000 個崗位，同其他指標一道，也許在暗示該行業已停止萎縮。此前製造業連續三個月裁減崗位，其中 3 月裁減崗位的數量創下自經濟衰退以來單月最大。連續三個月的萎縮抹去了 2015 年全年的溫和增長。同時人們擔心，製造業從海外回歸崗位的數量不足以抵消持續的工作機會的流失。

　　自從 2010 年初至 2014 年，儘管美國製造業就業已增加了 76.2 萬個工作崗位，但仍然低於 2007 年底金融危機前水平。美國經濟分析局（BEA）的數據顯示，2017 年製造業總產出約 6 萬億美元，在全

美 GDP 的佔比約 11.6%，低於 2011 年的 12.3%，也遠低於 1953 年的 28.1%。在鼎盛時期的 1979 年，製造業在美國雇用了 1940 萬人。

很多人在抱怨自動化讓人們失去工作，到了 2018 年前後，人工智能技術使抱怨的聲音更大了。全球機器人「四大家族」之一的 ABB 就是被抱怨的對象。ABB 全球 CEO 史畢福（Ulrich Spiesshofer）當然反駁，他對我說，政府、教育界和企業界需要共同協作來跟上世界的變化腳步。1990 年全球三分之一的人口生活在極端貧困線以下，如今這一數字只有 8%，靠的就是技術。事實上機器人密度最高的國家如德國、韓國、新加坡、日本，同時失業率最低。機器人與受教育的人相結合，能夠創造繁榮、能夠生產更多人能負擔得起的商品，也會帶來經濟增長。

顯然，有數百萬工作正在消失，但數百萬新工作也在出現。史畢福自己的業務就是例子，過去很多員工在做金屬鑄鍛的工作，如今這些工作都自動化了。但是現在他們更多的員工從事服務業，在開發 app，在與客戶一起工作。

這意味着就業模式會有很多變化。史畢福有兩個兒子，一個 16 歲一個 19 歲，他告訴他們，在其職業生涯中要準備好兩三次忘掉已有的工作技能，迎接新的挑戰。

美國製造業對經濟的重要性逐年式微，主要反映在生產自動化和製造業工作外移到中國等低成本製造國家。相信「美國製造」神話的人則指出，通用電氣、蘋果公司、惠而浦等美國機電巨頭已經開始回流，在美國投資建設了新廠；沃爾瑪等美國零售商也宣佈加大對美國製造產品的支持，增加了本土的採購力度。同時，外國企業如西門子、三星、空中巴士等也分別陸續在美國投資設廠，顯示出

美國重振製造業政策的吸引力。

批評者則認為，包括蘋果公司在內的製造業回流舉動終究效果有限，即使美國的「中國製造」產品減少，也不能抵消美國高度依賴國外產品的事實。加之美國自身也面臨種種問題，包括相對較高的稅收和技術與人才的缺口。

美國有政府運作透明、法律結構完善和貨幣優勢，其土地、能源、物流、原材料等的成本優勢明顯，勞工成本相對中國的差距很快將從 2009 年的 12 倍縮小到 3 至 4 倍，但是美國製造業面臨着多方面的隱憂，一是基礎設施日顯落後，二是工資成本在多年增長停滯之後可能會面臨一個上漲趨勢，三是醫保成本的升高。

（二）

在官方倡導推動下的製造業復蘇的主流之外，美國通過新技術與新流程實現勞動生產力提升也在民間發酵生成。美國雜誌《連線》（*Wired*）前主編克里斯・安德森（Chris Anderson）在他的新書《造物者：新工業革命》（*Makers: The New Industrial Revolution*）中對這股製造業小眾製造的潮流給予了概括：在這一新的工業革命下，當今的創業者正在使用開源硬件和 3D 打印機將製造業帶向個人製造。當產品設計和原型生產都在加速，每個人的創新能力都將爆發，這會建立一個關於製造業產品的「長尾」。

於是很多人把「美國製造」的希望寄託於消費者心理向本土回歸，以及此刻正方興未艾的消費品定制化、小眾化的浪潮。不過小眾製造的運動規模很小，雖然它正在逐步成為經濟的組成部分，但永遠不會是美國經濟的主要部分。

　　俄亥俄的哥倫布地區曾幾次上榜《福布斯》雜誌（Forbes）的全美最佳技術工作城市前三名。在哥倫布地區，小眾製造的潮流也在慢慢湧動。對於各種工業門類來說，如今對接市場和對接客戶的速度日益重要。3D 打印和數據分析為社區和有職業技能的工人開拓了新的成長機會。

　　哥倫布地區位於俄亥俄的中間地帶，有 2000 家左右製造業公司，哥倫布首席經濟官肯尼‧麥克唐納告訴我，那裡幾乎所有的製造業客戶都是中小型公司，雇用 100 人以下，主要的資金投入用於技術和機械方面。在哥倫布這個著名的內陸港，製造業和物流業正日益並存共生。

　　Idea Foundry 就是其中的一個，依靠眾多不同門類的中小型公司，它可以依靠小規模高流轉的模式，針對消費者的不同需求，實現快速定制化，以本地設計、本地製造取勝。

　　我記得好像突然之間美國開始熱議小眾製造。進入 21 世紀後，由於有了添加製造（additive manufacture）、3D 打印和數字化製造，製造業日益個人化；另一方面，人們懷疑這種小眾製造的風潮對於實體經濟的影響到底有多大？

　　我四處請教得來的解釋是，小眾製造是垂直的一體化實踐，在一個屋檐下涵蓋了設計、製造和工藝，有時甚至只由一個人完成。新的科學技術使這種功能與生產的一體化變得簡單可行，同時也使其有能力批量生產。

　　資源短缺驅動了消費者對產品的自主行為。消費者想要與眾不同，而小眾製造就迎合了這種需求，相關技術又擴大了產品可能的規模，這些會增加經濟活動、促進就業。在規模上除極個別的會追

求更大的市場和聲名外，很可能在大多數情況下，小眾製造就是小規模的，本土的，並一直保持着其規模而不擴容。

　　與小眾製造潮流相對的是製造業的強者恆強。當大製造業企業越來越龐大時，添加製造降低了資本的門檻，在經濟運行中增加了大公司和小公司的運轉和創新的速度，所以傳統製造業和小眾製造形成了互補。

　　3D 打印已經讓人們興奮了 20 多年，因為它的革命性會重塑製造業的潛力。但 3D 打印的廣泛採用遇到了一系列的約束條件，比如太昂貴，耐用性等等，甚至人們抱怨 3D 打印出來的東西可能還不如傳統方法製成的實用。

　　2016 年 3 月底，華盛頓春光明媚之際，我見到了講述現代高科技產業與創新的新書 *The Smartest Places on Earth* 的二位作者，范阿格塔米爾（Antoine van Agtmael）和巴克（Fred Bakker）。巴克給我講了個故事，1984 年他在波士頓參觀了未來的辦公室和未來的廚房，實際上這用了三、四十年才成為現實。無線技術本身不那麼昂貴，但需要時間圍繞它打造整個社會基礎設施。同樣 3D 打印和無人駕駛會變成現實，改變我們的經濟和社會基礎設施，但或許需要更長的時間。推而廣之，人們預見了未來發展的一種可能性，但具體會如何展開，社會和政治上如何應對，包括安全和隱私等問題，則需要靠社會和政治討論來解決。

　　就業問題始終是一個繞不過去的結。支持小眾製造的人認為，它可以使個人在全球直接生產產品，同時自由進出全球市場，使得每一個人都可以成為企業主。但在自動化和機器取代勞力的時代背景下，傳統的製造業注定要流失大量工作崗位。由此會出現的情景

是，小眾製造會取代傳統製造業而提供就業機會 —— 當大量勞動力由於全球化和技術取代而越來越便宜的時候，他們的出路是要麼進入服務業，要麼進入小眾製造。

製造業新賽局

（一）

　　2019 年製造業就業在賓夕法尼亞州、威斯康辛州和密歇根州等關鍵大選「搖擺州」出現了負增長，製造業到底是朝陽新生，還是夕陽遲暮？它不只是特朗普的疑問，不只是我的疑問，它是所有美國人的疑問。

　　過去十多年的時間，全球製造業經歷了跌宕起伏：其佔全球 GDP 的比重從 1990 年的 20% 降到 2010 年的 16%；這期間，中國等新興經濟體晉級為全球製造業明星；美歐日等發達經濟體則經歷了製造業就業驟然垂落的過程。

　　然後變化悄然出現，發達經濟體迎來製造業新一輪復興跡象。先有英國製造業協會稱，英國製造商們不斷把部分生產業務遷回本土；後有通用電氣等美國企業高調宣稱，外包作為一種商業模式基本過時。發達經濟體的製造業回流一時成為一種全球現象。

　　這一現象發生的背景是中國勞動力成本居高不下，在中國的製造商不得不部分採用機器取代工人或進行產業轉移。中國勞動力成

本上升速度很快，有資料顯示每年上升 10% 以上。對此不同行業會有不同反應：資本和創新密集型的產業，如汽車業，可能向自動化方向轉型，隨着消費市場成熟，這一轉型也會改善這些行業產品的質量。

對勞動密集型產業而言，比如服裝業，可能不會在自動化方面投入多少精力，企業可能去尋找下一個勞動力成本更低廉的地區進行產業轉移。還有一些分佈於特定地區的產業，如食品行業，儘管勞動力成本上升，但這些行業不會有大的改變。

如果創新密集型產業遷回發達經濟體，而勞動密集型企業遷到成本更低的亞洲和非洲地區，一些產業會因為鄰近效應而獲得本土優勢，比如某地區的大量食品加工企業，它們在當地發展要比走出國門更具優勢，因為企業需要考慮食品安全、新鮮度以及所有相關問題。

由此推衍，汽車業會變得越來越本土化。BMW 和大眾均在中國設立了工廠、研發和設計中心，因為中國對它們來說是非常大的市場，考慮當地消費者的興趣差異，有必要在中國直接生產；汽車和食品業擁有強大的客戶或消費群體，會是製造業依附本地的核心。更為專業化的醫療、製藥和航空業則趨向於集中，它們可能因研發而去美國、德國或法國。每個國家有不同種類的民用飛機或許毫無意義，飛機製造是一個需要有國際規模的產業。這些專業化行業的公司，可以藉此擴大全球銷售網絡。

放在製造業發展全球背景下，由於經濟的波動性，企業不得不變得更加敏捷和靈活。汽車製造業如今思考的不是「在一處建廠進行全部生產製造」，而是把組件細化由三個分成十個，從而可以將製造

業遷到匯率更低、能源成本更低和有更多優惠政策的地區。

　　研發、生產和價值鏈組成之間的關係複雜。在半導體行業，大部分創新出現在製造過程中，因此研發轉移也會導致生產轉移，但對汽車和機械行業來說，企業仍按部就班地維持其研發中心和生產中心的全球網絡。對後者而言，在中國設立研發中心可能並不代表有其他的變化——尤其對於那些已在本國擁有主要工廠的企業，它們會在那裡開展大部分創新和標準化工作，然後推廣至世界其他工廠。

　　企業業務模塊化的程度將提升，以變得更靈活。但是，靈活性可能會帶來更多的不穩定性。

　　資本至今是最容易流動的要素，人們也逐漸發現，之前很難轉移的製造過程，也在變得越來越有流動性，因為企業將之細化了。流動性最差的，可能是大規模的勞動力了。

　　即便如此，優秀或核心員工的轉移也在發生。鮑達民給我講了個小插曲，他在巴黎見到很多 CEO，問他們的總部在哪，他們說，這個問題現在已經沒有意義，因為高管們並不都在一個地方工作。這就是全球化和靈活性的存在，企業搬遷資源已成為可能。

　　製造業的一個趨勢就是，人們不再強調「大穩定」和供應鏈效率，更加關注供應鏈的靈活性、風險和不確定性。

（二）

　　2018 年夏在佛羅里達、佐治亞州和路易斯安那州等東南部州，一些雇主報告稱，為了爭奪入門級工人，他們將工資提高到每小時 15 美元，製造業增長，房屋銷售增長，「夏季開局強勁」。

　　也是在 2018 年夏，全球製造業的劇變已然發生。通過勞動力套

利來塑造全球製造業圖景的時代將終結，人力成本不再是競爭焦點。勞動套利（Labor Arbitrage）指將已失去技術優勢和技術壁壘的產業轉移至勞動力價格低廉的地區，通過降低人力成本來提高利潤。

製造業的未來在更小、更靠近消費者、更加敏捷的工廠裡。隨着現代自動化和機器人技術的發展，價值增值會更加靠近需求，未來全球的物流鏈也因此會減少。人工智能（AI）成為塑造未來製造業的最重要的技術，雖然 AI 技術的應用現在主要在消費領域，但其在工業領域和企業之間的大規模應用更為關鍵。

中世紀，手工業者在村莊之間流動，帶着工具去有需求的地方工作；後來人們發明了工廠，集成了供應、需求，發明了物流；後來人們意識到有勞動套利的存在，於是工廠在新興國家日益增多，從勞動力套利中獲益。如今隨着現代自動化和機器人技術的發展，人們可以打破這種圖景，讓價值增值更加靠近需求。

隨着全球化進程，我看到的、讀到的都是各經濟體為吸引製造業投資而展開競爭。競爭圍繞着包括勞動技能和勞動成本、需求的鄰近性、運輸和物流的基礎設施，包括能源和資源在內的非勞動力投入以及投資和法規環境。隨着因素成本變化，一個經濟體完全有可能因為在一個或多個因素方面獲得競爭力，從而吸引到新的製造業投資。

但讓我迷惑的是，很大一部分全球製造業在本質上是「區域性」的，如食品和金屬製品這類貿易量不大的行業，而經濟發展的大軌跡是由農業化進入工業化和城市化，在信息產業時代，雖然製造業仍為出口、創新和生產力增長貢獻力量 —— 後者決定一個國家全球競爭力的重要因素，但製造業在大規模就業中發揮的作用越來越小。

如果製造業的作用不斷縮小，最終會小到甚麼程度？

我問了很多行業大佬，結論是製造業不會被摒棄。大量的製造業，特別是技術含量高的高端製造業，一個經濟體若不加入其中，可能就會出局。比如以金融中心、航運物流港口聞名的新加坡也總會讓製造業在經濟總量中保持一定比例。在美國，政府層面志在提高技術。在美國製造業進一步提升及歐洲擺脱危機的過程中，與製造業相關的技術發揮的作用非常大。

技術也從初期的概念炒作向實實在在、豐富而又連續的創新轉變，這涉及材料、機器人和其他生產技術、大型數據處理／分析、數字平台等新的分銷技術以及新的業務模式。他們的出現創造了機遇，帶來了增長和價值，同時也帶來了風險──他們並沒有創造很多就業機會。

《隧道中的光》(*The Lights in the Tunnel*) 的作者預測，未來會出現大量 GDP 增長，卻不會帶來工作崗位增加。從工業革命角度看，讓人擔心的是技術正在取代就業機會。現在我去機場，哪怕與幾年前對比，變化也是巨大的：在一體機那裡拿登機牌，用掃描儀確認，基本上很少與人打交道。技術取代了很多人的工作，且使其變得更高效。

勞動力何去何從？《隧道中的光》這本書預測未來有兩類人群，技術專家和給專家提供按摩服務的工人。中產階級將會消失。這與從農業社會向工業革命轉化有點類似，鑒於技術高速發展，世界或許發生另一場類似革命。

我無意中上了一個經濟類網站，於是每天關於谷歌、Facebook和雅虎等大型科技公司的分析報道定時發到我郵箱。他們創造了巨

額市值，但作為創新型公司它們帶來的工作機會少得可憐。

這個變化也促使各國政府着力於解決失業問題。在過去數十年，居民收入差距進一步擴大，財富分化日益嚴重，各國央行將更多精力放在刺激就業上。

雖然政府不會負責所有就業，但已投入更多精力保護當地就業機會，這個結果到 2016 年左右開始彰顯。為創造就業，越來越多的城市、地區甚至國家會努力吸引更多投資，從而創造更多就業機會，這是西方國家從未出現過的情況，但它變得越來越普遍。

企業對政府的製造業政策依賴性更強，也成為變化趨勢。製造業的政策從對市場、效率和自由主義的信任而放寬管制，轉化為重新管制、更多政府干預的過程，催生了一定程度的貿易保護主義。近期抬頭的保護主義對全球價值鏈的演變產生了影響。專家擔心保護主義可能促使現有的全球價值鏈回流到本國或轉移到新地點，除非恢復政策的可預測性，否則全球價值鏈的擴張可能會停滯不前。

（三）

在美國，製造業的發展現在主要集中中西部、南部以及一些小城市。儘管美國的製造業有比較強勁的復蘇，但製造業的增長卻不是發生在紐約、灣區、洛杉磯或芝加哥等地。其中的原因各不相同。這些地方，比如紐約，1950 年大概有上百萬個製造業工作崗位，如今則只剩下 7 萬個。但紐約卻比芝加哥有更好的發展和支撐。芝加哥根本算不上一線的、世界級的大城市，不要説比不上紐約，芝加哥，甚至比不上香港、新加坡或上海。

最大的美國城市似乎也丟掉了最多的製造業就業崗位。

大的工業製造業轉移到小城市是好事嗎？我找到了全球公認的未來學和城市問題研究權威，美國查普曼大學（Chapman University）都市未來學研究員喬爾·科特金（Joel Kotkin），來美國之前我就看過他享譽全球的《全球城市史》（*The City: A Global History*）。

科特金 1971 年來加州，那時的加州，相對收入來說，消費有點貴，但和別處比也基本差不多，薪水不錯的人可以過上不錯的生活。但現在不一樣了，三藩市郊外房價是俄亥俄州哥倫布市郊外房價的三倍。在考慮收入因素之後，三藩市的消費差不多是其他地方消費水平的三倍。

總體來說，美國的版圖一直在變，人們不斷搬到「陽光地帶」（Sun Belt）。如果不是人口大規模搬遷，那就是中部地區多年來人口減少現象發生了逆轉。各地情況好壞不一，但毫無疑問，像哥倫布這樣的地方比很多其他工業鏽帶城市做得更好。

在美國我發現我的圈子裡談得最多的是「高端製造業」。人們廣泛接受的「高端製造業」定義是創新密集型製造業，如半導體和電子產業等涉及全球技術的創新，汽車、航空、機械等針對本地市場的全球創新，以及與納米技術和添加劑製造相關的新興技術。在某些方面高端製造業回歸必然帶來新的工業革命。

製造業產品周圍有一個很大的生態系統，包括如何確保其正常運行、如何改善性能等。製造業四周也有大量商業服務。這幾年製造業和服務業在不斷融合。飛機引擎就是一個經典案例——很多錢並未投在引擎製造方面，而是花在了引擎維護、修理和性能監測等方面。以後人們也許在飛機引擎上支付兩成的錢，但為飛機的終身服務支付十成的錢。

　　製造業曾是全球經濟增長的根基，如今製造業扮演的角色已經改變。科特金給我歷數了全球製造業未來將出現一些大趨勢：在需求方面，許多國家將從新興經濟高增長、低規模的製造業需求，轉到真正的全球需求，支撐這一需求的動力，來源於消費水平和收入不斷增長以及需求碎片化。今後人們對高附加值產品需求更大，人們需求的專業化導致了產品的細化；在要素投入方面，製造業從降低全球成本和高勞動力成本差價的努力，轉變對人才、資源和能源的全球競爭；同時，製造業競爭的中心，從與低成本的新興經濟實體競爭，轉變為研發、生產和市場准入的全球競爭。

　　近兩年，數字化轉型是全球製造業巨頭的關鍵詞，工業互聯網則是數字化轉型的實現形式，作為世界工業的巨頭，通用電氣（GE）在 2011 年就開啟了數字化轉型的探索，此外西門子和 ABB 也都是引領者。2017 年，ABB 營收 343 億美元，同一年 ABB 在德國開了新廠，由於採用了智能自動化技術，它和中國最好的工廠的單品成本是完全一樣的。

　　所以未來會重新定位本土市場，對競爭力的定位也會從僅僅考慮成本向更注重技術和價值轉變。這些都將改變製造業自身的性質。我採訪的業界人士都傾向於相信，數字化製造技術會改變產業鏈從研發、供應鏈、工廠運營到營銷、銷售和服務的各個環節。設計師、管理者、員工、消費者以及工業實物資產之間的數字化鏈接將釋放出巨大的價值，並徹底刷新製造業的版圖。

　　如今對製造業影響最大的技術是人工智能。ABB 全球 CEO 史畢福認為，如果應用得當，AI 技術可以釋放人類潛力，對生產、財富、繁榮帶來顯著變化。它將讓自動化更加自主，未來會有自我優

化的工廠，重複性的、困難的工作將通過自動化來完成，人類可以關注更具創造力的工作。

史畢福給我講了個故事：2017 年 9 月，在比薩大劇場，他們讓他們生產的雙臂機器人 YuMi 去指揮一個交響樂團，世界著名的歌唱家安德烈·波伽利（Andrea Bocelli）在它的指揮下演唱，通過這個來展示 AI 和機器人可以做到甚麼。如果把這種學習過程放在實際的工業環境中，假設中國武漢一個生產玩具的小公司想用機器人，可以通過一個叫做機器人工作室（Robot Studio）的 AI 技術支持的軟件包，可以引入和工作場景類似的經驗，給做機器人應用規劃的專業人員提供支持，這一切都靠 AI 技術支持。所以，在規劃環節 AI 就參與了。

在運行中開始使用這些機器人時，不用擔心小公司付不起錢來養一個維修工程師的問題，ABB 可以監控所有機器人的狀態，將數據存儲在雲端，和其他上千台機器人數據進行比較，可以智能預測它可能的宕機時間，從而精確計算所需要的維修費用和時間，即便作為一個小公司也能夠負擔得起。

很好地應用 AI 會增強技術對人類的價值，讓它能夠以更低的成本服務更多人。目前技術的應用成本依然不菲，硬件只是一部分，而無論是設置、安裝還是運營，技術的工程化應用還都是一大筆費用。如果能讓它更便宜，會有更多公司負擔得起，更多公司能夠以有吸引力的成本去生產有質量的產品，也就意味着有更多人能買得起，從而也就有更多人能有工作，也創造了更多需求。

和 AI 一樣，人們對數字化也有些害怕。但用中國的陰陽轉化理論，數字化也會是創造繁榮和財富的機會。人們一直在從提高生產

率的技術中獲益，通過數字化可以很好的提高生產率。通過引入「感知、分析、行動」的閉環，通過傳感器、通信設備、連接設備這些數字化的技術來感知，通過傳感器技術得知資產的運行情況，上傳到雲端，匯總信息。有了信息之後需要分析信息，這個環節 AI 技術扮演了重要角色，即分析數據的智能算法。然後就到了行動部分，需要進入工業流程或者維修計劃的控制循環來讓它起作用。

在各國爭相奪取製造強國桂冠之際，伴隨着網絡信息技術與工業不斷深度融合，同時數字化、網絡化、智能化的新型工業形態不斷驅動，工業互聯網已成為搶佔競爭高地的重要靶心。在美國，提出這一概念的 GE 更換了 CEO，業績也不佳。GE 的策略錯就錯在在感知、分析之後就停了，而實際上還需要有行動環節。通過控制系統，工業互聯網通過智能算法接入控制循環，為客戶創造很多價值。

工業互聯網外還有一個「全球能源互聯網」的概念被提出 —— 人們如今面臨的能源挑戰是如何提供可預測的、高質量的、低碳的基荷能源。實現這一點有不同的方法，可以把不同的可再生能源和傳統能源融合到一起，再加上核電。也可以通過一個全球互聯的大電網把所有之前提到的這些能源連接在一起。也要納入積極的需求側管理、智能的需求側優化，通過需求側模式優化來達到削峰效果。

總的來說，未來將會有一個全球互聯的電力系統，從遠距離一直到本地的需求側動態變化都會是完全不同的運行方式。比如房子的屋頂裝了太陽能，可能在早上是一個發電站，下午是一個電力用戶，晚上因給電動車充電，變成一個儲能電站。優化所有這一切就是電力互聯網，這也是努力的方向。

製造業把美國從農業經濟塑造為工業強國。特朗普信誓旦旦要

重返製造業榮光，但截至 2019 年 10 月底美國製造業的就業人數已比 2017 年 1 月份的人數少很多。2019 年第二季度美國製造業增加值佔美國實際 GDP 的比重為 11%，降至 72 年來新低；同樣在 2019 年 10 月，有 103 年歷史的美國波音公司面臨着史無前例的危機，兩起空難發生後，波音公司連續數月一架飛機也沒賣出去，作為全球最大飛機製造商，美國製造業的巔峰之星正在失去光澤；與此同時，通用汽車工人創下該公司史上最長紀錄的罷工行動，參與人數更多達 4.7 萬人，創下美國近 16 年來最大規模罷工，40 天的時間預估造成通用高達 20 億美元損失。

勞動大軍重新走上街頭，希望逆轉美國在脫實向虛的路上越走越遠；而貿易戰，反全球化和各種貿易保護政策則在製造業掙扎立足之際一點點地吸走製造業的元氣。所有這些的背後，意味深長地站立着紀錄片《美國工廠》(*American Factory*) 結尾那些取代工人的機器人。

第四章

鏽帶上的真實美國

美國城市由盛而衰的歷史

講述更多、牽扯也更多的是工業鏽帶

去工業化、外包大潮

和中產階級流失的歷史延變中

工業重鎮的經濟陣痛

在 2016 年成為美國最大的政治

那裡的勞動階層和底層人民托起特朗普

特朗普把鏽帶的困境和現實

泛化為美國的困境和現實

鏽帶的自我救贖

坐在電腦前，我開始給一些平時不在我採訪視野裡的人寫郵件——他們是美國工業鏽帶城市的管理者，我告訴他們，作為中國記者、一個出生在中國東北老工業重鎮的人，我對美國鏽帶所做的再復興努力很感興趣。

作為工業和製造業經濟支柱的美國東北部，是如底特律、匹茲堡、克利夫蘭和芝加哥等大工業城市所在的地區，在上世紀 70 至 80 年代，這些城市工業急劇衰落，工廠大量倒閉，失業率增加，閒置的設備鏽跡斑斑，被人們形象地稱為「工業鏽帶」(The Rust Belt)。

搬到美國後，我發現曾是中國重工業搖籃的東北三省也陷入困局，工業蕭條、產能過剩、財政窘迫、地產萎靡，債台高築，官僚主義，造假橫行……，人們開始稱東北為中國的「鏽帶」。

美國的工業重鎮城市享受了製造業給美國帶來的長達一個世紀之久的持續繁榮。自 20 世紀中期以來，由於製造業向東南部轉移、自動化升級、美國鋼鐵和煤炭業的衰落、全球化和國際化等各種經濟因素交相作用，這些工業重鎮城市步入了衰敗和凋落的漫漫長途。

東北三省在中國是最早學習蘇聯的計劃經濟的區域，是中國

1953 年開始的首個五年規劃核心地區。雖然產業體系比較齊全，但由於重化工業在國民經濟中的比重太大，體制和結構的深層次矛盾不斷積累，自上世紀 80 年代末，東北三省傳統的以國有重化工企業為主體的經濟就受到南方靈活的市場經濟體制的衝擊，自此一路向下。東北流失了 100 多萬人口，其中高層精英、管理層或者生產線骨幹力量佔絕大多數，東北更被德意志銀行打上了很可能是「中國經濟的尾部風險」的標籤。

在大洋的這一邊，美國鏽帶的自我救贖成果已開始顯現。自上世紀 90 年代起，在工業鏽帶上的大城市經濟重新崛起，成為美國經濟調整時期成績顯著的地區，被經濟學界稱為「鏽帶復興」。

製造業外遷和工業衰落給那些鏽帶上的中小城市，如水牛城等城市帶來的打擊沉重而持久。伴隨着經濟衰落而來的是人口的持續減少。不過，這一現象在近幾年開始逐漸得以轉變，並逐步呈現出以鏽帶中小城市的重新繁榮為標誌的「鏽帶再復興」。

與美國其他處於「工業鏽帶」的城市一樣，水牛城、尼亞加拉瀑布城、加里市等規模不大的城市近年來一直致力於經濟轉型。憑藉當地資源，水牛城和尼亞加拉瀑布城等城市，將經濟增長點轉移到醫療、旅遊、教育和文化藝術等與服務業相關的產業上。

苦苦掙扎的工業鏽帶城市到了 2008 年前後，再次受到大衰退和新經濟的雙重夾擊。但令人驚喜的是，最近幾年工業鏽帶露出復興的跡象，並推翻了上世紀末一度甚囂塵上的論斷：工業化美國已一去不復返。

工業鏽帶的經濟增長是真實的。總的來說，十個最大的鏽帶工業城市的都市區自 2009 年後都有實質性的發展，即使是在解除破產

保護令後的美國「汽車之都」底特律，因過去幾年美國汽車工業恢復的拉動作用，經濟也有所起色。

而這一增長，是在城市人口或者持續下降，或者沒有增長的大背景下完成的。比較 2013 年與 2009 年的城市經濟數據會看到，克利夫蘭、匹茲堡，俄亥俄州的代頓，紐約州的奧爾巴尼、水牛城，威斯康辛州最大城市和湖港密爾沃基等城市的經濟都出現了好轉。工業鏽帶城市正經歷着歷史性的復興，成功經驗可能要歸功於城市管理者與時俱進地轉向了服務業，促進了經濟結構的轉型；同時這些城市整體上也出現了金融化的傾向，而其金融化的速度要遠遠快於美國整體經濟增長的速度。在這一轉型過程中，紐約州政府等有形之手的推動力量和私人資本的力量結合起來，共同發揮了作用。在新型的工業鏽帶轉型之路上，製造業也許難以再繼續推動美國經濟的發展，但工業增長在美國的許多地區依然是支強大的生力軍。自 2010 年起的五年中，美國工業就業人口激增，製造業部門新增加了 85.5 萬個新崗位，擴大了 7.5 個百分點。

從匹茲堡、克利夫蘭、聖路易斯、密爾沃基、堪薩斯城到印第安納波利斯，這些工業鏽帶重鎮受過高等教育的人才顯著增加。如果說他們中大多數城市都有領先的研究型大學有些誇張，至少很多地方都由這類研究型大學帶動了高層次人才的增加。

另外，隨着時間的推移，受過高等教育的千禧代年輕人選擇往生活成本更低的克利夫蘭等工業鏽帶搬遷，工業鏽帶向外遷出的人口在減少，同時也有更多人從紐約等地搬到工業鏽帶，這改變了美國國內的遷徙模式。

美國工業精神的傳承起初集中於大城市，從紐約到洛杉磯依次

傳遞，但現在這種格局正在發生巨大的變化。工業除了向南部和能源中心轉移，也開始向核心城市之外的小城市以及郊區擴展。這使得美國鏽帶上的中小城市開始重新煥發生機。

但轉型何其艱難。在城市復興的努力帶來希望的曙光之際，有些工業化城市已冉冉升起，有些則仍未逆轉糾纏多年的城市停滯的噩夢，貧困率上升，人口不斷減少。但所有工業鏽帶城市面臨的共同問題都是：如何融通舊經濟和新經濟，找到適合它們自己的後工業化未來。至今，這些城市仍走在尋找答案的路上。

傳統視野中的城市，除了有「生活的機器」的工具性，還折射出這個地區的神韻、安全感及生機等內在品質。在工業將會變得不一樣的今天，美國鏽帶上的中小城市或重新顯現出魅力，或沉淪成為荒廢之地。

若不是我的中國東北背景和東北失速的困頓，我不會關注美國的工業鏽帶；若不是 2016 年總統大選，美國不會被工業鏽帶重新定義。

復興版圖

颶風卡特里娜（Hurricane Katrina）在 2005 年 8 月以每小時 233 公里的風速在美國墨西哥灣沿岸新奧爾良外海岸登陸。這個達到五級的颶風事後證明是美國歷史上「最嚴重的單個自然災害」。卡特里娜登陸後的照片出來時，我在馬里蘭大學認識的一個來自非洲加納的黑人婦女表情誇張地對我說，這樣的照片她認為只會出現在非洲。

「卡特里娜」颶風襲美十周年時，當年遭受襲擊並從此一蹶不振的城市新奧爾良，已經一躍成為美國都市崛起和經濟復蘇的範本。在新奧爾良之前，美國城市由盛而衰的歷史講述得更多、也牽扯更多的是工業鏽帶。20 世紀 80 年代，「工業鏽帶」這個術語在美國開始流行起來，但直到現在，人們對工業鏽帶的具體定義也未能形成統一的看法。

粗略地說，在地理意義上，工業鏽帶橫跨美國東北部偏北地區、囊括了五大湖區以及中西部的一些州。在經濟意義上，工業鏽帶此前曾是美國的工業中心，由此有人認為它是美國立國的基石，工業鏽帶城市也因而又被稱為「遺產城市」。大的工業中心在遭受就業和人口下降的雙重打擊後，重振工業鏽帶的努力就一直未曾停止。從

城市發展的戰略層面，眾多城市紛紛建立賭場和會議中心，通過藝術、鬧市區的翻新、發展中城區等來挽留「創意階層」人口的策略選擇，延續了數十年，但收效寥寥。

2015 年的酷暑時節，我來到位於切薩皮克灣頂端西側的巴爾的摩，這裡花木蔥蘢，海風習習。非洲裔青年弗雷迪·格雷被巴爾的摩警方逮捕後意外死亡引發的「四月騷亂」已然落幕，但暴力和破壞掀開的一些工業鏽帶城市積蓄已久的社會經濟瘡疤，依然觸目可見。

那 年 7 月 31 日 下 午，格雷遭逮捕的沙鎮－溫徹斯特區（Sandtown-Winchester）在夏日的驕陽下顯得更空曠而無所事事。這裡是巴爾的摩最貧窮的地區之一，雖然距市中心僅幾英里之遠，但其發展處於停滯狀態已有多年。

我叫了一輛車，緩慢駛過沙鎮－溫徹斯特區。這裡四分之一的房子無人居住，無業遊民在荒廢的街道上遊走。就在同一天，巴爾的摩的犯罪率創下紀錄 —— 在騷亂爆發三個月後，7 月份巴爾的摩有 45 起兇殺案，創下 43 年來單一月份流血事件的最高值。

沙鎮－溫徹斯特區折射出還在苦苦找尋出路的工業鏽帶失敗城市的困境，印第安納州西北部萊克縣密歇根湖畔的加里市是另一個例證。這些城市喪失了歷史曾經的工業實力和自信心，整排廢棄的工業樓使現狀顯得更為荒涼。

房地產集團 Hybrid Development Group 負責人內曼（Joshua Neiman）近 20 年專注於城市填充式發展，他在辦公室裡給我看他收集的幻燈片，解釋說：城市騷亂釋放出的信號是，巴爾的摩面對的不僅是失敗的政策和不良的法律 —— 這些主要是遺留的危機，巴爾的摩面對的更多問題是經濟如何多樣化，以及各個階層的融合。

拋開種族問題，巴爾的摩的發展現狀匯集了工業鏽帶城市在不同階段的不同圖景。40 年來，巴爾的摩內港（the Inner Harbor）已蓬勃發展，成為當地的娛樂和旅遊中心，為巴爾的摩城市增長提供經濟支持。那裡也是我每次去巴爾的摩可以不懷恐懼地遊走的所在。內港舒適且充滿量能，這是那些已然成功整合了資源的工業鏽帶城市的共性。其中，匹茲堡的成功已有目共睹。

匹茲堡享有內河港口運輸的便利，20 世紀初工商業迅速發展，一躍成為美國工業革命的中心。但隨着鋼鐵工業的江河日下，有「世界鋼都」美名的匹茲堡也隨之沉淪。五六十年代，匹茲堡以創新思維反思了城中心的重建工作，關注街區的振興，大力開發其獨特的建築和歷史遺產資本。

分析匹茲堡的都市經濟增長途徑，服務業是主導，但可貿易部門也佔相當比重。依靠公民社會持續 20 年的投資，以及高質量的教育和綠色環保，匹茲堡成功轉型為綠色之都、宜居之都和創業之都，創新性的都市規劃和經濟發展使城市的經濟基礎得以多元化發展。另外，與克利夫蘭、水牛城、代頓以及羅切斯特和其他一些工業鏽帶城市相比，匹茲堡對經濟更加收放自如，而不是任由其擴張。

離開匹茲堡，向西北行進大約 700 公里就到了另一個工業鏽帶城市加里市。從 21 世紀初起，印第安納州西北部萊克縣密歇根湖畔的加里市就讓荷里活電影製片人趨之若鶩，跑到加里來選外景地的潮流中甚至包括大製作影片《變形金剛 3 之黑月降臨》。

在電影鏡頭中，加里大面積的城市荒廢折射出某種超現實的意蘊，濃縮了去工業化、外包大潮和中產階級流失的歷史延變。這座城市在現代社會中顯得游離而扭曲。對大多數美國人而言，加里和

底特律分別代表了美國製造業的衰退場景：在底特律是空蕩蕩的汽車製造廠，在加里則是空空如也的鋼鐵廠。

加里過去的命運起承轉合全部維繫在鋼鐵業上 —— 城市因美國鋼鐵公司 1906 年新建加里鋼鐵廠（Gary Works）而出現在地圖上，並以美國鋼鐵公司創辦人亨利‧加里（Elbert Henry Gary）的姓氏直接為城市命名。自上世紀 60 年代鋼鐵製造業一蹶不振後，加里就開始不斷循環上演經濟復興半途而廢、犯罪率高企的噩夢。

當很多美國工業鏽帶城市開始復興之際，加里市則成為迄今為止仍在掙扎的中小城市的代表。

加里距芝加哥市中心只有 40 公里的路程，距離另一個鏽帶城市巴爾的摩則有 600 多公里。無論是對於芝加哥還是巴爾的摩，在加里市第一任黑人女市長凱倫‧弗里曼-威爾森（Karen Freeman-Wilson）看來，人們不應該通過經歷危機 —— 無論是金融崩潰還是社會沮喪情緒的大爆發 —— 來獲取全國的關注、得到慈善機構的捐贈或聯邦政府及州政府的投資。

她對我說，「人們不應當等到這些地方的危機驟然爆發，無論是比喻意義上的爆發還是實際上的爆發，才注意到他們的存在，並意識到『我們』應該給這些群體提供更多救援和幫助。」但不幸的現實是，鏽帶城市多為危機所糾纏，也在某種程度上因危機而被發現。

怎樣復蘇？

服務業的崛起是鏽帶城市復興的主要線索。

水牛城服務業佔區域經濟的比重達到 65%，這一數據在克利夫蘭為 71.5%，匹茲堡則高達 71.8%，即便在紐約州西部安大略湖岸的工業城市羅切斯特，雖然有大量的私人公司按美國國防部的合同生產加工，其服務業在新世紀的第一個十年也已從 55.2% 上升到64.2%。

與之相對的是農業重要性的整體萎縮。在 10 個最大的鏽帶工業城市的都市區，農業在整個經濟活動中的比重已不到 1%，其中有 6個都市區的農業萎縮自從 2000 年就開始了，即便那些農業有所增長的地方，其對地區經濟的貢獻也遠遠落後於旅遊、信息科技等。

有研究顯示，自 2000 年以來，工業鏽帶經濟增長主要的動力來自於金融、保險、房地產和租賃等行業。對此頗有微詞的是紐約州立大學水牛城分校經濟學訪問教授、經濟與政策研究中心主任布魯斯·費舍爾（Bruce Fisher），他言語尖銳，一邊在自家廚房做漢堡包，一邊批判這些行業在經濟增長中奇怪而不成比例地顯得重要，我甚至不覺得有違和感。比如他說，令輿論歡欣鼓舞的工業鏽帶城市的

復興有其脆弱的一面。在某些工業城市，經濟復興甚至並不存在，只是用忙亂的建築場面掩蓋出來的假象。

在美國都市區範圍內，金融、保險、房地產和租賃業自 2001 年以來上漲了 6.8% 左右，但在工業鏽帶城市中，金融、保險、房地產和租賃業自 2001 年到 2015 年上漲了 50%，甚至更高。對此，美國未來學家喬爾·科特金很擔憂：城市的經濟不可能依靠金融和房地產投機。短期內它們可能會帶來城市的繁榮，比如加州的房價一直上漲到收入的十倍，但這不能持續，因為收入並沒有相應地增長，而房地產卻以五倍十倍的速度增長。在美國，部分是因為低利率政策。

2018 年秋，在經濟向好的美國，樓市出現了拐點。美國房地產市場數月下滑，甚至在加州和紐約等房地產緊俏的城市出現了大量屋主降價銷售的情況。從全美範圍來看，住宅銷售和房屋建設許可全都在回落。紐約、三藩市、丹佛等曾經房價飆漲的城市正在降溫。不過在工業鏽帶城市，千禧一代推動了當地房地產市場的繁榮，他們在俄亥俄州，密歇根州和威斯康辛州等鏽帶區域尋找更價廉物美的房地產作為投資賭注。

在工業鏽帶城市街頭，普遍可以看到的場景是，商業辦公樓和郊區房屋市場供應火爆，與此同時，廢棄不用的房屋依然存在，有些城中心則房屋空置率高企。

以水牛城為例，在過去的十多年中，以實際美元計算，僅有超過三分之一的經濟增長來自金融、保險、房地產和租賃等行業。水牛城房地產勃興的一個天然條件是，當地有大量的建築遺產和多用途建築，每英畝房地產價值很大。我在水牛城認識了女律師魏淑珊（Susan Williams），她所在的律所自 2015 年起開始接到很多與房地產

有關的業務，這在過去從來沒有過。

　　除金融和房地產蓬勃發展外，自 2001 年以來在水牛城快速發展的行業包括：批發零售業、服務業、教育與職業性質的醫療產業（不包括醫院）、娛樂業和酒店業。

　　以酒店業為例，很多私營部門熱情萬丈地參與到酒店業中。當地人甚至和我抱怨水牛城的酒店數量太多了。

　　說起來，水牛城經濟金融化的速度還比不上克利夫蘭和羅切斯特。羅切斯特的經濟規模要比水牛城—尼亞加拉大瀑布地區稍大一些，人口規模則比其稍小一些。自 2000 年以來，金融、保險、房地產和租賃業已經佔到羅切斯特經濟增長的 55%。

　　克利夫蘭的都市區複雜而龐大，職業體育運動和文化產業興盛，還有享譽全球的大型醫療中心和跨國企業的總部。即便如此，克利夫蘭的人口在上世紀的第一個十年中流失了 7 萬左右，而金融、保險、房地產和租賃業則在經濟增長中佔到 67%。

　　作為美國重要的傳統工業基地，工業鏽帶城市繞不過去的坎是製造業。

　　費舍爾一邊做着漢堡包，一邊給我講解製造業對鏽帶的重要。他說，如果以 1970 年為基線，當時達到人口的峰值，美國有超過一半的經濟生產來自於製造業，創造了大概 40% 的就業機會。而在過去的 40 年中，去工業化的過程沉重地打擊了美國的工業鏽帶。從就業的角度，美國大都市區在就業增長方面的表現先是集中在東海岸城市，金融產業和聯邦政府機構受益於聯邦政府的經濟復蘇政策，然後頁岩油革命在相關城市帶來了新一波就業。

　　但對工業鏽帶城市而言，他們經歷了長達數十年的人口流失，

只是近年來向外遷出的人口才呈現出減少的趨勢，而服務業相關的就業機會不可與製造業的貢獻率同日而語。但房地產也好，金融服務業也好，它們不像可貿易部門一樣，通過在世界市場上出售新物品或出口解決方案來為都市區帶來新的收入。相反，這種通過當地的房地產、租金等獲得的「新錢」只能使特定的階級和階層受惠。

以水牛城為例，製造業就業比率在下降，製造業對區域產出和區域經濟的貢獻已經縮小到區域經濟的 20%，下跌的幅度達到了 11%。在 10 個最大的鏽帶工業城市都市區，由於全球化的影響，私營經濟部門的製造業規模都比十年前有所縮小。

那幾年唯有底特律傳來了好消息。這個因汽車工業繁榮而壯大的城市，迎來了第二次汽車帶動的機遇。燃油價格的不斷下跌，美國經濟的持續走強，都提振了汽車銷量，2014 年則成為有記錄以來美國汽車行業表現最為強勁的年份之一，流失的製造業工作崗位由此也開始增加。另一個好消息來自俄亥俄州的托萊多，這個有「玻璃城」名號的城市，在 2010 年到 2015 年的五年中，其工業就業增長了17.4%，其玻璃生產的主要用途是汽車製造。

製造業作為重要的經濟部門依然有不可忽視的價值，在各種挑戰下，製造業整體上仍為經濟增長和創造就業做出貢獻。在 2018 年的前 9 個月內，已有三個月美國供應管理協會（ISM）指數高於 60，顯示美國製造業持續擴張。在製造業萎縮的地區，沒有堅實的製造業增長，生產性服務業就難以得到發展，新一輪房地產產生泡沫的風險也就更大。

在水牛城—尼亞加拉大瀑布地區，製造業在 2001 年價值 80 億美元，到了 2013 年，它的價值就變成 71 億美元；而借貸資金和其

推高的房地產業在 2001 年價值 61 億美元，到了 2013 年，它的價值漲到了 79 億美元。

工業鏽帶的救贖教給人們的經驗是，過度依賴製造業可能會帶來風險，實現就業的多樣化依然至關重要。工廠就業依然是很多地區的一項重要資產。它們可能不會像以前一樣成為核心力量，但是這些工作似乎依然會對大小經濟體的命運產生重大影響。

和我一樣，兩個記者出身的荷蘭人也對這些曾經失去活力、被人遺忘、落後、衰敗的地區所吸引。范阿格塔米爾（Antoine van Agtmael），資深投資人，在 1980 年代初發明了「新興市場」這個金融界廣泛使用的詞彙。和我一樣，他和同事以為只會看到空蕩蕩的街區和搖搖欲墜的廠房倉庫。但在阿克倫、德漢姆、俄勒岡的波特蘭等地，舊工廠倉庫地區都已翻新，更讓人震驚的是研究人員、企業家、大學管理者、風險投資家和地方官員的活力與熱情，他們堅信當地具有變革性的優勢。製造業走了，但大學、企業的部分研發功能還在。人們談論協作可以帶來的新機遇。這些發生在美國和歐洲曾經的工業重鎮，讓人非常意外。

這是一種自下而上的運動。放在美國的背景下，1980 年由國會通過，1984 年進行了修改的《拜杜法案》（Bayh-Dole Act）讓私人性質的研究員和大學可以進行政府資助的基礎研究；另外美國聯邦政府對基礎研究進行資助；還有類似國防部高級研究計劃局（DARPA）等機構的支持，DARPA 是隸屬國防部的研究機構，是美國最具創新意識的風險投資者之一，推動了無人駕駛汽車、機器人、新材料等的發展。除去這些因素，美國重塑鏽帶工業區有 90% 的行動都是自下而上的。

　　另一個荷蘭人巴克（Fred Bakker）對我說，在紐約州、俄亥俄州、北卡羅來納州和俄勒岡州等地，地方當局、企業家、大學和學術型醫院等並未坐等國家牽頭，而是自己看到了協作的必要性。有意願和有頭腦的州長會信任這些人，不僅提供精神支持也提供資金支持。

　　工業鏽帶的重振之路，仍然很不平坦，猶如美國製造業的整體重振圖景一樣。

水牛城浴火新生

（一）

2015 年 5 月 2 日傍晚時分，我和優雅幹練的女律師魏淑珊一起回到她在水牛城中城的家中。經歷了冬天凍雨、暴雪與冰暴夾擊，這個僅次於紐約市的紐約州第二大城市水牛城，此時終於告別了創紀錄的嚴寒。

春意雖然尚早，但通透的藍天和悠然的白雲昭示着天氣已然回暖了。水牛城的經濟也在回暖，甚至在那個剛剛過去的冬天有所加速。那一年水牛城地區的失業率已降到 5.3%，創下 2007 年以來最低水平。到了 2018 年 6 月，水牛城地區的失業率進一步降至 4.5%，回到了 2001 年 6 月的水平。

魏淑珊豪華典雅的家，坐落在主幹道 Main Street 和 Northland Avenue 的交叉路口。這座精美的維多利亞時期建築在這裡顯得孤立突兀，彷彿一個貴族誤陷於乞丐群中。此地雖然距市中心只有 2 英里左右，但四周空曠冷清，一派城郊野外的景象。

魏淑珊緊繃的神經直到那時才鬆弛下來，她對我描述了城市復

253

興於她最直觀的感受是，家門前第一次看見有人遛狗，狗脖子上沒有拴繩套，她坦誠心理門檻很低，但那畢竟是住在這裡 30 多年才看到的溫馨一幕。

兩個月後，水牛城的經濟復蘇從各個角度都變得更夯實。同在 Northland Avenue 這條街的不遠處，一座廢棄多年的廠房迎來了紐約州西部勞動力發展中心（Western New York Workforce Development Center）在此落戶 —— 這裡是水牛城側重於高端製造業和能源領域的職業培訓的新發力點，水牛城重振經濟的思路也由此露出線索。

在 Northland Avenue 上的這座空置大樓寂寞地橫臥在那裡多年，而之前近 100 年時間裡，這裡曾機器轟鳴，忙於設計製造衝壓機和折彎機的鈑金及設備 —— 自 1879 年成立後，尼亞加拉機械機床廠（Niagara Machine & Tool Works）及後來的金屬鍛造廠就在這裡發展壯大，為遍布全球的汽車和家電製造商提供設備。2018 年 10 月，紐約州西部勞動力發展中心部分性地開張，重新開始聚集人氣。

工業活動帶動了商業的發展，聚集了人口，尼亞加拉機械機床廠所在的街區是個環形走廊，過去因幾條鐵路交匯於此，逐漸發展為水牛城東城的製造業中心，並憑藉其規模和密度而稱雄一方。整個水牛城地區也因鐵路商業的發達和鋼鐵等工業的興盛而變得空前繁盛。

20 世紀 50 年代，和其他美國工業鏽帶城市一樣，水牛城的命運開始發生反轉，被其他迅速崛起的工業化城市趕超。水牛城的工廠逐漸倒閉，運河航運量下降，並且整座城市慢慢郊區化，這帶來了水牛城長達半個世紀的衰落。僅水牛城東城區的人口，自 50 年代以來就減少了 89%，尼亞加拉機械機床廠 10 萬平方英尺的廠房也空置了

25 年之久。

　　在美國工業鏽帶的城市衰落史上，水牛城的城市發展是被記錄得最為詳細的案例之一。地處紐約和芝加哥之間的水牛城，為重振城市繁榮掙扎多年，但很多努力不了了之。直到近幾年，人們才看到水牛城從工業廢墟上再度涅槃的一些跡象。

　　水牛城在重現輝煌的鏽帶工業城市圖譜中並不耀眼。成功的故事如匹茲堡，其潛力已在過去十年中被市民和資本高度發掘，經濟蓬勃發展，而水牛城則仍處在經濟騰飛的初期。但水牛城相對完備的基礎設施，或精美或磅礴的建築，以及豐富的歷史文化，適宜步行的馬路和街區，便捷的公共交通系統等等，所有這些優勢，都提供了讓水牛城進一步復興的充分理由。

　　魏淑珊家門前的 Main Street 街道寬闊，沿着這條街穿過市中心，就到了街的起點，這裡距美國最具影響力的伊利運河（Erie Canal）不遠。

　　伊利運河是第一條從美國東海岸至西部內陸的快速運輸航道，它將沿岸地區與內陸地區的運輸成本減少了 95%。快捷的運河交通使得紐約州西部更便於到達，中西部因而人口快速增長，伊利運河也由此影響了美國歷史。

　　這條航道也直接牽動着水牛城的城市命運。水牛城因伊利運河而從一個小小的濱水村落蓬勃發展，到了 1907 年，躍升為美國第八大城市，成為從大西洋沿岸到西部內陸的門戶。全球的人口與貨物，也在這個工業港口集散。

　　隨着交通運輸方式的改變以及聖勞倫斯航道 1959 年的開通，水牛城作為大湖區港口的地理位置逐漸變得無關緊要。在聖勞倫斯航

道開通前，水牛城是美國和加拿大小麥的主要轉運港，端坐在世界著名麵粉工業中心的寶座上。如今的濱水之地只有餘存的巨型倉庫林立，穀物升降機尷尬地荒廢在那裡，成為被遺棄的工業遺物。

當城市的戰略地位不再舉足輕重，沿尼亞加拉河東岸和市南伊利湖沿岸的主要工業區也隨之枯萎乾涸，當年的鋼鐵、冶煉、汽車、機器等重工業也偃旗息鼓。

水牛城四面環水，濱水區長達 37 英里。在過去的 50 年中，重振城市的設想也自然地着眼於重建和重塑水牛城市中心和濱水地區。我找到了美國國家冰球聯盟（NHL）職業冰球隊水牛城軍刀隊（Buffalo Sabres）首席開發官克里弗·本森（Cliff Benson），本森及其所在的公司是近幾年開發水牛城的私人資本的代表。他告訴我，很多鏽帶工業城市都濱水，但水牛城無疑是美國最具歷史榮光的濱水城市，而水牛城的濱水地區至今仍遠未開發。

在過去數十年中，重塑濱水地區的方案出現了數十個，要麼被市政府否決，要麼因缺乏資金而陷入困境，有些方案實施後才證實並不可行，這導致水牛城濱水地區的復興沒有實質性進展。

本森率隊到首都華盛頓考察，隨後形成了以冰球為主題的濱水混合用途開發的想法，即後來投入 1.72 億美元建成的 HarborCenter。公私資本的合力推動了變化的發生，輿論開始轉向。民眾對濱水地區的興趣和參與的動力都空前高漲。2013 年夏，僅運河邊上（Canalside）就承辦了 800 多個活動。

音樂會、劇場活動和體育運動給濱水地區帶來了熱鬧和人氣，也引來了投資。這是紐約州立大學水牛城分校負責經濟發展的助理副校長克里斯蒂娜·奧爾西（Christina Orsi）熟知的部分，她告訴我，

水牛城過去一直想找到一勞永逸的項目使濱水地區興盛起來，後來才意識到濱水地區復興的關鍵是開發大公共空間、培養人們的濱水心態並激活它。濱水區域的活動，如今已從每個週末擴展到每天，從每天的一個節目變成了很多個節目，吸引了人群的聚集，也引來了更多私人資本的介入。在濱水區域成為人們活動的集散中心後，下一步要考慮的是，如何以新的方式激活包括穀物升降機在內的舊工業建築。

密歇根大學 2018 年 9 月下旬公佈的一項研究發現，美國政府每花費一美元用於修復伊利湖（Lake Erie），安大略湖（Lake Ontario）和其他水體，水牛城地區在未來幾十年內可以獲得超過 4 美元的額外經濟收益。經濟收益不僅來自清理工作，還有伴隨而來的旅遊、娛樂和濱水開發。相比起來，只有底特律和芝加哥都市的部分區域能獲得比水牛城更高的潛在收益。

在各個城市間穿梭，我發現文娛和藝術活動塑造着城市的文化與性格，一些舞蹈課在夏天也到濱水地區戶外開課，水邊的地面比較粗糙，但這裡是水牛城經濟反轉的體現——從舞蹈的視角來看，越來越多的人開始有閒情逸志來跳舞，教學地點也隨之有了更多的選擇。在有歷史和現代建築雙重意義的穀物升降機背景下，人們翩翩起舞的場面，喻示着水牛城新時代的到來。

（二）

尼亞加拉河東岸和水牛城南側的伊利湖沿岸是水牛城曾經的工業重地，鋼鐵、冶煉、汽車、機器等過去撐起水牛城工業產業鏈的巨頭，如今早已土崩瓦解，殘留的工業遺跡變成水牛城試圖擺脫的

枷鎖。位於 RiverBend 的共和鋼鐵廠（Republic Steel）88 英畝的廢棄廠房，就是其中的代表。

　　水牛城花了很長時間才意識到，過去復興水牛城的努力，是把經濟發展規劃建立在想像中的「一站式奇跡」上，把希望寄託在某個巨型公司能從天而降，或者靠一個超大型商場來演繹水牛城重生的故事，直到最近，單純依靠工業經濟的思路才被放棄，人們轉而投向了高科技新經濟。

　　這一變化戲劇性地發生在共和鋼鐵廠的長期廢置的廠房上。紐約州政府買下了共和鋼鐵廠的原廠址所在地，用以建設水牛城高科技製造創新中心（Buffalo High-Tech Manufacturing Innovation Hub），試圖將其打造成高科技及綠色能源企業最先進的標誌性產業中心。

　　取代舊經濟的一個主要思路是太陽能新能源。水牛城迎來了從天而降的大客戶特斯拉，後者在此建了 120 萬平方英尺的工廠，擁有機械設備和工人數百名。水牛城轉向太陽能最早是因為總部位於加州的領先高科技能源公司 SolarCity。這家業內領先的住宅屋頂太陽能安裝商靠發展家用光伏發電項目壯大。特斯拉在 2016 年以 26 億美元收購了 SolarCity，但在收購 SolarCity 三年後，特斯拉捲入訴訟，SolarCity 的業務自那以來始終在惡化。

　　2016 年，當特斯拉收購 SolarCity 的時候，他們曾宣佈將與松下建立一家合資企業，雙方將在水牛城建設新廠，一同生產太陽能發電設備模塊。然而，特斯拉太陽能產品銷售萎靡，給合作蒙上了陰影。此前特斯拉曾與紐約州達成協議，協議規定：特斯拉要在 10 年內在此投資 50 億美元。如果特斯拉沒有按照協議規定完成投資，他們需要交納數千萬美元的罰金，並且有可能失去土地租約，或是被

迫資產減計。

　　新能源的思路進展得並不順利。從就業的角度來看，水牛城靠創建新能源來分美國可再生能源市場的一杯羹，前路漫漫。2018 年 3 月太陽能基金會（the Solar Foundation）的報告指出，2017 年水牛城—尼亞加拉大瀑布地區有 551 個工作崗位與太陽能產業掛鈎，這在當地只是千分之一的就業機會。此外，水牛城—尼亞加拉大瀑布地區是相對較小的太陽能裝置市場，而太陽能裝置市場創造的就業佔美國太陽能行業所有工作崗位的 75% 以上。

　　就算特斯拉太陽能電池板工廠可以緩慢跟進，但也抵擋不住整個太陽能產業面臨的各種不利因素。經過六年快速而穩定的增長，太陽能產業難關重重，聯邦稅收抵免命運的不確定性，導致 2017 年該產業就業率下降。

　　水牛城—尼亞加拉大瀑布地區有約 2000 個商業和工業設施在內的太陽能項目，能夠產生 35 兆瓦的電力，這簡直是微不足道。同時，美國太陽能產業的活躍區主要集中在加利福尼亞州和長島等地，那裡的電價遠遠高於水牛城地區 —— 較高的電價才使太陽能發電更有經濟意義。

　　水牛城地區新能源的努力和挫折還有，水牛城押注生產市場上高效能綠色 LED 燈的照明燈製造商 Soraa，紐約州為其造了價值 9000 萬美元的工廠。Soraa 最早的打算是把企業研發與製造部門遷至水牛城的 RiverBend，無奈 RiverBend 空間不足，在水牛城的選址了一段時間後，Soraa 最終放棄了水牛城地區。

　　儘管好事多磨，但可替代能源還是讓人們對水牛城經濟發展懷有希望。

RiverBend 如今已煥燃一新並初具規模，成為一個在全美都有借鑒意義的復興模式。新能源得以落腳水牛城，是過去工業時代留下的相對完備的基礎設施提供了墊腳石。而近年來，水牛城在資產投資上表現出的高度協調和高針對性，讓這個城市重拾自信，逐漸形成了包括高端製造業和生物醫學產業在內的獨特市場，這些產業為水牛城提供了高質量的長期增長的可能性。

（三）

從濱水一帶向城中心走大約 2 英里，就到水牛城尼亞加拉醫學園區（Buffalo Niagara Medical Campus），這個生物信息學和人類基因組研究中心，最早點燃了重振城中心的火花。

水牛城尼亞加拉醫學園區轟鳴着建設了十餘年，並帶動了酒店業、零售業等的發展。2015 年 5 月初我去水牛城時，投資 1 億美元、面積為 28.7 萬平方英尺的醫療辦公大樓，以及兩個街區之外、投資 2.43 億美元、41 萬平方英尺的婦幼醫院的工地都在井然有序地運作。一些龐然大物陸續在掀開面紗，包括投資 3.75 億美元、面積為 50 萬平方英尺的紐約州立大學水牛城分校醫學院和生物醫學院大樓等四棟大樓，這四個巍然而立的建築總面積將達 134 萬平方英尺，投資額達 7.58 億美元。

與建築物的拔地而起相對應的是，從水牛城尼亞加拉醫療校園到紐約州的北部地區，創業資源和生命科學諮詢業務都在加速發展，新興公司如雨後春筍。水牛城利用醫學研究和教育作為經濟發展槓桿的戰略正在起作用。

水牛城尼亞加拉醫學園區總裁兼首席執行官馬特‧恩斯泰思

(Matt Enstice) 身材清瘦，40 歲出頭，額頭的髮際線向後退去。2001 年朋友讓他幫忙搭把手，加入水牛城尼亞加拉醫學園區這個非營利組織，嘗試着反轉表現欠佳的市中心的命運。

恩斯泰思用辦公室的白版給我講解，醫學園區的規模從 2002 年的 7000 人到 2015 年已壯大到超過 1.2 萬人，通過整合大量的資産，實施所有基礎性的工作，創造建立和積累財富的機會。水牛城的奇跡在於，商業機會與生活質量緊密相連。

在數十年重振城市的努力中，水牛城第一次成為興趣與投資的匯聚點。

利用 120 英畝的醫學園區進行醫學研究、教育以及臨床護理，並由此創造就業並非水牛城的獨創。這一戰略很多後工業化城市都在不同時間採用過，但水牛城的不同在於，他們將其化整為零，而不是一個大塊頭的項目攻艱。更重要的是，當地政府在其中扮演了主導角色。

恩斯泰思曾促成了製藥與生物技術研究和製造公司奧爾巴尼分子研究所（Albany Molecular Research Institute）與醫學園區的聯姻，而和其他一些高科技公司一起，奧爾巴尼分子研究所獲得了 3500 萬美元的高科技公司裝備資助，這 3500 萬美元與在醫學園區建 4 萬平方英尺的新實驗室一道，是「水牛城十億」（Buffalo Billion）投資計劃的首筆投資。

如果水牛城會成為傳奇，庫莫（Andrew Cuomo）州長就是這個傳奇的初創者。

幾年前，紐約州州長安德魯·庫莫令人震驚地宣佈了一個雄心勃勃的計劃：投入 10 億美元、用十年的時間復興水牛城經濟。投

資的願景和具體的項目選擇，則是州、縣市各級政府負責人與紐約州西部區域經濟發展委員會（Western New York's Regional Economic Development Council）合作完成。

在走馬上任之際，庫莫意識到紐約州西部與州的其他地區差異很大。他的應對辦法是建立一個系統，使州內每個區域按需制定自己的經濟發展規劃，整合社區利益攸關者，把一小群產業和社區領袖聚集起來，通過區域經濟發展委員會把產業、行業學術、非營利性中小企業的多樣化觀點匯總，研究其他地區成形的經濟發展模式。

最關鍵的一點是，在過去七、八年中，只要有好的規劃，州政府會提供與規劃配套的投資和資源。2009 年第一次把數據中心落戶在水牛城時，雅虎收到約 2.6 億美元的紐約州和地方政府的激勵政策。在水牛城高科技製造創新中心，紐約州也將通過「水牛城十億」計劃投資 2.25 億美元，用於建設基礎設施，包括用水、污水處理、公用設施和道路等。

「水牛城十億」設計的宗旨就是帶動潛在的私人投資部門，形成合力，為子孫後代重塑區域景觀。在注入的私人資本中，霍華德·載姆斯基（Howard A. Zemsky）的故事最有名。載姆斯基花了大半輩子時間管理全美最大的熟食肉類食品商之一的 Russer Foods，然後熱衷於改造老舊的工業遺產，他把一個倉庫改造成商業辦公空間，之後把其周邊的四棟破舊建築買下翻新，還建起拉金廣場（Larkin Square），這裡後來成為大受歡迎的聚會場所，餐館雲集，活動不斷。載姆斯基的舉動引起了庫莫州長的注意，任命他出任紐約西部區域經濟發展委員會的聯席主席。

本森的老闆，職業冰球隊水牛城軍刀隊等球隊的實際擁有者、

億萬富翁特里·皮谷拉（Terry Pegula）也靠真金白銀的投資拉動了水牛城的經濟增長。

投資帶來了城市和區域核心競爭力的提高，刺激了水牛城經濟的復興。在水牛城街頭，新投資帶來的顯而易見的變化是，一些曾經破敗的社區重新煥發生機，老舊建築翻新成為公寓、商店和飯店的載體，其他城市的年輕工人開始到水牛城來找工作，每天都有潮人嚮往的酒吧開業。

在過去 40 年左右的時間裡，水牛城失去了三分之一年齡在 20 歲到 40 歲間的人口，2015 年前後這一群體的數量首次得以反彈，年輕人口增加了 3.8%。州政府 10 億美元的稅收減免和補貼催生了水牛城的復興，並將該地區的失業率降到 5.3%，這是自 2007 年以來的最低點。

多年來水牛城的相關指標第一次開始向好，就業增長，平均工資上升，其中最好的指標是新生公司的數量顯著增加。與此相對比的是，歷史上水牛城公司倒閉的數量遠遠超過創業公司的崛起——所有經濟指標開始顯示，水牛城已經度過了最困難的時期，經濟在數十年後第一次朝着正確的方向前進，一個新的水牛城正浴火重生。

尼亞加拉瀑布的沉降

（一）

很多中國人進入、認知美國的第一站是尼亞加拉瀑布。

我第一次去尼亞加拉瀑布是 2015 年 4 月 30 日。那天上午 10 點半左右，中國和印度旅遊團的到來，使尼亞加拉河右岸的山羊島熱鬧起來。觀賞尼亞加拉瀑布的平台雖然已進入視線，但萬傾銀濤轟然而下的隆隆聲卻被鋪路的機器噪音壓住了——在旅遊旺季來臨前，尼亞加拉瀑布城正加緊進行各種旅遊設施的修補，瀝青的味道在空氣中飄散。

紐約州西部的尼亞加拉瀑布城經濟史順承了靠水吃水的生存邏輯。1892 年 3 月建城後，大瀑布帶來水力發電的便利，讓這個城市以水力發電廠為基礎變成一座重工業城。伴隨當時水電技術發展激烈的競爭，愛迪生、尼古拉·特斯拉，西屋電器與製造公司等都變成尼亞加拉瀑布城崛起神話的一部分。

到 1895 年前後，尼亞加拉大瀑布已成為北美水力發電供應的首要來源，刺激了尼亞加拉大瀑布和水牛城地區創新型重工業的發展。

塑膠、化工、造紙、橡膠等一些尼亞加拉大瀑布城此前不敢想像的工業，變身成為城市發展的經濟支柱，這個邊陲小城也一躍成為美國重工業基地，並在 20 世紀 50 年代到 60 年代達到經濟繁榮的頂峰。

20 世紀 60 年代中期，當地的一座輸電站倒塌，捲入尼亞加拉河的激流漩渦中，也宣告了尼亞加拉瀑布城輝煌的工業時代的結束。

重建後的尼亞加拉水電站雖然是當時西方規模最大的水力發電項目，但因它距劉易斯頓市更近，更多地為紐約這個大都市的繁榮助力，而不是尼亞加拉瀑布城。在製造業一瀉千里的衰敗過程中，舉國關注的 1978 年拉夫運河的污染案又迎頭一擊，隨之而來的是成本的攀升和環境保護的收緊，進一步制約了尼亞加拉瀑布城工業的回暖。工廠陸續倒閉，人口也從 1960 年的高峰 10.2 萬人陡然減少一多半，工人逃離到其他地方尋找生計。

與其他工業鏽帶老城一樣，製造業塑造了這個城市的外形和身份定位，但比其他製造業中心幸運的是，尼亞加拉瀑布城靠天庇佑，自然資源豐富，風光獨特，它們與歷史遺跡一道為這座城市奠定了堅實的經濟之基，在工業化衰敗之下也沒有徹底滾入深淵。但也許出於同樣的原因，這個城市的復興之路也一直磕磕絆絆，正如作家金吉·斯丹（Ginger Strand）所說，瀑布城的復興濃縮了所有都市重建誤判的歷史。

在某種程度上，尼亞加拉大瀑布觸目驚心的存在，也使瀑布城經濟的失落在工業鏽帶上顯得更加刺目。

我站在城中心的賈科莫酒（The Giacomo）的頂層。從這裡望出去，春天的和煦陽光在尼亞加拉河的激流上跳蕩。

帝國州發展署（Empire State）美國尼亞加拉發展公司總裁克里

265

斯‧肆庫夫林（Chris Schoepflin）在我身邊，看着窗外的景致，他說：「幸有大瀑布的奇觀每年給我們帶來 7800 萬遊客，旅遊業也是我們這個東北老鏽帶工業城市經濟重建顯而易見的選擇。從重建戰略上來看，規劃城市要從自身的天然優勢出發，旅遊業是必然之選。」

然而這個看似的自然之選，直到近些年才被列入城市發展優先之選。直到上世紀 80 年代，這裡的人們才意識到：製造業可能永遠不會重返，60 年代的輝煌也永遠不會重現。

同樣是尼亞加拉大瀑布城，加拿大與美國的姊妹城市不僅有着共同的水域，也分享共同的歷史。然而在 1980 年後期，美國的尼亞加拉瀑布城眼看着加拿大安大略省一邊的瀑布城大興土木，賓館林立，人流如織，一派熱鬧興旺的景象。到 1996 年，賭場的引進又為其錦上添花，把旅遊業帶來的繁榮一直帶入到 21 世紀初。

與此同時，同享天賜之水的美國尼亞加拉大瀑布城卻在尋找下一個支柱產業時黔驢技窮。尼亞加拉大瀑布的財富最初建在廉價電力而非旅遊經濟上，因此旅遊在歷史上就被視作夏季的短暫現象。直到 2010 年前後，當地領導人才意識到旅遊業才是他們經濟的未來。

即便如此，後來跟進的美國尼亞加拉大瀑布城自身優勢並不多，而來自加拿大一邊的競爭卻咄咄逼人。那年的 5 月下旬，加美兩個瀑布城分別有項目獲得通過，加拿大一邊是開拓空中冒險旅遊項目，而美國這邊則是一棟破敗多年的老校舍獲得 570 萬美元融資，改成用以吸引到此拓展職業的年輕人的「員工住房」。兩個城市的對比不只出現在數據上、新聞裡，也直接展現在城市面貌上。

四五月的美國尼亞加拉大瀑布城，熱鬧基本集中在瀑佈景點，而城中心則顯得寂靜蕭條。城中心最醒目的建築之一是彩虹大道上

的商場 One niagara the Gateway Mall，骯髒陳舊的玻璃幕牆上鋪下巨幅「美國製造」（MADE IN AMERICA）的字樣，暗示着這座城市曾經的鼎盛，但商場裡面漫天要價的旅遊紀念品、心不在焉的商家和流通不暢的空氣的霉味，引發人們「彷彿到了第三世界」的抱怨。

瀑布城實際上還有一個被當地人稱作彩虹中心的商城（Rainbow Centre Mall），這個商城已像廢墟一樣挺立了十多年，後來有一家烹飪學校入駐，但三分之二的商城還是一片死寂；後來又傳出把商城改造為室內水上公園和賓館的項目，搞得沸沸揚揚，但最終無疾而終。

即便在大瀑布一帶，號稱美國歷史最悠久的尼亞加拉大瀑布州立公園（Niagara Falls State Park）也設施陳舊。2011 年《紐約時報》一篇文章用「破舊簡陋，資金不足」的字眼描述公園的狀況，激發了州政府在隨後的五年裡投入 7000 萬美元翻修公園，簽了數十個階段的建築合同，使公園有了新下水道、排水系統和通訊線路，以及新的行人棧道。

實際上遊客在此停留的時間平均只有半天，打算過夜的遊客也願意選擇更現代更氣派，軟硬件設施更好的加拿大一邊的賓館，這使得每年近 8000 萬的遊客實際上帶來的稅收利潤少得可憐。

製造業一去不復返，旅遊業又未能取而代之，瀑布城延續着下行曲線，直到博彩業的出現。

（二）

面對諸多挑戰，尼亞加拉大瀑布城把目光投向了特殊而有效的稅收來源、博彩業，希望它為城市的經濟輸血。

塞內卡尼亞加拉賭場（Seneca Niagara Casino）就在這個背景下粉墨登場了。這個此前的會展中心在 20 世紀 70 年代起就以能容納 1 萬人而誇口，但這個龐然大物吸引來的會展活動多半是在週末，而藉會展中心引來外地人消費的算盤打得也並不如意，無奈之下，會展中心在十多年前改建為賭場。

4 月底，尼亞加拉瀑布城天氣剛剛轉暖，傍晚時分，26 層高的塞內卡尼亞加拉賭場高聳的玻璃幕牆反射着夕陽的餘輝，五彩羽毛的樓飾愈顯豔麗，我踏着米高積遜（Michael Jackson）等人的老歌金曲進入賭場。即使不是週末，賭場的上座率也不低，不時能看到女賭客優雅地吸着煙，男賭客聚精會神地思忖着如何下注。我和賭場工作人員簡單聊了聊，他們告訴我這裡一週前四天基本不太忙，週六和週日是客流高峰，那時即使不是每個機器都被佔上，至少很難保證客人想要的機器都空閒。

2002 年前後，印第安部落塞內卡（Seneca Nation of Indians）和紐約州簽署了協議，以拉斯維加斯風格打造的塞內卡尼亞加拉賭場正式落戶尼亞加拉瀑布城，作為交換，賭場稅收的一部分提供給尼亞加拉瀑布城，用以維護街道和建築物等市政管理。這些年來，除肆庫夫林所在的美國尼亞加拉發展公司（USA Niagara）——這個紐約州的補貼項目，賭場稅收成為瀑布城最大的一筆稅收來源。

雖然來瀑布觀光和來賭場的顧客之間有交叉，但塞內卡尼亞加拉賭場每年能吸引約 800 萬左右的遊客。賭場不但解決了當地幾千人的就業，而且每年給瀑布城和紐約州上繳稅收，其中尼亞加拉瀑布城拿到 25% 左右、大概每年 1500 萬到 2000 萬美元左右。

自塞內卡尼亞加拉賭場 2003 年開業至 2015 年 2 月，老虎機為

瀑布城貢獻了大約 1.84 億美元，其中，2011 年老虎機貢獻的資金達到歷史高點的 2170 萬美元，2012 年貢獻了 2100 萬美元，2013 年則是 2000 萬美元，正是這筆錢使得城市基礎設施改造和經濟發展有了可能。在過去數年內，來自賭場的資金使瀑布城得以重新鋪路，為警察和其他社會公共部門購買新設備。

但抱怨的聲音是，每年來自老虎機的大約 2000 萬美元稅收中，500 萬美元用於支持州政府運轉的項目，還有很大的一部分用於債務償付；批評者說，這麼大一筆錢也沒見它為瀑布城創造出一個私營部門的永久崗位。

更嚴峻的現實是，從 2016 年起，塞內卡尼亞加拉賭場根據協議停止上繳稅收給瀑布城，這迫使紐約州在 2018 年 9 月向瀑布城捐贈了 1230 萬美元，以彌補賭場方面的損失。

博彩業的大環境也發生着變化。2014 年美國東岸賭城大西洋城四家著名賭場關閉，包括建成僅兩年、耗資達 24 億美元卻未曾盈利的勒韋賭場。當地財政急劇惡化，受此金融危機衝擊，大西洋城數千人失業。

從經濟理論上，賭場對所在社區和地區會產生顯著的經濟影響，其影響的大小取決於吸引到外地遊客的數量 —— 減少現有經濟活動的位移，加之賭場在區內促進就業，從而增加賭場的乘數效應。正因為如此，美國博彩業競爭在過去的 20 年間已趨白熱化。

如今美國涉足博彩業的州已有 40 個左右。以紐約州為例，大多數情況下，當地人驅車一兩個小時就可以找到一個賭場。而就在 2017 年到 2018 年 4 月的 15 個月時間內，紐約上州又開設了 4 家非印第安部落的全服務賭場，引發了市場飽和的關切。

過去，賓夕法尼亞州的中型城市伊利每天早晨或下午有數百人來塞內卡尼亞加拉賭場，如今伊利市有了自己的賭場；塞內卡尼亞加拉賭場的另一大客源來自不到兩個小時車程的俄亥俄州克利夫蘭市，2012 年克利夫蘭也開設了自己的賭場。

同時，隨着相當一部分傳統博彩轉移到網絡上。網絡的即時性、互動性強、支付方便和跨區域性等特點，也分流了部分客源。為迎接挑戰，2013 年底瀑布城的塞內卡尼亞加拉賭場投入 2600 萬美元進行翻修，在 2018 年 4 月又投入 4000 萬美元翻新改善外觀。但真正的客流和稅收來源的流失，可能要幾年才逐漸顯示出來。

（三）

重振尼亞加拉瀑布城的努力自 20 世紀 70 年代以來，一直圍繞着市中心展開。十多年前，印第安部落塞內卡買下市中心 26 英畝的空曠所在的舉動，激發了輿論的興奮點，認為城市復興指日可待了。

但十多年過去了，尼亞加拉瀑布城依然未見太大起色。根據紐約州的審計數據，尼亞加拉瀑布城家庭收入的中位數是 32322 美元，遠低於紐約州平均水平的 62909 美元，也低於中等城市水平。尼亞加拉瀑布城還被高貧困率困擾，2016 年瀑布城居民收入在貧困線以下的比率為 30.4%，而全紐約州的貧困率只有 18.9%。

為了振興經濟，尼亞加拉瀑布城真是使盡了渾身解數，紐約州剛一宣佈同性戀婚姻合法，瀑布城立刻大肆招攬同性戀們，希望把瀑布城「蜜月之都」也擴大到同性戀的人群上。各種噱頭的演出也想方設法搬到瀑布城，包括美國高空走鋼絲表演家尼克‧瓦倫達跨越尼亞加拉瀑布、搖滾音樂會等。

真正有里程碑意義的舉動是 2014 年秋，州長辦公室把振興紐約州西部經濟的部分資金投入到拆除高速路 Robert Moses Parkway 部分路段中。這段高速路將瀑布城分隔開來，大瀑布一帶的熱鬧繁榮因有這條高速路阻隔，而無法覆蓋到凋敝的城區。瀑布城與濱水地區隔斷了幾乎半個世紀，也浪費了幾代人的機會。

同時，濱水地區的資本投入也在加大。曾有研究表明，尼亞加拉瀑布城若想擁有真正旅遊城市的競爭力，就至少需要 1000 個以上的酒店客房，因此，翻新或新建的賓館、飯店近兩年像雨後春筍一般在城中心出現。肆庫夫林指出像凱悅酒店、希爾頓酒店、萬豪酒店等這些世界聞名的連鎖酒店，人們理所當然地認為在各主要城市都有，但它們對尼亞加拉瀑布城來說，卻還是新鮮事。

之所以如此，肆庫夫林自己的家庭經歷就很有代表性。肆庫夫林的父親就在製造業工廠裡工作了 35 年，即使製造業外遷多年，留下瀑布城苦苦掙扎了幾十年，這個城市的很多人都還相信，在製造業工廠裡找到的工作才是真的工作。肆庫夫林說，製造業在這個城市幾百年的血脈裡，這是根深蒂固的文化。因而，在城市官員的層面，大踏步地走向旅遊業的思維比較清晰，但有深厚製造業情結的市民仍然希望能有工廠提供就業崗位，認為在旅遊業上投資和自己沒有太大關係。

與此同時，瀑布城的製造業工廠現在已屈指可數。歷史上尼亞加拉瀑布城的製造業分佈於三個地塊上：從瀑布一帶沿河峽谷邊緣的 the High Bank、位於城市東部的水牛城大道工業區，以及城北的 the Highland Avenue 區域，三者共同塑造了瀑布城的工業發展藍圖，而如今這些過去的工業帶時常點綴着木板封住的破敗民宅和店舖。

十多年前，瀑布城接到州政府的約 46.1 萬美元用以重整廢棄的水牛城大道和 the Highland Avenue 區域。2007 年相關報告出台，但直到十年後，振興曾經繁華的重工業走廊第二階段工作才有所進展。顯然振興工業遠非建幾座賓館飯店那麼簡單，探討規劃的時期也相當漫長。

從長期來看，城市決策者相信瀑布城將繼續開發旅遊產品，也許在製造業領域有一些更寬泛的重建工作。畢竟瀑布城有偉大的自然遺產，有大量熟練的勞動力，同時地處美加邊境，有大型機場，可能兩國的物流、交通運輸以及國土安全方面會為瀑布城提供新的機會。

但問題是，隨着製造業曾經的輝煌付之流水，當年製造業帶來的人口繁榮也一去不復返了。現在瀑布城面臨的窘境是，據美國人口普查局統計，從 2012 年 7 月到 2013 年 7 月，瀑布城所在的尼亞加拉縣人口減少了 596 人，這些人中的大多數都選擇離開了尼亞加拉瀑布城。尼亞加拉瀑布城的人口逐年下降，現在已降到了 5 萬人以下。

5 萬人口是一座城市的標誌線，尼亞加拉瀑布城低於 5 萬的人口可能導致它失去城市的歸類，並失去一些聯邦的財政支持。

阻止人口流失需要增加就業機會、重振經濟，吸引年輕人口。瀑布城搞明白應該向旅遊業努力時，已經非常晚了。這意味着瀑布城需要做出很多戰略投資，才能扭轉局面，尤其是考慮到這座城市各個層面的就業都短缺，所以至少要等十年，人口流失可能才會停止，或有可能出現人口回歸。

謀殺之都已無人可殺

（一）

對城市管理者而言，數十年的城市崩潰帶來的絕望讓很多努力都顯得蒼白。

以加里為例，1994 年《芝加哥論壇報》（*Chicago Tribune*）曾稱加里是「美國謀殺之都」。除卻電影表現手法中體現出的陰暗頹敗，現實中的加里和其他類似的城市一樣，被繁華忘卻。甚至在加里降生的樂壇超級巨星米高積遜及 The Jackson 5 樂隊的全球影響力也不能讓加里重振雄風。

美國《商業內幕》網站（Business Insider）2019 年秋利用美國人口普查信息，對美國 1000 個城市的犯罪、吸毒、人口變化、就業機會、通勤時間、家庭收入、廢棄房屋以及自然災害等問題對社會產生的影響進行分析，公佈了美國 50 個最悲慘的城市名單。印第安納州的加里市被評為全美國最悲慘的城市。

在加里長大的一名毒品執法人員在 2017 年對媒體說：「我們曾經是美國謀殺之都，但現在不剩甚麼人來殺了。我們曾經是美國毒

品之都，但毒品需要錢，而這裡既沒有工作來賺錢，也不沒甚麼東西可以偷了。」加里有 7.5 萬居民，自 2010 年到 2018 年人口減少了6%。只有一半多一點的人口有工作。

這些是當時擺在加里市第一任黑人女市長凱倫‧弗里曼－威爾森面前的急迫現實。2012 年剛一上任，弗里曼－威爾森就要扛起 1500萬－2000 萬美元的城市財政赤字；加里的官方失業率遠遠高於全國的平均數；全城 36% 的居民生活在貧困線以下、人均家庭收入只有2.7 萬美元。

哈佛法學院畢業的弗里曼－威爾森當過法官和印第安納州總檢察長，還曾出任過 NGO 組織的 CEO。在 2011 年競選時，弗里－威爾森打出了「新的開端」(New Day) 作為競選宣言，她承諾要改善加里市的公共安全，提高經濟發展，改變城市的外觀和綜合形象。

頭髮剃得短如板寸，兩隻大耳環與寬框眼鏡相呼應的弗里曼－威爾森 2015 年 5 月贏得加里市長的第二任期。在她的第一任期，過去被認為代表了加里市破敗的 13 層喜來登飯店已經轟然倒下，加里機場獲得了大額聯邦基金。而 2013 年弗里曼－威爾森自己則成為輿論關注中心——她大膽地推出 1 美元購買廢棄房屋的項目，試圖改寫加里的頹敗史。

加里表面平靜，但犯罪、貧困和衰敗蓄積多年，雖然距芝加哥僅 40 英里，但經濟頹敗讓它顯得與世隔絕。只有偶爾匆匆駛過的警車，三兩行人在空蕩蕩的街上證明這座城市還有人煙。對城市管理者來說，要改變城市的敘事相當棘手。而要回覆到過去的榮光也非常困難。

弗里曼－威爾森乾脆告訴我不希望加里回到過去，因為過去的一

切並不都是美好的。她不喜歡「回復」這個詞，更好的替代詞在她看來是「重建」。她眼裡的重建要有比較健康的失業率，或者比目前的失業率要低。加里的失業率大約是 25%–30%，她希望能將其控制在 10% 以下。她所構想的加里市願景是：閒置廢棄的建築更少——加里大約 20%–25% 的建築物空置或廢棄，她希望將其控制在 5%以下。

　　加里的城市敘事不會改變美國工業鏽帶城市重新崛起的事實。這些城市有重新崛起的巨大潛力，一些重要的跡象也指向了崛起的可能，越來越多受過高等教育的千禧代年輕人開始選擇生活成本更低的克利夫蘭、哥倫布、印第安納波利斯等城市生活。這些城市發展建立了各種文化設施，加上程度不同的城中心重建努力，提供了成本更低、更宜居的生活選擇，因而變得更具有吸引力。

　　都市未來學研究員喬爾·科特金在他享譽全球的《全球城市史》書的最後暢想城市的未來時，這樣開篇：城市興衰的進程即源來歷史，同時也被歷史所改變。今天成功的城市化區域也必定是古老原則的體現——神聖、安全和繁忙的地方。

　　科特金回憶說，過去二三十年前，人們到印第安納波利斯這樣的小城市，基本沒事可做，那裡沒有所謂的鬧市區。當然如果不關心也無所謂。否則那些城市真的很糟糕。現在情況發生了變化：文化設施和劇團劇場一應俱全。食物變得更好——這是很大的事兒，比如從哥倫布到辛辛那提甚至它的郊區，都能吃到相當不錯的食物，這是前所未有的。

　　科特金小時候幾次坐車穿越美國，他記得那時只在紐約和芝加哥能吃到喝到好的食物和咖啡，離開芝加哥後基本上要一直到三藩

市才能有像樣的東西吃。現在不同了。這部分是因為外來人口或者移民的遷徙，紐約近幾年來人口一直在流失，而來自紐約等地受過良好教育的人，他們在很多曾死氣沉沉的地方推動了創業、文化和美食的興起。

就在十多年前，美國的經濟活動還主要集中在沿海和大湖區周圍，後來人口向小城市遷移，這背後一方面是俄亥俄州、密歇根和印第安納州等這些地方，在某種程度上因眾人拾柴而變得更強大；另一方面是沿海地區經濟變得越來越依賴股票和房地產投機。

科特金高產高效而又時刻保持謙虛。他住在橘郡，那裡經濟上搞得轟轟烈烈，但似乎就只有房地產大繁榮，這讓人疑惑，長此以往如何維持？但在鐵鏽工業帶上的城市，房地產價格並未上漲很多。這有一部分原因是國際投機資本造成的──中國人和韓國人會跑到洛杉磯市中心高價購買高端公寓，不為居住，好像只為找到一種方式放錢，這在美國人看來傻乎乎的。但他們不會把錢投到哥倫布或克利夫蘭，所以未對這些地方造成價格扭曲。

價格扭曲造成的結果是，現在美國很少有人打算搬到三藩市、在灣區度過餘生。因為他們知道除非他們家境殷實，否則總有一天他們知道自己會再離開那裡，因為根本住不起。這對企業也產生了影響。隨着下一輪股市泡沫破裂的到來，灣區、南加州和紐約等地的公司就要考慮把公司運營更多地放在哥倫布、鹽湖城、德梅因這樣的地方，這樣他們不僅能招到不錯的工人，而且公司員工可以實實在在地過日子、成家、買房。

這一現象隨着時間推移會持續下去，其中一個大的因素是，鏽帶上的那些城市已不再像過去那樣讓人感到孤立。

（二）

　　工業主義曾帶給美國巨大的變化。最終工業主義把美國這個以鄉村為主的土地轉變成了大城市雲集的地方。美國城市引人注目的發展受到以下幾個因素的驅動——移民，歐洲的投資，北美消費基礎的全面增長，最重要的是製造業的迅猛發展，尤其是大規模生產的發展。

　　回顧美國歷史，蒸汽革命催生了工業和新增就業機會，讓很多人從農村遷徙到城市，也接納了很多貧窮的外國移民。到 1890 年時，有三分之一的美國人生活在城市裡，但有三分之二的移民住在城市以外的地方。

　　一二百年之後，如今城市的發展已經歷了若干輪人口和經濟的挑戰，城市復興的故事從國際化的「世界城市」走出困境、重現輝煌，講到現在的美國工業鏽帶的復興之路。未來的美國工業將會變得不一樣，更加自動化，更需要有很高技術含量的勞動力，需要更深入的研發和更多工程學的含量，而這是前進的方向。

　　人口的高度流動性對美國城市的人口結構和城市發展定位有着深遠的影響，有些城市一直在縮小，比如過去 20 年中芝加哥的規模就在縮小，但紐約沒有。今後有些地方也許會繼續縮小，或以遠低於全國平均水平的速度緩慢發展。美國全國的平均水平大概是以每十年 9% 的速度增長，即使是紐約，其增長速度大概也僅維持在 3%－4%，這可能是最好的情況。

　　不過，那些規模縮小了的城市並非一定會變成空城。如果看哥倫布的遷徙地圖，會發現哥倫布的人口在增加，其外來人口主要來自

東北部地區。因投資界泰斗巴菲特（Warren Buffett）生於斯長於斯，所以密蘇里河畔的小城奧馬哈為中國人所熟知。每年 5 月的第一個週末我也經常隨數萬全球投資者去奧巴哈參加伯克希爾－哈撒韋股東大會。感覺奧馬哈在地理位置上是一個非常不討好的存在，但這樣的城市也有人口從東北地區流入，它成為美國國內遷徙的一個縮影。

如今美國國內遷徙的模式發生了一些變化，並不是所有人都往工業鏽帶搬，只是說工業鏽帶向外遷出的人口在減少，同時有更多人從紐約等地搬到工業鏽帶。

2018 年第三季度，美國人國內遷徙的速度加快，人們繼續遠離三藩市、紐約、洛杉磯和華盛頓特區等高成本的沿海市場，鳳凰城、賭城拉斯維加斯等中等城市也有人口陸續外遷。根據美國人口普查局的數據分析，越來越多的美國人搬到了較小的城市以尋求更高的生活質量。對移入的一些二線城市來說，住房成本低廉是這些城市巨大的吸引力。

美國人口普查局的記錄顯示，2012 年至 2017 年這 5 年期間，有超過 50 萬人離開紐約的曼克頓、布魯克林、皇后區等城區。洛杉磯是美國境內淨移出人口最多的大都市縣，在 5 年內移出了超過 38 萬人。

里奇和吉姆‧羅素的研究發現，在 25 歲－34 歲間、受過大學教育的人口中，從布魯克林搬去克利夫蘭的人要超過從克利夫蘭搬去布魯克林的人數。但在十多年前恐怕就不是這樣。美國的多數地區，城市人口佔總人口的比例很小，大部分地區城市都很小。工業增長會給新興城市提供擴大就業基數的機會。在過去工業增速下滑最嚴重的地區，如今迎來了製造業的復興。底特律是個非常獨特的案例。

底特律的復興不是慣性的問題，而是各種境況的獨特組合。這裡不僅有很多技術工人，而且在美國 85 個大都市地區中，其工程師集中的程度僅次於矽谷。

在 底 特 律 郊 區 的 沃 倫－ 特 洛 伊－ 法 明 頓（Warren-Troy-Farmington），自 2009 年以來製造業就業增加了 38.8%。在懷俄明的大急流區（Grand Rapids），這裡一直是傢具製造業的中心，基本五個人裡面有一個是從事製造業，製造業就業比例非常高，而城區工業就業自 2009 年以來也增加了 27.9%。另一個中西部地區的亮點是俄亥俄州托萊多，距離底特律只有 60 英里，工業就業從 2009 年以來增加了 17.4%，是中型城市裡的佼佼者。

回過頭去看，上世紀六七十年代，大的工業中心遭受就業和人口下降的打擊後，重振這些地區的努力就一直沒停止過，但大多數失敗了，很大程度上是因為他們把紐約和三藩市當作模板，認為這樣的城市又潮又酷，得以匯聚資源因而發展，就開始照葫蘆畫瓢。科特金說，事實上，每個地方都有自己的 DNA，有自己的調調。成都不能變成北京，哥倫布也不能變成布魯克林。這些地方各有各的歷史、人口和工業。很多中西部地區因為不相信自己，總想成為別人，所以才吃盡苦頭。模仿別人通常不會成功。

在經濟發展戰略的層面，很多城市嘗試建立賭場和會議中心，或者通過藝術、鬧市區的翻新、發展中城區等來挽留「創意階層」人口。這些戰略就其本身來說應該行得通，但在根本上不會起太大的作用。比如說在堪薩斯投資 5 億美元建一座表演藝術中心來吸引創意階層，但這根本就不太可能吸引任何人。因為對視藝術為生命的人而言，他們不會跑去堪薩斯，而是會去紐約、洛杉磯、芝加哥，或

許灣區等地。選擇堪薩斯居住的人是因為這裡成本低，人很友好，能找到不錯的房子，環境比較穩定。

這對城市管理者有借鑒意義，他們應該明白人們選擇特定城市的原因。

城市的繁榮也不能完全依靠金融業或吸引創意階層，這更不是說最好的方式是重新回到製造業。製造業和物流只是其中的一部分，關鍵還是擴大城市基礎。以克利夫蘭為例，它有龐大的醫療部門——克利夫蘭診所（Cleveland Clinic）；還有克利夫蘭港口，有潛力成為巨大的經濟引擎。製造業不會像以前那樣製造那麼多的就業機會，但它對經濟確有巨大的推動作用。製造業公司雇傭了美國絕大多數的科學家和工程師。如果沒有製造業，美國會失去很大的優勢。

如果細看技術行業：搜索引擎和社交媒體大多集中在灣區，而醫療設備、航空、製造技術或某些特定的商業或醫療服務並非如此。城市要明白自身的優勢，然後以此為基礎，而不是模仿其他地方重建複製品。這並不意味着谷歌決定在匹茲堡建新辦公室是錯誤的決定。匹茲堡有很多大學，生活品質很高，成本也合適。

（三）

在城市發展中，製造業未來的地位是甚麼？

在有些城市製造業可能會變得很重要。但大都市地區不會有很多製造業分佈在核心區域，那個時代已經過去了。現在，日本在美國的製造業主要在納什維爾或者哥倫布周邊地區，而不是在鬧市區。製造業會選擇遠離城中心 20、30 英里的地方，那裡土地更便宜，附

近的藍領工人能住得起房子。

在工業鏽帶城市，製造業仍是不可以捨棄的重要資產，仍是重要的競爭優勢。製造業當初選擇那些地方是因它們處在中心的地理位置。像俄亥俄不僅有煤礦，還有天然氣和石油。休斯敦成為第三大工業中心並躋身發展最快的大城市之列，因為它有港口、石油，相對較低成本和對企業相當有利的商業環境。另外工業鏽帶城市發展的一個特性是它更「飢渴」，所以對企業更友好。

阿拉伯偉大的歷史學家伊本・赫勒敦（Ibn Khaldoun）十五六世紀時說，當國家變得富有和肥碩，它們會停止競爭，變得不願意吃苦。

美國就是一個鮮活的例子。美國製造業從業人數比例在1945年達到38%的頂峰然一路下滑。製造業增加值比重在1953年到達28.3%的頂點後掉頭向下。美國製造業增速的下降導致美國經濟增長的下降，於是美國選擇了「服務化」的捷徑。1980年金融、房地產與專業服務增加值在美國GDP佔比首次超過製造業，進入90年代，信息技術行業崛起成為美國增長的新動力。美國傳統製造業衰退的事實被金融帝國和互聯網科技的光環遮蔽了。

德國和日本及中國在美國之後相繼崛起。1980年代的中國人和更早之前的日本人非常拚，因為他們想要趕上世界。中國接棒美國成為世界工廠，這在2019年轟動一時的紀錄片《美國工廠》中有頗為精彩的展現。福耀工廠裡的中國工人和東莞的打工者敬業刻苦、勤勉自強又易於滿足，就是中國人的寫照。

2016年曹德旺在俄亥俄州代頓附近棄置的通用汽車工廠裡，為他的全球汽車玻璃製造公司福耀開設了分廠後，我一直想着要去實地採訪，但2016年大選後，特朗普顛覆性的國家政策密集出台，我

完全沒辦法離開華盛頓。

回想起來，奧巴馬政府推行了「再工業化」政策，但他們基本不太關心工業鏽帶的問題。說穿了，他們是以大城市為中心導向的，主要聚焦於紐約和加州。奧巴馬夫婦離任後其公司與 Netflix 合作推出的紀錄片可能是他們對鏽帶民生最切實的關切。

特朗普當選被認為有工業州長期掙扎的藍領工人的支持。於是特朗普承諾通過貿易、稅收和監管政策來重振製造業，推翻了很多重大的貿易協定，挑戰全球化，四處徵收關稅，希望把海外製造業產業鏈和工作全部搬回美國。但是特朗普不知道或者假裝不明白的是美國是全球最重要的製造業中心時，1948−1966 年期間美國一直是全球最大的貿易順差國，隨着能源成本大幅增加，製造業加速外遷，美國貿易逆差迅速擴大，1976 年起，美國變為全球最大的貿易逆差國，並持續至今，2018 年貿易逆差超過 8700 億美元，佔 GDP 比重超過 4%。

科特金曾追蹤分析過日本，日本重複了同樣的趨勢：20 年前，年輕的日本人不想和父輩一樣辛苦工作，也不想從事製造業，而是想進入時尚業一類的工作。這樣不可避免的結果就是，經濟改革和增長開始放緩。對國家和城市來說，當聚集的財富累積到一定程度，有錢的人就失去了打拚的動力，自然也不想從事需要耗費很大精力的製造業。

這是真實的圖景，歷史就是這樣。馬丁‧威納（Martin Weiner）的《英國文化與工業精神的衰落》(*English Culture and the Decline of the Industrial Spirit, 1850−1980*) 追溯了為甚麼很多英國人在 19 世紀 90 年代至 20 世紀 20 年代，不願幹製造業一類的重活，而是想從事

藝術或金融。

　　工業衰退或重振的影響可能比很多人想像的更重要。這在全球都是如此。在 21 世紀，商業服務、醫療、高端製造、物流、房地產和能源（特別是天然氣）等行業會助力城市變得更有競爭力、取得更好的發展。以天然氣為例，它比煤的碳排放更低，價格更便宜，儲量充足 —— 美國或許是世界上天然氣最多的國家。天然氣是煤的替代品，所以美國溫室氣體排放降低了很多；太陽能、風能則不可靠又昂貴。

　　過去數年經濟和人口的變化趨勢帶來了「再城市化」，發展還會繼續，人們會看到城市的內核和外延都會增長。美國各地面臨的最大挑戰都是這些中間地帶，那些城市的「老郊區」或「老內環」，曾建有很多工薪階層的住房，學校有時不是很好。城市內核因為沒有很多人，通常會好點。發展主要集中在外圍地區。

　　全球的城市都變得越來越有世界性、昂貴，必須超級有效率才能夠參與到競爭中，新加坡是典型的例子。超級有效率意味着順暢的交通和物流、強大的港口、非常好的教育，若要高水準地競爭這些都是必要的。有趣的是很多超大型城市發展得都不好 —— 這已是公開的秘密，這一過程還會繼續，甚至可能加速。

第五章

中美關係轉向

中美關係自奧巴馬時代下行

在特朗普時代驟降

演化為史上最具挑戰性的雙邊關係之一

在經濟清單互加關稅的同時

雙方在更廣的維度上戰略競爭

甚至進入冷戰與脫鈎的陰影

大國關係認知與誤解的代價

還未可知

螺旋向下

　　記者都想做歷史的記錄者和見證者。但當某個歷史節點真的到來時，至少對我來說，第一感覺像是一個浪頭披頭蓋臉的打來：信息是如此的密集，指向是如此的豐富，想旁觀者清基本上很奢侈。中美關係轉向就是如此。

　　生活在美國，經歷的第一個中美低潮期是 2014 年春夏之交。中美人權方面的指責，軍事口角的升級，網絡間諜活動衝突的加劇，使華盛頓對中國的對衝加重。那次幾乎是唯一的一次，從不參與我選題策劃的美國中國問題專家們敦促我，是時候該有篇文章了。

　　不知道是太懂中國，還是太懂中國媒體，那時他們批評的矛頭一致指向奧巴馬的領導力缺失，從而使非理性因素佔了上風，導致美國對華政策的失敗。他們或急或惱，讓我感覺這是一群想促成中美合作的人，他們的日子很難過。

　　中美關係緊張緣何而來？想搞明白這個問題，就像鬧清楚兩個小孩子為甚麼打架一樣困難。2013 年冬天我回國參加一個中美高層對話。會歇時，一個通過金融長期與美國打交道的中國大佬直言不諱地和我說，中國和美國的交流就是雞同鴨講。

　　回想起來，2013 年時，中美關係一度良性共振。中美敘事的曲線從兩國領導人在加州安納伯格莊園會面開始。對那次習奧會，媒體煽情地說它「演繹了新世紀的中美故事」，其關鍵詞是「新型大國關係」：奧巴馬稱美國不是亂貼標籤的國家；2013 年 11 月，美國國家安全顧問賴斯（Susan Rice）在喬治敦大學演講時，話裡話外透露出認可新型大國關係的意思。隨後，2013 年 12 月初美國副總統拜登訪華，更是充分接受了這個概念。

　　形勢似乎一片大好之際，2014 年 2 月，美國負責東亞事務的助理國務卿拉塞爾（Daniel R. Russel）突然對中國措辭強硬。他説，「中國對南海的主權宣稱模糊不清，這給當地局勢造成不確定性，限制了達成相互滿意的解決方法或者公平共同開發的前景。」2 個月後，美國防部長哈格爾（Chuck Hagel）訪日時説，「不能四處重劃邊界，依靠武力、威逼和恫嚇去侵犯他國領土完整和主權。」

　　美國戰略與國際研究中心（CSIS）費和中國研究項目主任張克斯（Chris Johnson）對我説，他發現中國人對美國方面的言辭和舉動感到吃驚，對奧巴馬政府的思維和行為方式多有不解，而奧巴馬政府卻自我感覺良好。追溯起來，從 2013 年 9 月，中美關係就已被負面消息籠罩，島嶼之爭、防空識別區與南海爭端接踵而至。

　　2015 年，對中美關係的抱怨主要來自美國商界。美商務部的一個前高官約我在咖啡店裡見面，彼時美國商界對中國有民族主義色彩的政府干預已怨聲載道。儘管他壓低了聲音，但在店面不大、午後倦怠的咖啡館，我感覺所有的人都在聽他講中國貿易和投資環境的改變，強調民族主義如何使政策複雜、讓人失望。

　　這些負面情緒一直積累到特朗普上台。當特朗普推出他的王牌

策略「美國優先」，並把焦點對準貿易，把靶心瞄准中國時，不但美國商界和企業界這些中美關係的調和者也跟着一起嘟嘟囔囔，負責處理中國在美投資的機構 CFIUS 也表現得激烈而有對抗性；就連互相拆台的美國兩黨政客們也發現，在貿易上施壓中國能讓他們達成一致。

2014 年時美國的中國問題專家們擔心，美中關係惡化將轉為遏制政策。四年後的 2018 年，中美語境已被中美貿易戰淹沒。對中美關係的探討也越來越悲觀，人們不確定雙方在經貿、科技、意識形態和地緣政治上的各種摩擦量級還會增加多大，時間持續多久，延伸的領域會擴展多廣。

中美關係一度被學者描述得像一對充滿愛恨情仇的怨偶。1989 年到 2000 年間中美關係近於同床異夢的夫妻；2001 年到 2008 年間則像學着管理婚姻的新人，為了婚姻共同體，雙方攜手打擊恐怖主義，聯手應對金融危機；美國甚至主動示愛，允許中國加入世界貿易組織。但中美這對怨偶也不能免俗地逐漸有些反目成仇的架式。

2018 年夏，卡內基國際和平基金會副總裁包道格（Douglas Paal）和我回顧總結中美關係的時移事遷：「過去幾年美國對中國的態度發生了從代際、制度、國會、經濟和安全層面的全面轉變。這個變化可以追溯到 2012 年，但不同的人群、不同問題的產生，其根源則可以回溯到 2007 年至 2008 年期間。轉變現在已接近於百分百的完成，只是在官僚機構和智庫中，尚遺存一些老人，他們的轉變尚未如此有戲劇性。」

所謂的代際態度轉變，指美國年輕一代對中國的批評更為整齊劃一；在制度層面，美國各政府部門、包括國家政府部門在內都已

成為對中國強烈質疑的大本營；從國會的視角，中國在國會議員和相關工作人員的眼中就像個欠揍的男孩兒；美國商界支持中國的隊伍急劇減少，更多的人加入了新湧起的批評大潮；國家安全官僚機構則已把注意力轉移到了中國人、中國學生、中國商人甚至華裔美國人的身上。

《紐約客》（*The New Yorker*）有篇關於美國副總統彭斯的特別報道，基本上說美國換掉特朗普，彭斯接任，情況也不會好到哪去。2018 年 10 月彭斯在智庫哈德遜研究所發表演說，讓我忽然意識到，即使換掉特朗普，中美關係也不會好到哪去。

2019 年我參與了一個中美 40 年的回顧紀錄片，起點是上世紀 70 年代，美國跨過重重障礙和困難在對華關係上取得突破。那真是非常敏感的時期 —— 美國還與台灣的國民黨當局保持外交關係，與大陸的中華人民共和國政府並未建交。美國的處理是：中國事務的任何方面都由白宮直接把持，美國政府任何官員都不能評論兩國關係：首先，當時幾乎所有的美國官員都不知道發生了甚麼，因為兩國交往秘密進行；其次，雙方非常小心地呵護和控制中美關係。

自尼克遜訪華「改變世界的一週」過去 40 多年後，中美關係經歷了一個輪迴，進入新的關口。

外交低潮

　　我第一次見到倫敦政治經濟學院教授、喬治華盛頓大學客座教授葉胡達 (Michael Yahuda)，是在一個美國前外交官組織的飯局上，那時他正撰寫《冷戰後的中日關係：一山容二虎》(*Sino-Japanese Relations After the Cold War: Two Tigers Sharing a Mountain*) 一書。葉胡達是解讀亞洲錯綜複雜外交關係的高手，典型的英倫學者風格。

　　2014 年 6 月的一天，在車來車往的喧鬧中，我們談起華盛頓進行的一場沒有清晰答案的爭論。美國當時對中國外交策略的解讀是，中國逐步地弱化美國盟友。美國卻沒有相應的對策 —— 若派軍艦進駐，不一定能阻止中國，反而使局面更為複雜；反之，美國的選擇可能被認為是「選邊站」或不承擔責任。美國陷入兩難境地，進而影響了其外交政策。中美不能只強調經濟關係，而任憑政治和戰略關係日益惡化。同時，美國極力想從兩場戰爭中徹底脫身，也未把注意力放在中國身上。而美國公眾的情緒也不利於設定正確的政治立場，這些因素疊加使白宮進行戰略性思考變得異常艱難。

　　在中國一邊，多次往返中國的張克斯聽到的聲音是，習近平主席重視連貫性和信用，而美國外交政策的表現，讓他覺得奧巴馬不

可靠，甚至過於軟弱，不能掌控自己的政府。中美元首達成的原則是，不讓負面事件影響兩國關係，但事實上，中美發生的一系列事件主宰了政策走向，而不是先有成熟的外交政策，以政策來消解事件。

美國的中國通們了解中國外交動向的一個渠道是《人民日報》，2014 年美中關係走到低點的實證之一是，《人民日報》提到中美關係時，用了「困難重重」四個字——已經很久不用這個詞了。

奧巴馬第一任期剛上台就滿懷誠意地出訪中國，此前克林頓政府和布殊政府都很努力地幫助中國加入 WTO，到小布殊政府後期，美中關係相當好，奧巴馬接手過來的是一個狀態不錯的美中關係。

不過，放在歷史的坐標上，2014 年美中關係所經歷的低潮充其量只是兩國關係曲線的一個低位而已。其實從任何維度上考量，美中關係在 2014 年都不是最壞的。中美那時仍在做一些此前從來不會做的事情——兩國軍隊間的交流持續且頻繁。美中雙邊貿易額比上世紀 90 年代要大得多，增長的趨勢不可逆轉。兩國間階段性取得的進展變得越來越司空見慣。

芮效儉（Stapleton Roy）是職業外交家，曾先後任美國駐新加坡、中國、印尼大使，助理國務卿等職。先後參加過六次美中兩國首腦會晤的芮效儉告訴我觀察中美首腦會晤的玄機：在外交平台上國家領導人會晤，一般都短到一兩個小時，能談論的內容那麼少，有限得讓人吃驚。中美首腦會晤則絕大部分時間都被浪費掉了：中國一直在說台灣，美國則一直在談人權。芮效儉說像擺茶道一樣，沒機會喝茶。加州安納伯格莊園的中美首腦會晤超過 8 個小時、雙方面對面接觸和交流，一起晚宴，一起散步就被媒體大加渲染。

散步和晚宴之後，中美卻沒有類似於聯合聲明之類的東西。兩

國貫於以聯合聲明反映中美雙方共識，也發表過數次聯合聲明，但在加州安納伯格莊園會晤後卻沒有。從事後效果來看，中美只維持了短暫的熱度。有人評價這個會晤不過是為了「停留在表象上的友誼」，後來感覺雙方連表象上的那部分也在迅速消退。

美國的中國通們批評說，奧巴馬政府部門間的協作並不清晰。他們不會想到，在特朗普執政時期，更是出現了從政治到軍事、經濟、外交的混亂。

此前美中關係好壞與哪個黨派上台沒甚麼關係，很大程度上它取決於總統身邊的白宮官員或者國務卿。上世紀 80 年代，國務卿舒爾茨（George Shultz）很有能力也很自信，當時美國同中國的關係也很好。到了特朗普時代，他對中國的立場則更多的由國內政治決定。

美國外交關係協會高級研究員、亞洲項目主任易明（Elizabeth C. Economy）給我了一個清單：特朗普在執政的前 18 個月對中國採取的方式方法包括：甜言蜜語地勸誘、威脅、哄騙、讚美和懲罰。他的團隊中各種不同的聲音，各自推動不同的方式方法；一種方法若不奏效，他就轉而採用另一種方法。雖然目標相對來講始終如一，但戰術卻能迅速切換。這導致他的談判風格具有極大的不可預測性，也使理解他的所作所為變得非常困難。

易明並不掩飾對特朗普談判策略的讚賞，認為他非常靈活。在中美貿易戰期間，經常是雙方一邊在接觸和談判，特朗普一邊揮舞關稅大棒。深究起來，是特朗普對中國用胡蘿蔔加大棒的策略，還是白宮內鬥不斷，不同思路同場競技？似乎二者都有。華盛頓智庫美國企業研究所（AEI）美中經濟問題研究員史劍道（Derek Scissors）給我的解釋是：這些信息不互相矛盾，因為政府中不同群體的意見

並不一致。此外，美國的目標是迫使中國在談判中讓步，不起作用的情況下才適用關稅。

在奧巴馬政府期間，中美外交的問題在於雙方都放任本國內部的意見，並以此去決定他們的外部行為，而不是試圖去形成國內共識來支持各自的戰略目標。達成共識是為了美中之間能夠抑制對抗，如果美中能夠管控對抗的態勢，那其他問題也就迎刃而解了。

那時隱患就已埋下，美中的戰略目標說是嘗試創建一種新型的大國關係，從而控制雙方的戰略競爭，雙方所做的每一件事本應朝着達成此戰略目標而努力，但沒有任何一方這麼做。要麼根本不信任這個戰略目標——提戰略目標也不過是要要嘴皮子，要麼沒有相互協調各自的政策策略。

特朗普時代美國對華競爭全面鋪開，從多個領域對華施壓。在外交領域，小到美國國務院針對中國外交官的新政：要求其在會晤地方或州官員，以及教育和研究機構前，需事先通知美國國務院；大到在印太戰略框架下，美國提出了「印太經濟構想」，與日本和澳大利亞聯手成立印太地區基礎設施投資三邊夥伴關係，加強與中國「一帶一路」倡議的競爭，中美外交面臨嚴峻考驗。

網絡與安全

2015 年 5 月 20 日，曾任美國中央情報局中國事務分析師的張克斯抵達上海，發現他自己一腳踏入了輿論熱潮的中心。當時正值美國時間 5 月 19 日，新的一週開始，留着濃密鬍鬚、笑容半隱半現的美國司法部長霍爾德（Eric Holder）神情威嚴地召開新聞發佈會，宣佈美國有史以來首次針對「已知國家行為者通過網絡手段滲透美國商業目標」的行為進行起訴。

美國起訴的五名中國軍官都在上海。張克斯顯然不像他的中國同行們那樣震驚，他幾乎預知到這不可避免的結果。最初在 2013 年2 月，美國網絡安全公司曼迪昂特（Mandiant）發佈報告，指稱「總部位於上海浦東」的「中國軍方人員」入侵美國和其他西方國家 141 家公司的網絡系統，竊取商業機密。奧巴馬政府隨即對中國網絡間諜活動強烈譴責，中國外交部和國防部則否認此事。

中美雙方工作組就此有些討論，但美方認為中方並未真正採取行動，理由是中國黑客組織「註釋組」沉寂數月後，又活躍起來。同時，美國私人網絡安全公司不停地發佈各種報告，以示網絡安全問題愈演愈烈。

　　張克斯自稱是中立的觀察者。他說，這些公司採用的方法沒有明顯問題，報告也有一定的說服力。這期間美國公司態度經歷了轉變，起初不情願鬧到起訴這一步，但在商業利益受損後，認為走上法庭也不會有更多損失，於是推動了法律程序的啟動。

　　網絡間諜與安全問題近年來躍升成為中美關係緊張的新引爆點。曼迪昂特公司 2013 年把矛頭直指軍方人員時，中美雙方的矛盾變得異常尖銳。在曼迪昂特認定攻擊總部位於上海浦東後一個月，美國國家安全局（NSA）被曝在華為的計算機系統上植入了後門。

　　網絡安全問題在美國的重要性陡升：在國內政治層面，白宮把促使國會通過新的網絡安全立法放入議程；在中美交流層面，網絡安全及間諜問題則直呈至兩國最高領導人。奧巴馬的國家安全顧問多尼倫 2013 年 3 月公開稱，「中國的網絡間諜正在給美中經濟關係帶來越來越多挑戰」，奧巴馬政府試圖把網絡問題的相關對話置於「兩國關係的核心」；在司法層面的努力也緊鑼密鼓地進行。2012 年 11 月，國家安全網絡專家網籌備會議聚集了全美各地的聯邦檢察官，而司法部官員則開始要求聯邦調查局進行調查，尋找可能被送上法庭的案件，並開始收集一些經濟間諜活動的證據。

　　那時沒有明確的國際法律環境來處理類似的問題。美國國內類似案件的處理證實它屬於執法範疇。若跟蹤電腦系統被入侵的軌跡，當證據足以證明入侵者在美國時，司法系統就會對其進行起訴。但司法部針對中國軍方人員的起訴有些不倫不類：被起訴者不在美國也不大可能來美國，法律程序執行下去也不太可能。

　　早在 2011 年美國國家反間諜執行局（USNCE）辦公室曾發佈有關外國針對美公司實施間諜活動的報告。這份 31 頁的報告是美國

官方首次公開並明確地把中國列為最活躍的網絡間諜活動的來源。2013 年 6 月斯諾登報料 NSA 監聽醜聞後，NSA 侵入中國以及其他外國公司竊取敏感信息和專有情報的事實被披露，美國政府措手不及，不得不暫時取消對華間諜指控。

但其他推手並未就此停止。包括一些人在仕途上的野心。美國司法體系官員雖獨立於行政體系，但若想施展政治抱負，一個途徑是藉用高曝光率案例戴上「勇於改革」的光環，成為做州長或其他官場爵位的跳板。2013 年網絡安全公司的報告發佈後，賓夕法尼亞州的一個地方檢察官發現自己的機會來了。

網絡安全公司的報告引發大量關注後，這位檢察官自己開始着手調查，並雇傭了計算機行業高手參與。不過，比較當年賓夕法尼亞州一個聯邦大陪審團指控五名解放軍合謀進行電腦欺詐，及擅自進入電腦以謀取商業優勢的起訴書，並不比曼迪昂特的報告有多少不同，沒有更多新信息出現。但按照美國司法程序，一旦案件確立，其獨立性就不受政治等影響。

美國國防部曾負責亞太安全事務的助理部長幫辦謝偉森（David Sedney）告訴我，奧巴馬的難處在於，因有當年小布殊政府捲入司法獨立醜聞的教訓在前 —— 司法部解職八名聯邦檢察官被認為有白宮介入，以確保司法系統能維護共和黨利益，所以奧巴馬在競選總統時即信誓旦旦要確保地方檢察官的獨立，這更束縛了奧巴馬的手腳。

不管這是否是一步好棋，支持者說，在美國眼裡，中國試圖攻入美國公司的電腦系統並盜取知識產權，起訴的決定是把這種「經濟間諜案」和傳統的意在盜取軍事機密、搞到政府運作和政策制定信息的國家間諜區分開；更重要的是，美國向中國傳遞的信息未被領會，

就要對中國採取更嚴厲的措施。

美國的嚴厲遭遇了中國的強烈反彈。中方在第一時間向美方提出抗議，敦促美方立即撤銷所謂起訴。中方中止了中美網絡工作組活動。有報道說，中國要求國有企業切斷與美國諮詢公司的聯繫，擔心它們會充當美國政府的間諜。另外，中國會對美國科技企業施行新的審查程序；而書面形式的反擊包括，中國互聯網新聞研究中心也發佈了針對美國網絡間諜行為的報告，指責奧巴馬政府從事互聯網監控活動，規模遠遠大於其他任何國家。

在五名解放軍軍官被起訴的波瀾掀起後，2014 年 6 月 10 日加利福尼亞歐文網絡安全公司（Crowdstrike）發佈新報告，聲稱鎖定了第二支解放軍「黑客部隊」。

雖然奧巴馬政府意識到事情可能引發的效應，但在司法獨立的背景下，他們能做的準備只是把司法部長推到台前，阻止了賓州地方檢察官在鏡頭前拋頭露面的野心，算是進行了有限的政治控制，然而，他們不能阻止對五個中國軍官的起訴。但畢竟，受到直接衝擊的是中美關係。

這件事後來逐漸成為舊聞。2016 年美國總統大選期間，希拉里「郵件門」與民主黨全國委員會網絡系統遭受黑客入侵等事件接連爆發，網絡安全成為熱點議題。為維持美國在網絡空間主導地位，特朗普政府上台後，重新評估美國網絡安全狀況，檢討奧巴馬政府網絡安全政策，逐步進行網絡安全政策調整。

特朗普找到了最方便的抓手——用民族主義帶來「美國優先」的治國策略。「國家安全」的帽子四處亂扣。

我的一個美國朋友把公司轉型為網絡安全諮詢，這一轉型讓她

如釋重負。此前她曾長時間為轉型找不到方向而焦慮不安。她對我說，往國家安全上靠，絕對是正確的選擇。

在美國，為了國家安全而對特朗普圍堵中國的行為進行容忍變成了日常。國家競爭力之戰最後的落腳點是企業。從華為到中興到海康視威，基於美國國家安全考慮圍堵中國技術的鏈條不斷延長。

2018 年 5 月 25 日，《華爾街日報》(*The Wall Street Journal*) 報道說，根據美國國會眾議院通過的 7170 億美元國防授權法案，美國政府將被禁止購買中國製造的監控攝像機，全球最大監視攝像機製造商海康威視等幾家中國公司被點名。此前美國密蘇里州陸軍基地倫納德伍德堡移除了 5 個海康威視生產的監視器，雖然美國軍方自己也說，完全不認為這些監視器存在安全風險。

而文章下面一條評論說：It is about time. Better safe than sorry.

數字時代，國家安全與技術，創新，與國際較力密不可分。中美競爭此時展開，國家安全的焦點集中於技術轉移和網絡空間的安全。在華為等率先實現全球化的中國企業有意無意地成為靶子之際，由於沒有履行承諾採取行動解決問題，美國對中興最終進行了 10 億美元罰款及暫緩的額外的 4 億美元罰款，中興成為特朗普與中國討價還價的勝算籌碼。

中興通訊事件匯集了中美戲劇性衝突的要素：中美觀念的差異、信息的錯位，兩大強國間彼此激烈的競爭、雙方在技術角逐中暴露出的力量失衡，對未知的恐懼等等。

放在美國國家安全的背景下，中興、華為、聯想等這些中國科技企業曾被指責以惠普，思科和微軟等美國科技巨頭作為踏板進入美國聯邦系統。聯想和華為因向美國公司提供各種硬件產品，被認

為有「網絡間諜」的風險。中國組裝了全球大部分消費電子產品和商業電子設備，一些國會議員指責中國利用這個製造能力搞商業間諜活動，以提高企業競爭力。

美國網絡風險管理公司 Sera-Brynn 曾在美國網絡安全市場研究公司 Cybersecurity Ventures 發佈的季度全球網絡安全企業 500 強的名單中擠入前十。其首席戰略官 Heather Engel 在 2018 年初警告說，政策制定者和行業領袖相信，網絡安全風險管理不只是業務目標，還是國家安全的優先事項。

我問 Heather Engel，美國各種討論認為美國供應鏈暴露出對中國的脆弱性，情況真的那麼糟嗎？她說，供應鏈的威脅對任何企業都是非常真實的。許多數據安全事件都始自供應鏈。她提到了美國最大信用報告機構之一、Equifax 的黑客入侵事件，它使超過 1.45 億美國公民的個人隱私信息被泄露，成為美國史上最大規模和影響的數據安全事件，還有更早的美國百貨零售商 Target 的用戶數據消息泄露事件。安全研究中心 Ponemon Institute 的一項研究表明，56% 的企業發生過供應商帶來的數據安全問題。

在支持美國聯邦信息系統的商業電子組件和信息系統中，中國供應商的角色舉足輕重。美國國會則稱供應鏈對美國國家安全的威脅來自於包括中國在內的政府和實體，指導或補貼供應商生產製造或組裝產品。

商業信息技術的供應鏈是由東亞供應商控制的國際化生意，中國是東亞的主要角色，是全球最大的信息技術硬件出口商和進口商，也是電腦工作站、筆記本電腦、路由器、開關、光纖電纜和打印機的重要生產地。

　　在具體的操作步驟出籠前，2018 年 9 月 20 日，特朗普簽署了
國家網絡戰略，白宮稱之為 15 年來首份完整清晰的「美國國家網絡
戰略」，取代奧巴馬時期的政策。這份 40 頁的新戰略中有 2 處提到
中國，一處稱「中國參與網絡經濟間諜活動、數萬億美元的知識產權
盜竊」；另一處表示，「俄羅斯、中國、伊朗和朝鮮都利用網絡空間
來作為挑戰美國的手段」。

　　美國和中國的競爭會加劇到甚麼程度？我去請教美國智庫
戰略與國際研究中心（CSIS）高級研究員詹姆斯‧劉易斯（James
Lewis）。他說，雙方競爭在加劇，甚至可能接近於互相衝突，但與
19 世紀或 20 世紀不同，現在主要大國間的競爭是彼此爭奪全球經濟
的權力槓桿 —— 控制規則和制度，標準、商業和技術，衝突的焦點
不再是軍事角力或領土擴張。

　　在這一競爭中，創造新技術的能力起關鍵作用，尤其是信息技
術，這是鑒於其對政治，安全和經濟增長的重要性而言。技術和創
造新技術的能力已成為兩國關係的關鍵要素，中美關係中有緊密的
商業合作，同時政府間深度互疑，這一差異不可避免地造成緊張的
局勢。

困難的對話

就在美國起訴五名中國軍官的事件在互聯網上瘋傳之際，中美之間一場面對面的交鋒也在新加坡上演。

雖被稱為是亞太地區安全對話機制中規模最大、規格最高的多邊會議之一，但香格里拉對話此前並不廣為人知，中國派去的代表團也一度規模較小、級別較低。近來才開始有重要的軍方代表在會上露面。中國一直巧妙地避免成為眾矢之的，在參會者中顯得相當低調。這個模式在 2014 年被打破。中國代表團規模陡然增大，參會人員級別量級陡然上升，三天會議期間中國參會者從小組討論起就十分活躍。

那一年香格里拉對話的賣點是，日本首相安倍晉三、美國時任國防部長哈格爾與中國人民解放軍副總參謀長王冠中同台亮相，而三國此刻的關係微妙。先出場的日本首相安倍晉三在開幕主旨演講中含沙射影，說某些國家試圖以實力改變現狀。第二天哈格爾演講措辭卻出乎意料的強硬，他公開指責中國「破壞南海地區穩定」，警告稱如果國際秩序受到威脅，「華盛頓不會無動於衷」。王冠中副總參謀長則回應說，哈格爾部長的演講是一個「非常過分的演講，是

一篇充滿着霸權主義味道的演講，是一篇充滿着威脅和恐嚇語言的演講」。

我有幾個朋友當時在場，他們後來向我描述中美雙方如何針尖對麥芒，令場內場外的人面面相覷。有媒體於是稱之為「世界三大經濟體上演近年來最尖銳的言辭交鋒」。而倒推十幾年，中美高級官員間不可能有這種對話，只會悄悄地互相不滿。

美國國務院前助理國務卿幫辦、加州大學 21 世紀中國項目負責人謝淑麗（Susan Shirk）當時也在對話會現場，注意到了中美互相指責的公開化。事後她對我說，中美關係隨後更為緊張，雙方競爭性變得更強。傳統上，美中都嘗試以安靜的外交渠道交流，而不是爭搶話筒——這種「麥克風外交」會產生相反的效果，使得另一方也公開指責批評，最後變成一場看誰嗓門大的比賽。

儘管美國國防部的新聞文告還是通篇的外交辭令，但謝淑麗注意到美國政府的新態度取向，即在政策表達上更公開、更直接。這種外交風格的改變，在美國戰略與國際研究中心資深顧問傅瑞偉（Charles Freeman）眼裡其來有自。他和我解釋是美國外交和經濟領域的空間被國防和情報部門擠佔，使後者發出的聲音蓋過了其他聲音。

美國外交政策的閃失，也導致中美軍方的針鋒相對。美國國務院前副發言人、智庫史汀生中心東亞項目主任容安瀾（Alan Romberg）對我指出，雖然美國在中東地區的軍力配備遠超亞太，但「再平衡」戰略剛推出時，賣相就不好，過多強調軍事上的推進。雖說到 2020 年美國將有 60% 的海空軍力量在太平洋地區，但由於預算削減，美國軍方處於守勢。在此背景下，五角大樓內部觀點衝突激

烈，到底美國是需要加強還是減弱軍力？雖然美國聲稱外交問題不
該動用武力或大國軍事工具來增加壓力，但事態已發生變化，出現
了動用軍事力量向外交施壓的局面。

如果亞太地區的戰略焦慮源自於中美關係的戰略互疑，中美軍
事交流就變得更加重要。謝偉森以美國軍方代表的身份和中國軍
方打了多年的交道。他說，中美軍力都很強，但彼此溝通的能力很
差——雙方缺少從中層軍官到高級軍官的全方位交流，雙方碰面時
都已是三星、四星的將軍了，位高權大不再有靈活性；偶爾中美軍
方高層互訪也基本一年一次，如遇對台軍售一類的問題，就又被叫
停。即便是雙方坐在一起，也是「聾子的對話」，雙方都在說，卻互
相聽不到。

從積極的一面看，中美軍事關係在某種意義上日趨成熟。雙方
能在公開場合爭論問題，之後還可以禮貌地坐在一起，比假裝相安
無事好。張克斯說，他認為中國領導層也想讓軍方更多地參與兩國
軍事關係的建設。軍事關係不應太多地滯後於其他層面的關係，由
於起點很低，因此目前僅僅對話就夠用，但總有一天，大家要應對真
正棘手的問題。因此，中美軍事關係未來的挑戰是，如何讓雙方都
覺得有所收穫。

從消極的一面，謝偉森覺得同 20 多年前相比，中美軍事交流在
走下坡路，而從政策機制上，還沒有一種溝通機制能把爭吵壓下去；
相反，雙方嗓門愈來愈大，矛盾加深，中美都深陷其中。

2018 年 6 月，香格里拉對話如期舉行。會上發佈了《美國對華
戰略報告》和《亞太地區安全評估報告》，但這一次中方低調處理，
只派了中國人民解放軍軍事科學院副院長何雷率團出席會議，回到

了 2014 年之前的模式。

隨着中國軍力上升，美國軍力持續強大，雙方分歧會隨之加大，雙方衝突的風險也在加大。

美國前國防部長蓋茨（Robert Gates）曾經抱怨中美軍事交流「要麼全上，要麼全下」，只要中美關係有個風吹草動，第一個犧牲品就是中美軍事交流。這個抱怨在十年後仍然成立。2018 年 10 月本是中美預設的軍事交流的高光點，但在兩國貿易戰不斷升級、美國第一次對中國軍隊的重要部門和高級將領進行制裁、特朗普政府 9 月高調宣佈 3.3 億美元的對台軍售、派 B−52 轟炸機和導彈驅逐艦直闖南海、特朗普指責中國干預美國中期選舉等各種噪音下，美國時任國防部長馬蒂斯（Jim Mattis）與中國國防部長間的安全會晤被取消，中美外交安全對話也被叫停。

中國在世界影響力的壯大源於海上貿易，最初海外華僑的作用非常重要。現在海軍緊隨其後。中國正在建造一支龐大的海軍隊伍，這還是歷史上的首次。中國算不上是海事強國，這需要時間，並不是有船就能解決問題。葉胡達的建議是，中國必須處理好與美國海軍、日本海軍以及其他國家海軍的關係。中國需要換一種思維方式，要學會如何處理海上事故，如何處理航行通道等等。就中國和日本來說，中國艦隊通往太平洋的唯一通道是穿越位於日本群島間的海峽。當中國艦隊進入太平洋，抵達日本南端或北端，即便中國沒有包圍之意，日本也會認為受到了夾擊。因此，日本必然密切監視中國的一舉一動。最好的辦法是中日達成某種共識。

葉胡達說，中國認為其對中國南海的領土主權毋庸置疑，但這確實存在爭議，有些國家並不認可。中國與其鄰國還未找到協商海

洋領土主權的切入點，他們之間已部分處理了陸地國界問題。這是因為從傳統上來講，中國是一個陸地型國家。中國在這方面有太多的歷史和情節，處理這方面的問題也有大量的經驗。然而中國在處理海事問題上仍然水土不服。

2018 年 11 月，美國副總統彭斯在東亞峰會期間表示，美國鼓勵東盟追求有意義的和有約束力的南中國海行為準則。彭斯對華政策的措辭在東亞峰會前的一段時間，變得尖銳。那時，我的朋友馬修・伊斯利（Matthew Easley）剛提拔到華盛頓五角大樓工作不到一年，這個西點軍校畢業的年輕准將前途一片大好。

他告訴我，中美軍事上的微妙關係現在就如同 2001 年小布殊總統對台灣戰略顛覆一樣，是歷史的關鍵時刻。美國對台政策一直奉守「戰略模糊」原則，套用美國大名鼎鼎的安全問題專家布熱津斯基（Zbigniew Brzezinski）的話，美國將繼續保持現行的「一個中國」政策，但「我們向台灣出售的武器可能會比中國人喜歡的要多，但也肯定會比台灣人希望的要少」。這是以時間換空間的態度和實踐，台灣問題如此，伊斯利認為南海問題也如此。

我問伊斯利，在軍事上，美國的底線是甚麼？他說，美國軍事力量的不同在於，包括他在內的美國軍人都不知道哪裡是美國的軍事底線，可能只有總統、美國軍隊的最高統帥知道，而特朗普又反覆無常、難以捉摸，所以只有天知道了。

衰落與崛起

關於中美關係，我採訪的第一人是美國前總統吉米·卡特（Jimmy Carter）。那是 2011 年 11 月 16 日，見到卡特總統前，他緊張得有些神經質的助手用了半個小時提示我注意事項，包括不要和卡特總統握手，在她們看來，那會影響他的健康。

卡特總統走了過來，我記得警告，只含笑致意，這時卡特總統的手已經伸了過來，我無可避免地和前總統握了手。

在當選總統之前，卡特說他就清楚地看到中國的未來發展一定會直接影響美國，因此他出任總統後的主要目標之一就是實現與中國關係的正常化，並為此做了很多準備。而當時很多美國人並未做好改變的準備。

那篇專訪的標題是《中國崛起不是威脅》——只不過七年後，美國經濟再次得以高速運轉，在中國經濟不斷變化的背景下，兩國面臨的情況已與金融危機之前大不相同。中國的巨額外匯成為歷史，而美國經濟又再次稱雄世界。更重要的是，中美間緊張局勢加劇，相當多的美國人為中美關係的改變做足了準備。

卡特對我坦言，當年他執政時期，美國與中國沒有任何競爭。

水。後來我讓他們描述到中國，他們腦海中出現的五個概念／畫面／事物。我得到的答案從美食、自然風光、中醫到基礎設施、自行車的滾滾洪流、製造業、悠久歷史和燦爛的文化到超越美國成為最大的經濟體，不一而足。

那些和中國有所來往的美國人對中國崛起的話題有更切身的感受。一個美國外交官從上世紀 80 年代起就在中國工作，對她來講，中國崛起在擺脫貧困上真實存在的、也是了不起的，其他則要就事論事，不能用「崛起」兩個字一概而論。

埃爾南德斯（Eddy Hernandez）是全球知名的阿根廷探戈大師，常年受邀在各國表演並教學，他受邀去北京和上海後用起了微信，感慨於中國的移動支付直接跨越了美國的信用卡階段；他的中國學生在使用共享單車，他比較了中美共享單車價格和市場的區別後，對我說，科技創新在中國有如此龐大的市場真讓人驚歎；而中國人是他認為中國必定超越美國的主要因素 —— 他說，「我在全球教探戈，中國學生的年輕程度、對學習的認真精神，競爭精神讓我印象深刻，也許阿根廷探戈的未來，就在中國。」

如果有共識，美國對中國崛起的共識就是政府主導的經濟成功。

摩根大通一個高管的話很有代表性。他對我說，中國的崛起不可避免，任何一個國家有 13 億的人口都必然對世界產生重要影響。中國通過與西方世界相聯、開放本國經濟進行貿易往來而獲益匪淺。從經濟的角度，中國似乎成功地把計劃經濟與個人的財富創造進行了調和。這使得中國更像是不同「主義」的混合體，更恰當地說，是重商主義。

我的朋友 Robert A. Gordon 是頗為知名社會學家。他算是我熟識

的美國人中最聰明、也最有幽默感的,他的形象也充滿喜感,不用雕飾就自帶聖誕老人的神韻。

Robert 對我描述了美國人看中國的社會心理過程:這最初要追溯到傳教士。傳教士們傳回美國的信息是,中國人勤勞聰明,這使美國人對中國人的尊重和同情普遍而深厚。後來日本侵華及它帶給中國人的苦難強化了這一看法。戰後美國對日本的不適甚至仇恨逐漸軟化,隨着日本恢復元氣並開始繁榮而變成了尊重。日本製造的產品也從被嘲諷的對象變成了被推崇之物。之所以提到這一點,Robert 說,因為美國對中國人的態度與對東亞人的一般印象相融合。

儘管面臨新的經濟競爭,但日本和韓國的崛起總的來說受到美國的歡迎。中國的崛起本來也可能遵循相同的模式,但不同的意識形態和不同民主制度的政府構成了挾制,使美國人把中國看作是一種威脅,儘管他們對中國人依然懷有敬仰。引用社會學中廣為人知的馬基雅維利主義,為實現民族復興,中國認為有迫切趕上西方的必要,但這種迫不及待和中國採取的一些策略引發了美國人的擔憂,甚至警惕。

中國崛起的一個支點是沿着歐亞大陸軸心重劃全球經濟界線的「一帶一路倡議」。美國精英們對「一帶一路」的解讀,也暗合了他們對中國崛起的解讀。

哈佛大學甘迺迪政府學院前院長、「軟實力之父」約瑟夫·奈(Joseph Nye)認為亞洲有自己的權力平衡,許多國家在擔心中國權力的崛起。一個世紀以前,英國地緣政治理論家哈爾夫·麥金德(Halford Mackinder)提出,掌控了歐亞大陸就掌握了全世界。與之相對,美國的政策更傾向於 19 世紀阿爾弗雷德·馬漢(Alfred Mahan)

上將的理論，更強調於海上力量和邊緣地帶。「麥金德 vs 馬漢，我賭馬漢勝。」約瑟夫‧奈說。

在一些美國人眼中，中國模式的根本問題在於依賴於與利用中國與其他國家的關係，而非真正的可持續的內部需求。

「絲綢之路經濟帶」和「21 世紀海上絲綢之路」簡稱為「一帶一路」。一部分美國人認為靠加大小國的債務來推動中國的經濟增長，這將以經濟災難收尾，同時在地緣政治上製造問題。當中國以美國強有力的競爭者姿態出現時，原則上，中國作為經濟競爭者的崛起，應該與有領土野心的龐大軍事力量的崛起分開；但在很多美國人眼中，中國認為這兩者密不可分。在美國人心目中，中國的崛起應該不局限於目前這一種形式，那樣美國人接受起來會容易些。

關於「中國崛起」的分析文章甚至出現在美國的投資理財網站上，其中一篇文章聲稱，美國國防部大規模裁員已超過五年，北約成員國不願將國防支出提高至各自國內生產總值的 2%，這些給了中國崛起的空間。在文章的最後，作者說，「戰略性耐心」在努力嘗試後沒有奏效，西方國家過去十多年來出現了致命的錯覺，現在必須回答的問題是：對投資者和商業繁榮的最大威脅是甚麼？是中國？俄羅斯？朝鮮？伊斯蘭極端主義還是南美洲和非洲的失敗國家？沒人能確定地回答，但未來幾年人們需要警惕並採取政策來應對「意識形態驅動的中國政府」。

《紐約時報》刊發過一個特寫文章：中國崛起和「自由貿易」衰落之謎。文章提出的問題是：要理解中國的經濟成就及其難以預料的後果的話，人們必須要問：一個共產主義國家領導的市場經濟，為甚麼成了世界第二大經濟體？或者換個問題：為甚麼它不應該成為世

界第二大經濟體？為甚麼中國的崛起不應該像實際發生的那樣——國家主導的經濟計劃、工業補貼，以及基本上或根本不考慮「自由貿易」規則——發生了呢？

文章最後總結說，中國非但沒有如預測的那樣崩潰，反而再一次展示了道爾在談及日本時所說的「融敏銳、傷痛與深刻的脆弱感於一體的民族自豪感」的力量。這種敗落多年想要逆襲復仇的單純野心，是美國從來都沒有體會的。

謝偉森對我還原了中美四年之變。他說，過去四年中，中國的經濟和軍事實力都有所增長，但美國的軍事實力和經濟實力也變得更強。四年的時間證明了所謂的「中國崛起，美國衰落」是錯誤的。相反，過去四年中人們看到了「中國崛起，美國更強大」。

現在緊張局勢已經出現，但中國經濟仍會持續增長，中國軍力規模可能會變得非常強大。中國的國際角色、國際影響力也在繼續增長。與此同時，美國經濟取得了驚人的積極成果，並在可預見的未來繼續引領世界；美國的軍費開支達到新高，新的軍事戰略、強者衡強的軍事領導力鞏固了美國作為世界領先軍事大國的地位。

發酵的不滿

實際上，絕大多數美國人並不關心所謂的「中國崛起」，也不關心中國。他們每天在自己的世界中忙碌，即使和中國發生關係，可能就是購物時買了「中國製造」的產品，甚至他們關心的只是價格和質量，到底是不是中國製造也不太重要。

有朋友引薦我認識了戴維‧斯密克（David M. Smick）。斯密克是傳奇人物，做過兩黨總統候選人的經濟問題高級諮詢顧問，還是索羅斯等傳奇金融投資大師的業務顧問，被業界同行稱為「最了解世界經濟和金融」的人物。身為投資、金融、經濟諮詢顧問，斯密克一張口就是非常有趣而專業的比喻。他說，幾乎就這幾年的時間，人們對中國的態度突然發生了轉變，就像是在貨幣/大宗商品市場，各種趨勢暗流湧動，某個趨勢突然得以強化、並達到引爆點後，市場就向着新的方向迅速位移。

在柏林牆倒塌後的一段時間，冷戰結束，美國人、至少是美國精英們浪漫地相信，歷史終結，全球化，中國將會不斷開放並進入西方經濟體系、與自由國際秩序相聯通，所有人將從中受益。雖然美國、甚至整個西方精英們一直都認為中國「搭順風車」，但他們一直

留存希望，直到最近態度集體轉變。

美國一些研究政治的專家說，美國人過去還幻想中國會有所讓步、最終會秉承公平的原則，現在基本上都放棄這種想法了。不同行業、不同商業協會和政府的不同部門正在逐步達成共識：中國是美國的挑戰，是美國強大的競爭對手。

我經常採訪的律師 Frank 日常負責和美國政府官員及政客打交道。在此過程中他私下裡聽到了很多真實的想法。他對我說，「反華」這個詞有些言重了。即使人們不同意特朗普的觀點，但大家普遍的想法是，覺得美國一直以來讓中國過的太容易了，美國太不情願和中國作對了。回想起來，美國讓中國加入世貿組織、加入世界貿易體系，卻忽略了一些結構性問題。政客更多的怨恨是對美國失敗本身——它沒能採取更強硬的立場維護自己的利益。

西方精英們並不掩飾對中國態度的轉變。這體現在一些智庫或研究機構的話題上。柏林全球公共政策研究所（Berliner Global Public Policy Institute）的一篇文章標題是，「中國是迄今西方面臨的最艱難的戰略挑戰」（"China Is the Most Difficult Strategic Challenge the West Has Faced to Date"）。

這種態度的轉變，對外經貿大學 WTO 研究院院長屠新泉感同身受。2018 年夏他隨中國智庫專家團訪美，與美國智庫同行交流。行程結束後他告訴我，華盛頓一行讓他更覺得悲觀。實地考察讓他發現，反華情緒在美國很有群眾基礎，包括這些智庫在內，不少人對中國的態度都非常消極，甚至「越了解中國，看法越消極」——他們覺得中國和美國背道而行，中國不是市場經濟，中國也不想真的開放。

美國學者中過去一直流傳着一句話：研究中國讓你愛上中國，

研究俄羅斯讓你對它心灰意冷。如今美國智庫研究中國的也對中國態度普遍變得負面，認為中國國內形勢和外交政策發展出現掉頭轉彎的傾向，變成了個性化權威而非制度性權威，改革停滯，在世界舞台上放棄了自我克制的立場，變得更加膨脹，外交政策變得好鬥，這三個維度的變化引發了失望以及對中國的反彈。

《華爾街日報》文章 "When the World Opened the Gates of China" 回顧了中國入世時，美國一些關鍵人物、上至克林頓總統，下至美方貿易談判代表當初接受中國的考量，並與如今的現實相關照。文章說，多年來，那些曾經力挺中國加入世貿組織的美方倡導者中，很多人開始感到他們受了蒙騙和背叛。同樣的情緒也出現在那些此前駐華的美國記者之中。在他們當中，尤其是那些本身掌握了相當高水平的普通話技能、又能深入了解中國社會的美國駐站記者，現在他們大都對中國感到無比失望，進而成為最尖銳的中國批評者。

《華盛頓郵報》(*The Washington Post*) 的撰稿人 John Pomfret 前不久在一篇文章中寫道：20 世紀 50 年代，美國通過政治迫害讓社會四分五裂，聲稱是要找到那些讓美國「失去了中國」、把中國推向共產主義革命的人；差不多 70 年後，在中國也許有些人在想，是「誰讓中國失去了美國？」

所謂「失去美國」，在美國相對應地掀起了對克林頓政府和布殊政府對華政策的重新梳理，甚至指責他們「放縱」了中國。若要反思，John Pomfret 對我說，中國那些所謂的「美國觀察員」做得很糟。這背後原因很多，不一而足。結果就是中國真的沒有看到美國對華態度的轉變，而美國人這麼多年來一直在警告他們的中國朋友，變化即將來臨。

在 John Pomfret 看來，中國媒體也要承擔一定的責任。他説，中國駐美媒體總部設在紐約和華盛頓，並把所有時間花在智庫上，而沒有報道更廣義的美國，也沒能看到美國態度的逆轉。中國媒體上太多的專家、教授的你説我説，卻沒有足夠有趣的人和故事的報道，目光短淺、缺乏遠見，這些合力造成了今天的局勢。

美國精英們對中國批評的焦點之一是中國的外交政策，而拋棄「韜光養晦」的策略引發美國對華政策和態度的轉變已持續數年。包道格指出，中國面臨的很大問題是被 15 個鄰國懷疑。中國官方和民間普遍認為越南、菲律賓等國家對中國的所作所為是受到美國「再平衡」或「重返亞太」政策的影響。事實是 2008 年以前中國和周邊國家關係很好。奧運會和金融危機以後，中國開始對鄰國強硬起來，於是鄰國讓美國介入來實現「再平衡」。

因此 2010 年國務卿希拉里在越南河內第 17 屆東盟地區論壇外長會議上，説了諸如「保證南海航行自由」和地區穩定「事關美國國家利益」的話，然後 2011 年在美國《外交政策》雜誌（*Foreign Policy*）上發表「美國的太平洋世紀」一文，宣佈美國「轉向」亞太地區，所有這些都是美國因中國的行為改變而隨之變化，但大多數中國人會誤解是美國惹起來的。

美國前駐華大使、基辛格中心中美關係學者芮效儉作為當今美國外交界和學術界首屈一指的中國問題專家，我對他咬文嚼字的能力刮目相看。比如他説，包括中國人在內的很多人對「韜光養晦」這個成語有很多誤解。在很多官方解釋裡，它被賦予了「藏起你的爪子，等待最佳時機」之意，有點兒陰險。他理解這個成語的語境是學者得不到想要的職位，而對這些不得志者的建議是，不要到處毛遂自

薦，而應花時間好好提高自己，一旦機會出現，自己已準備好了——這才是中國需要做的事情。

芮效儉認為鄧小平觀念的高明之處在於，他認準了當年中國的首要任務是經濟增長，如果要保證經濟增長，就需要和平的外部環境，中國應保持低調，不試圖在國際事務中當頭。「但現在中國在慢慢脫離韜光養晦，就會發現維持平和的外部環境變得愈加困難。」芮效儉說這話時已是五年前。

美國社會對「韜光養晦」有兩種解讀：一種是長期發展，保持低調；另一種是暫時約束，保留鋒芒。美國花了幾年的時間從第一種解讀向第二種解讀轉向，對中國的對衝一路加重，到 2018 年下半年，諸如「新冷戰」、「第二次冷戰」、「經濟新冷戰」的結論已開始集結。

網上大談美國對中國「幻滅」了，謝淑麗強調說，沒有人期待中國的政治和社會急速轉型，即刻民主化，但中國一直是在持續進步的，直到幾年前這出現了反向行進的跡象，「我希望中國領導人能意識到這個問題並及時有所調整。」謝淑麗說。

中美對弈的局面是，兩國都很強大，但兩國在國家政策制訂層面上都有弱點，都缺乏糾正機制，這導致未來幾年發生衝突和緊張局勢升級的可能性增大。這對中美，對整個世界來說，都可悲而危險。

冷戰從經濟開始

（一）

2014 年 5 月 31 日，美國霍普金斯大學中國研究項目主任蘭普頓教授（David Lampton）習慣性地打開《紐約時報》，隨即被一條醒目的報道所吸引，繼而深感震驚。這只是一則經濟報道 —— 既非突發新聞，也沒有暴力血腥，文章的標題是《拆散和中國的紐帶，美國公司湧向墨西哥》。雖然華府的中國通們對美國媒體對中國一知半解、卻是中國問題的關鍵寫手們頗有微辭，但這條新聞的意義遠超過記者渲染中國不好來博眼球的範疇。

文章這樣開頭：傑森稱他們是旅鼠 —— 這些業務範圍是玩具和馬桶刷的美國公司們，曾經那樣急三火四地往中國趕，現在則忙着在墨西哥和美國尋找中國的替代者。蘭普頓事後和我說，那是第一次在《紐約時報》這樣的報紙登出這樣的「重要聲明」，此狀況持續下去，中美兩國就不可能有甚麼戰略關係。

那時，金融危機肆虐了近七年，中美兩國經濟都呈現出脆弱的一面。美國經濟復蘇總有些不盡如人意，中國則處於經濟轉型期，

319

受金融危機影響，在此前七年中國經歷了出口及與出口相關投資活動的顯著塌方和崩潰，國際貿易環境對中國經濟的發展至關重要。

過去數十年，中美經貿關係總體上穩步向前發展，雖總伴隨着貿易摩擦，不能遠離政治博弈。習近平作為中國國家副主席訪美時曾說，經濟關係是雙方關係的動力和螺旋槳。2014 年中美關係處於難關時，經濟關係是防止中美雙方關係進入對抗的關鍵，是「減震器」。但到了特朗普時代，中美經濟關係從「減震器」變為震中。

布魯金斯學會約翰・桑頓中國研究中心主任喬納森・波拉克（Jonathan Pollack）說話坦率，他告訴我，儘管美國官員在奧巴馬時代對華講話的口吻和措辭相比過去更為尖利，但美國對華外交政策沒有任何基本方向的改變和調整。在首次競選總統期間，奧巴馬就清楚地表明他希望和中國發展成熟的外交關係，這在總統候選人中並不多見。

改變和調整其實是隨特朗普的橫空出世而出現。特朗普政府的美中關係敘事狹隘僵化而令人擔憂，特朗普認為雙邊關係演進的結果就是零和博弈。在總統競選期間，特朗普針對中國問題惡言相向，威脅要將中國列為匯率操縱國，並對從中國進口的產品徵收 45% 的關稅。在這一氛圍中人們迎來了 2017 年開年，迎來了特朗普定義的國際貿易環境。國際貨幣基金組織曾樂觀地認為中國經濟增長轉強與特朗普新政，將提振 2017 年和 2018 年的全球經濟增長。問題是特朗普並不買賬。

剛剛當選，特朗普就打破幾十年外交的常規，接受了台灣領導人蔡英文的祝賀電話，觸動了中美關係中最敏感的台灣問題的神經。走馬上任後，特朗普政府高調主張對中國進行經濟制裁，以減少美

國對華的高額貿易逆差，中美間全面貿易戰的擔憂一度甚囂塵上。中美關係的緊張及其帶來的激蕩，在特朗普以總統身份與習近平主席在海湖莊園會面發生了轉向。特朗普評判中國的口氣有所軟化，甚至對中國領導人大加讚揚。中美貿易「百日計劃」被奉為此次會晤的最大成果，但實際上，即使是在海湖莊園峰會上，中美兩國也未就具體的貿易問題達成一致，為隨後的貿易摩擦打下了伏筆。

2017 年 8 月特朗普簽署行政備忘錄，授權美國貿易代表審查「中國貿易行為」，包括中國在技術轉讓等知識產權領域的做法。這是特朗普政府對華的「301 調查」。隨後，兩國的貿易摩擦始終不斷，貿易爭議頻頻。

在這個背景下，2017 年 11 月 8 日，美國總統特朗普開始對中國進行為期三天的國事訪問。在各種宏大的鋪陳中，中美關係定格在故宮的笑談古今，以及中美簽署的價值 2535 億美元的合作項目的禮單上。不過人們歡呼的中美經貿新時代沒有到來，取而代之的是更咄咄逼人的美國對華貿易舉措。

在美國本土鋁品企業未提出具體要求的情況下，美國商務部 11 月 28 日宣佈，針對中國出口的普通合金鋁箔展開自發性反傾銷和反補貼稅雙重調查。這是商務部 20 年來首次動用該部門的權力，根據 1930 年的《關稅法》展開自發的反傾銷稅和反補貼稅調查，調查涉及去年進口的價值 6 億多美元的中國普通合金鋁片。

一週後，美國商務部再出重拳，第一次無視原材料在第三國再加工的過程，直接根據原材料產地來源徵收懲罰性關稅。11 月底，美國正式拒絕承認中國的市場經濟地位，中美貿易關係進一步惡化。

中美貿易層面上的錯位體現在，特朗普對中國貿易逆差批評的

核心是他堅信美國一直在不對等的全球競爭中，中國則對自由市場的規則和規範沒有足夠的尊重。美國對中國有着更深的誤解，雖然貿易赤字成因複雜，但美國人極其固執地將其歸綹於雙邊關係。

特朗普尤其把中美關係的最重要的優先事項定位於實現雙邊貿易的所謂「公平」競爭。

在研究了特朗普的交易型個性、非制度型領導的風格後，中國推出了「訂單外交」，希望以此實現中美兩國的互利共贏。在特朗普訪華的兩天，中美兩國企業共簽署合作項目 34 個，刷新了全球雙邊經貿合作的紀錄。於是很多人相信，中美經貿關係由此邁上新台階。美國《時代》週刊適逢其時的封面故事「中國贏了」（China Won），也被政策制訂者錯誤地理解為美國對中國崛起的某種正視。

實際上對特朗普而言，亞洲之行在豪華的儀式外，並沒有真正解決任何美中貿易的癥結問題。所以當曲靜人散，中美貿易問題自然就重新擺在台面上。

鋼鐵產能過剩被認為是過去幾年中歐關係中最為棘手的的領域之一。美國則把中國的鋼鐵產能過剩上升到新的戰略高度，2017 年春天，美國商務部動用了 1962 年《貿易擴張法》的第 232 條款，明確美國政府可以保護國家安全為由架設貿易壁壘，調查鋼鐵和鋁的進口是否會對國家安全構成威脅。美國又聯合了對中國補貼國有企業多有抱怨的歐盟和日本等經濟體，在 12 月世界貿易組織（WTO）第十一屆部長級會議期間發表聯合聲明，批評產能過剩的國家，此舉被廣泛解讀為，三大經濟體針對中國的工業產能過剩及其他貿易行為建立起統一聯盟。

在 2018 年到來之前，中美貿易摩擦升級的勢頭已然確立。

雖然摩擦和碰撞很多，但當年特朗普政府並未對華貿易政策做出大的變動——他在集中精力推動稅改草案。12 月 20 日，美國國會一路披荊斬棘，表決通了過共和黨提交的稅改議案。布魯金斯學會外交政策項目約翰·桑頓中國中心和全球經濟發展項目資深研究員杜大偉（David Dollar）對我說，2017 年是美中正常貿易年。美國自中國進口總額比上年增長了 8.5%，雙邊赤字增長了 7.0%。儘管話說的難聽，但特朗普政府對來自中國的貿易或投資並未採取任何嚴厲的措施。

（二）

2017 年在貿易戰的威脅下，戰戰兢兢的過去了。人們開始猜測 2018 年可否同樣僥倖？特朗普很快給出答案。3 月 1 日近午時，華盛頓天氣變得陰冷，人們談論着馬上要襲來的颶風。事後證明，特朗普在全球貿易上掀起了更猛烈的一場颶風，他宣佈美國將會對鋼鐵和鋁徵收新的關稅，其中對鋼鐵徵收 25% 的關稅，對鋁徵收 10% 的關稅。從時間點的選擇上，特朗普看似隨機出手，實則多有鋪墊。

2 月 21 日特朗普及其總統經濟顧問委員會（Council of Economic Advisers）向國會提交了首份正式經濟報告。這份近 600 頁的總統經濟報告專門用一章的篇幅闡述特朗普政府為強化美國貿易在全球經濟中的作用的各種努力。

貿易鷹派代表、美國商務部長羅斯（Wilbur Ross）在此前後向特朗普提交了可行性報告，這個 262 頁的報告向特朗普指出三條道路：第一種可能是向所有國家施加懲罰性關稅；第二種是向部分國家施加該關稅；第三種是不施加懲罰性關稅，而採用配額制度。羅斯調

查得出結論，該話題涉及國家安全。據說特朗普政府認為，徵收重稅之舉不只是簡單地關於就業，工資和進出口貿易，而是將其上升到防禦戰略的高度：美國依賴進口使得一些關鍵產業容易受到敵方禁運和貿易行為的影響。

貿易由此變成戰場。貿易變得越來越政治化，不僅在美國國內，而且在國際舞台上也是如此。

這一過程從三月份的對鋼鐵和鋁製品加徵關稅和中國對價值 30 億美元的美國產品徵稅開始，世界兩大經濟體先是喊話數月，真的開打時，雙方的戰略戰術卻驚人的相似，都是借力打力，只不過此「力」非彼「力」而已。中間伴隨着 WTO 爭端解決程序，和幾輪無疾而終的貿易談判和中興的一場生死劫難。

加徵關稅也一步步加碼，在 7 月和 8 月分兩次完成了對 1102 種中國產品合計 500 億美元的商品徵收 25% 關稅後，9 月 24 日對約 2000 億美元進口自中國的產品加徵關稅，稅率為 10%。自從 2019 年開年，中美雙方進行了十多輪貿易磋商，時斷時續，沒有特別大的突破。美國對中國進口商品的平均關稅已從特朗普上任時的 3.1% 提高到 2019 年秋的 21.2%。

從歷史上看，美國貿易政策的三個主要目的是所謂的「三 R」：收入，限制和互惠（Revenue, Restrictions, Reciprocity）。美國首先通過收取關稅來增加聯邦收入，關稅在長達一個多世紀的時間內都是聯邦政府的主要財源；然後美國用關稅限制進口，以有效地保護其國內產業和市場；最後轉向了互惠，作為現代貿易體系的基礎。

1934 年，美國國會通過了《1934 互惠關稅法案》，該法案授權行政部門與其他國家談判，以取得雙邊關稅減讓協議的權力。1934 至

1945 年間，美國的行政部門與其他國家談判了 30 多個雙邊貿易自由化協定，使「低關稅導致國家更加繁榮」成為主流觀點。1948 至 1994 年間，美國進行了七次關稅調降，使多邊主義得到越來越深的貫徹。在這個過程中，所有關稅和貿易總協定成員就相互認可的貿易自由化政策和互惠關稅稅率進行談判。

關稅政策始終是經濟利益衝突的結果。最惠國待遇是美國最早或較早提倡的，特朗普如今都要推翻，一些美國政策制訂者給我的解釋是，中國在全球不斷拓展競技場，咄咄逼人、勢在必得，終於引發了美國的警覺。所謂「美國優先」指美國對競爭對手不能手軟。於是美國開始尋找超越全球自由貿易體系、超越既有的非歧視或互惠原則的新路徑，哪怕這個體系和原則是美國一手創辦的。

特朗普難以接受的現實是：美國的跨國公司多專注於營銷、設計和創新，同時把業務生產流程的各個階段外包出去。通過全球供應鏈降低成本，提高生產率，擴大美國公司的全球市場份額。美國加州大學聖迭戈分校政治經濟學系副教授史宗瀚對我説，中國對美國的貿易順差，部分是由加工貿易驅動的——美國將一部分零部件出口到中國，在中國組裝後，中國再出口到美國。按特朗普的計劃，若大幅度減少中美雙邊貿易順差，美國可能要迫使一些製造企業尋找其他國家進行組裝，來替代中國。這種有針對性的要求幾乎肯定會對跨國公司造成傷害，包括許多在中國有生產設備的美國公司。

美國領導人聯盟（USGLC）總裁兼首席執行官 Liz Schrayer 發來的一封郵件這樣描述：「最近我行走於美國腹地，那裡的公民，商界和資深領導人都對美國從世界上撤退感到焦慮。一個製造商告訴我，我們的競爭對手勢在必得，美國卻打起了『小球』」。

　　美國的策略不是打小球那麼簡單。特朗普各種「301調查」、「232措施」名目繁多，讓人眼花繚亂，實際上他是用一個案例為槓桿，撬動另一個帶來他想要的結果。

　　在金融危機十年後的2018年夏，有研報指出，中國仍處於2008年危機後的狀態，沒有走出底部的跡象，這雖然可以解釋為在原有的增長模式下，潛在增長率出現了根本性的下降，但仍沒有看到新的增長模式轉換成功轉換。其間兩次大的刺激政策，一是2008年推出的四萬億刺激政策，二是2016年開始的供給側改革。一次需求刺激，一次是供給側的行政出清。結果來看，四萬億政策刺激回光返照了一年，而2016年的供給側改革對實際GDP拉動並不明顯，對名義GDP拉動更加明顯，說明由於產能的出清，僅僅對價格產生了大幅的拉動作用，名義GDP一度達到兩位數，一年以後同樣上漲乏力。

　　金融危機十年後的美國，經濟強勁復蘇。放眼望去，好像所有的利好都在美國一邊。就業市場持續走強，美國家庭消費增長勢頭強勁。富國銀行2018年發表的中期經濟展望預計，即使出現美元疲軟或者美國財政和貿易赤字擴大的狀況，美國經濟也不可能在2018年出現衰退。這給了特朗普開啟貿易戰國時代的底氣。

　　特朗普對中國施壓可能是短視，但他的強硬路線製造了大量的喧囂，喧囂之外，特朗普傳遞了他對中國多年的空頭承諾無法再忍的情緒，但不管特朗普願意不願意，中國在世界上的作用是這樣舉足輕重，其重要性幾乎每天都在增長。

　　如今，中美經濟為貿易戰所牽絆。生活在美國，沒有面臨經濟版的第三次世界大戰一步步逼近的緊張，倒更像生活在家長打冷戰的陰影裡。冷戰帶來了一些微妙的變化，平添了一些焦慮，或多或

少也在被動承受雙方消極情緒帶來的一系列破壞性反應，更多的還是未知。

　　貿易戰不利於經濟增長，但也很少會引發經濟衰退，甚至不會出現明顯的經濟放緩。特朗普「美國優先」的國內政策和國際政策互相掣肘。減稅加速了美國經濟增長但也將導致進口增長加劇，美國貿易逆差擴大。同時，紐約聯邦儲備銀行的一份最新分析報告顯示，其他國家對美國出口商品的報復性關稅，加上美國企業生產出口商品的成本將上升，這使美國出口商品在世界市場上的競爭力下降；美元繼續走強還可能使美國跨國公司的利潤下降。

　　這像一個惡性循環，減稅加上美國經濟增長帶來價格的上行壓力，同時關稅也通常引發通脹，這可能會導致美聯儲更加激進地加息，從而進一步推動資本流入美國，美元更強，從而進一步降低美國的競爭力。最終美國的貿易赤字還是增加，更多的貿易戰，更遠的美國優先，中國是這個惡性循環上繞不開的結。

總統班底

（一）

在第二任期還剩不到三年的時間，奧巴馬的外交政策四面楚歌。美國尚未從代價高昂的阿富汗戰爭和伊拉克戰爭全然脫身，伊拉克與敘利亞伊斯蘭國（ISIS）的武裝分子又在伊拉克北部擴大勢力範圍，讓人想起正是圍繞伊拉克大做文章，為奧巴馬贏得首次大選助力。而敘利亞內戰，俄羅斯兼併克里米亞，烏克蘭局勢不穩，南中國海的緊張局勢，似乎都暴露奧巴馬外交政策的捉襟見肘。顯然，奧巴馬的外交政策並不成功。奧巴馬需要連貫一致的對華政策。雖然奧巴馬暗示過路徑會適時調整，但沒有明確的路徑滿足美國外交政策的最基本需要。

自從 1972 年尼克遜訪華直到奧巴馬政府，白宮一直會有一兩個人能夠洞見，在中國崛起的背景下管理中美關係，畢竟它是本世紀最大的外交挑戰，也是最大的機遇。

諾貝爾經濟學獎獲得者約瑟夫·斯蒂格利茨（Joseph Stiglitz）和我聊起時說，中國經歷了 40 年改革開放後，反全球化、人工智能

以及去工業化等新問題進入人們的視野。在特朗普的一系列不按常理出牌下，現在可能會成為美國的轉型時刻。生活在紐約的斯蒂格利茨非常享受這座城市，紐約一直在應對城市發展中面臨的各種問題，在斯蒂格利茨看來，中美都一樣，需要管理好現在和將來的挑戰。

美國一方的決策層管理中美關係的探索，深一腳淺一腳地走了幾十年。

在中美建交前的特殊時期，尼克遜讓白宮直接把控關於中國事務的方方面面。尼克遜和福特政府的共同點是，白宮的直接控制非常強，部分原因是由於基辛格（Henry Kissinger）當時任國家安全顧問，隨後成為國務卿，其中一段時間身兼兩職。而基辛格素以嚴把美中關係而著稱。

到了卡特政府時期，美國對華政策決策層發生了微妙的改變。雖然美國國務院主要承擔對華事務，但在高層，時任國務卿萬斯（Cyrus Vance）和時任國家安全顧問布熱津斯基則觀點相左，個人矛盾尖銳，競爭激烈。萬斯對中美關係正常化表現消極，主張和前蘇聯修好，而布熱津斯基則在 1978 年訪華，把中美關係正常化提上了日程。

兩個人的權力爭鬥在埃及和以色列達成中東和平的框架協議《大衛營協議》後一見高下，此後，萬斯對美國外交政策的影響縮小，布熱津斯基則漸顯強勢。

即便如此，在政府機構層面，美國國務院和白宮還是保持着很好的合作。芮效儉自身的經歷就有說服力，他在政府機構工作，但可以自由出入白宮，包括在白宮瀏覽一些資料，並據此給總統準備

如何處理中美關係正常化的政策建議。不過在中美建交之前，只有很少一部分人能接觸到兩國關係的核心事務。

中美建交後，不同的政府機構參與進來，形成龐大且複雜的關係體系。在政府作用有限的領域，民間力量深度介入進來。中美更多的聯繫使得美國政府部門間的關係變得更加複雜和官僚化。白宮和美國國務院這兩個制定外交政策的決策機構，傾向和價值觀顯然不同，二者誰佔主導一直因人而異。但在頂層，國務卿和國家安全顧問間的關係向來比較緊張。

容安瀾記得他在列根政府的國務院工作時，他的上司從副國務卿晉升為國家安全顧問，當容安瀾再度向他彙報工作時，這位前上司對他正色道，「在國務院時我是副國務卿，現在我的身份是總統的國家安全顧問，我看問題的視角只能是總統的視角，而不再只是外交視角。」

總統的東亞國家安全事務的主要參謀和助理國務卿之間聯繫極度密切——起碼電話頻繁。這種合作關係在官僚層面上潤滑了對華政策的抉擇，使白宮和國務院能真正就政策目標達成一致。

奧巴馬政府對華政策制定的主動權仍掌握在白宮。不過奧巴馬的白宮國家安全顧問人選並未博得滿堂彩。奧巴馬的第一任國家安全顧問是退役的海軍陸戰隊四星上將詹姆斯・瓊斯（James Jones），根本就沒起到甚麼作用。接替瓊斯的湯姆・多尼倫（Thomas E. Donilon）是政壇老手和工作狂，與中國高層頗有往來，被看作是最為老練的美國外交官，這些使得多尼倫時期的美國對華外交政策可圈可點。

與此同時，美國國務院在制定對華政策上同樣強勢——希拉里

是國務卿。希拉里把更多的關注和精力集中於亞洲，也更頻繁地往亞洲跑——那種長距離的煎熬之旅並不容易，她決意更多地在亞洲的經濟、外交和國防存在上投資。希拉里在說服力上很有一套。緊隨其後的國務卿克里（John Kerry）則決定在中東進程上做更多的努力。他比希拉里更注重自己勸說各方簽署條約的能力。

在克里「移師中東」之際，白宮對華政策的短板更明顯。多尼倫在剛完成了重大的外交使命——安排中美兩國領導人莊園會晤後，出人意料地迅速辭職，人們解讀他是為其接替者賴斯鋪平道路。賴斯是奧巴馬的得意追隨者，在政府裡喜歡她的人並不多，但奧巴馬對她青睞有加，任命賴斯為國家安全顧問。但很長一段時間內，賴斯與對華政策的關係除了偶爾的講話提一下外，基本就沒怎麼在意過亞洲或中國。

始自尼克遜政府，美國和中國打交道由白宮負責此事務的高級官員出面，但在奧巴馬政府，領導層與中國對接一度存在「真空」，不只於此，奧巴馬政府過度說教別人的趨勢也讓人不安。如果中國方面出現事端，奧巴馬政府內部反倒有些興奮——美國的政府官僚體系求之不得中國開始玩遊戲。在官僚體制解決問題方式的競爭中，奧巴馬政府改變問題現狀的領導力缺失，使得美國對華政策失敗。

希拉里在她《艱難抉擇》（*Hard Choices*）一書中，闡述她任國務卿時，擺在面前的是三條處理亞洲事務的道路：一是擴大與中國交流；二是加強與亞洲國家的關係，以謀求對中國的「再平衡」；三是支持地區多邊組織，而將前述三者結合起來是「明智的做法」。

現實依舊，但人們的情緒和態度已然發生了變化，中美充斥着懷疑和猜忌。

（二）

帶着這份懷疑和猜忌，中美關係走入特朗普時代。

和美國歷屆政府都不同，特朗普政府在中美關係上就聚焦兩點：朝鮮問題和貿易問題，而不是像他的前任那樣把中美關係放到更廣泛的合作領域去思考。中國沒有立刻捕捉這個變化，甚至在貿易和朝鮮問題等方面低估了特朗普的決心，沒有理解減少雙邊貿易逆差這個首要議題對特朗普的重要意義——這是特朗普在競選期間做下的承諾，在中國和亞洲方面，減少美中貿易逆差和朝鮮半島無核化是他明確表達的兩個重點外交政策。

在美國外交政策形成的核心層面，對國家利益的定義存有分歧。而最後出台的外交決策，必然是在一系列互相競爭、彼此不同的聲音中找尋平衡。不同的內閣成員對各自領域負責，他們不會從白宮的角度看問題，而美國政府的體系聚集了所有不同領域代表的利益，最後由總統或代表總統的人最終敲定決策。這一體系有時運轉順利，有時運轉不暢。

特朗普的白宮混亂無序，政策和商業事務通常邊界模糊。白宮和美國國務院這兩個制定外交政策的決策機構不只是有些明爭暗鬥，而是一度公開的劍拔弩張。我在美國國務院的朋友雖然對此含糊其辭，但顯然國務院失去了外交政策機構中所起的統率作用，一些歷來歸屬國務院處理的領域被國防部接手。

特朗普的白宮更理直氣壯地認為國務院就應該追隨白宮，並為此而不懈努力，特朗普任職後的一年多時間裡，媒體充斥着國務卿蒂勒森（Rex Tillerson）被邊緣化，特朗普與蒂勒森不睦的報道。2017

年 11 月針對美國國務院官員缺位的問題，特朗普接受採訪時直言不諱地説，「唯一重要的人是我」。這也從某個側面解釋了美國國務院相當長的時間內有 74 個高級職位空缺、60% 的職業大使離職的動盪局面。

《新帝王總統》(*The New Imperial Presidency*) 的作者安德魯·路德維格（Andrew Rudalevige）告訴我，美國總統一般通過助理國務卿一級官員把其政治偏好傳導到外交政策層面，但是在特朗普當政的前兩年，大量技術官僚缺位；同時特朗普深信自己就是絕佳的外交大使，他可以通過自己的手腕和中國國家主席習進平建立親密關係，但卻刻意忽略了一點：兩國外交關係不只能靠兩國元首的私交就可以解決。

美國外交決策體系變成了總統一個人主導的大戲。在更廣的陣線上，特朗普政府試圖表現得強硬。國務卿蒂勒森未完全聽命於特朗普，最終通過特朗普的推特才知道自己被解僱了。特朗普不受職能規範的限制。所謂外交官僚與專家的意見建議，都讓位於特朗普外交和安全政策的長袖善舞——特朗普相信他獨特的交易技巧可以放之四海，外交也不例外。

於是塞莫利茲幾次和我提到，中國及相關的機構／人員「讀懂華盛頓」非常重要。華盛頓不斷地把非貿易戰線的行動複雜化，安全問題、台灣問題、香港問題，甚至 NBA 問題等其他不相關的敏感問題陸續都被拖入爭論。

具體到中美關係，蒂勒森 2017 年談到時代變遷為美中關係帶來變化的建設性觀點——「現在是為今後 50 年，提前定義和搭建新型美中關係的時候」，也隨着他的離去煙消雲散。

特朗普政府關於中國的信息混亂而相互矛盾，對行動如何排序彼此分歧，沒有一個清晰的總體戰略。特朗普幕僚間隨時糾纏於不同的路線之爭。大而言之，一個是高舉貿易保護大旗的民粹主義者陣營，另一個是更為現實的華爾街的老兵陣營。這使得特朗普的貿易政策時常放出相互矛盾的信號。

總體戰略不清晰不妨礙對華的鷹派們頻頻得勢。以負責領導新組建的白宮全國貿易委員會的經濟學家納瓦羅（Peter Navarro）為例，他是特朗普頂級顧問中唯一一名學者，有哈佛大學經濟學博士學位。納瓦羅的一系列經濟學主張富有爭議，他主張對中國持強硬立場 —— 他為人熟知的著作之一是後來被製作成紀錄片的《致命中國：美國如何丟掉製造業》（*Deathy by China: Confronting the Dragon —— A Global Call to Action*）。納瓦羅認為，通過補貼中國對美國的出口、並阻止美國向中國進口，中國實際上對美國發動經濟戰爭，從而給美國造成巨大的貿易赤字。

另外一個強硬派人物是美國貿易代表人選萊特希澤（Robert Lighthizer），在資歷上萊特希澤無可厚非，他曾在共和黨總統列根政府期間擔任副貿易代表，1980 年代他主張對日本施以嚴苛的貿易政策，之後對中國貿易也多次嚴厲指責。萊特希澤是談判高手。美國前紡織品貿易首席談判代表羅納德·索立尼（Ronald Sorini）對萊特希澤頗為讚賞，說他自列根政府就開始在貿易問題上浸淫，精明敏銳，不但熟知相關法律，還擅長讀懂別人。所謂讀懂別人，就是看明白對方是否坦誠，是否在虛張聲勢，是否在誇大其辭。

白宮貿易顧問納瓦羅是 301 調查的主要推動者，他因數十年如一日地對華強硬而聞名。美國國家經濟委員會主任庫德洛（Lawrence

Kudlow）曾對揮舞關稅大棒不敢苟同，但自從成為特朗普的首席經濟顧問後，就旗幟鮮明地堅持對華強硬。

美國商務部長羅斯是億萬富翁，他的角色戲劇性更多些，雖然他一直不斷批評中國，但好像又常被斥為對中國批評得還不夠狠。當年他作為特朗普總統的「殺手」之一進入特朗普政府，但 2018 年春夏，商務部長越來越被邊緣化，在白宮，他所在的商務部被普遍認為是一團糟。美國財長姆努欽（Steven Mnuchin）是白宮對外貿易的「溫和派」，是內閣中同激進的貿易保護主義者持續對抗的力量。

特朗普的總統班底常新常變超出了人們的想像，比如在短短的一年多時間內，特朗普的國家安全團隊已進行過多次換人調整，其國家安全顧問先後由弗林（Michael Flynn）換成麥克馬斯特（H. R. McMaster）再換成博爾頓（John Bolton）。一些對華策略偏實用主義的官僚如麥克馬斯特、蒂勒森等在洗牌中被洗了出去，就連白宮僅存的幾名任職最久的內閣成員之一的國防部長馬蒂斯（James Mattis）也位置不保。

雖然對華極端鷹派者如白宮前首席策略師班農（Steve Bannon）早被洗出牌局，但並未阻擋他奔走世界各地、孜孜不倦傳播他的理論：包括把中國與納粹德國相提並論，警告若美國未能挑戰中國的崛起，中國的命運將與當年的納粹德國一樣。

處理外交關係時，特朗普面臨着職業外交官的巨大空白，他的替代方案是用貿易官員來頂替，這些貿易鷹派的利器就是關稅，而關稅在大多數經濟學家看來違反了經濟學定律，不合情理。

特朗普試圖利用不確定性來對中國施壓，以促成在貿易和其他議題上達成協議。但是美國倒底想要與中國建立一個甚麼樣的關

係？可能連特朗普自己也回答不清楚。

　　細數起來，曾在九任美國總統的政府部門任職的芮效儉的經驗是，同一個政府在第二任期內總會比第一任期要做得好——首先，在第一任期內，由於缺乏經驗，政府會作出很多錯誤的決定，包括任人不淑。到了總統的第二屆任期，政府就可以從類似事件中吸取教訓，也會傾向於挑選更好的人選，政府部門在工作中也會配合得更緊密。

　　但奧巴馬政府執政五年並處於第二屆任期內時，有些事情本應更容易得到控制和解決，但奧巴馬政府並未充足地協調好內部的工作。到了特朗普，不等到第二屆任期開始，美國對中國、對中美關係認知的失調，已經嚴重抑制了中美長期建設性關係的培養。

地緣政治的戰場

亞太地區向來海事先行。

2012 年東亞就已有大國對峙的問題，並向歐洲蔓延。大國對峙的由頭之一是 2011 年 11 月，美國總統奧巴馬在亞太之行中高調宣佈美國是「太平洋國家」，並將「留駐」亞太。2012 年 1 月，美國國防部發佈《新軍事戰略報告》，正式提出「亞太再平衡」的概念，確立了將軍事資源由「9・11」事件之後的亞太、中東雙重戰略重點轉為以亞太為重心的戰略傾向，「亞太再平衡」戰略一石激起千層浪。

宣佈再平衡政策之際以及此前數月，奧巴馬的外交政策被認為很明智：美國在伊拉克和阿富汗浪費了太多精力，也不能期待有甚麼好結果，於是把未來更多地投資於亞洲，那裡才是經濟增長的未來。在亞洲這個政策分三部分：外交——自從布殊以來，與亞洲國家的外交往來有所減少；軍事參與——在美國國防預算總體減少的情況下，確保亞洲的國防開支不減，但也不是說要增加；第三個是經濟參與，即跨太平洋夥伴關係協定（TPP）。

這些當時很好的一攬子理念，很快就因總統選舉而變了味。為對付羅姆尼，白宮和國防部的人大談特談國家安全，大談對抗中國，

短期的政治考慮把戰略擠到一邊，再平衡變成了不平衡。最後策略調整為多強調 TPP，而少強調軍事。

在某種程度上，雖然美國從未拋棄過亞太地區，只不過奧巴馬政府意識到，在世界版圖上，亞太地區是變革和發展的中心，有強大的經濟實力。

美國策略最大的變化與東南亞有關。美國一直與日、韓保持同盟關係。但東南亞長時間來並未引起美國人的重視，這引發了奧巴馬政府的擔憂，在簽署了《東南亞友好合作條約》後，美國順理成章地經常出席東盟國家重要會議，轉折點是希拉里‧克林頓 2010 年 7 月參加河內東盟地區論壇。

圍繞亞洲安全的願景，伴隨美國的亞洲「再平衡」，亞太地區各方力量互相抵觸。世界和東亞地區的權力分配開始發生變化，但這並不意味着新的世界格局：中國的海上影響力會繼續擴大，但短期內中國還無法向美國叫板。

美國也意識到，在東南亞國家眼中，美國只是他們與中國抗衡的擋箭牌。東南亞不會像往常一樣投入美國懷抱。東南亞希望看到有強國的加盟，他們不僅看上了美國和中國，還看上了印度、日本甚至韓國，因為美中兩國關係非常複雜，二者有很多方面的合作，又存有很多分歧，中美可能就世界其他地區的事務／問題達成共識，而這些共識可能對東南亞產生不利影響。因此，從東南亞的角度來看，最有利的局面是與美中兩國保持良好的合作關係，同時非敵非友。

美國在亞洲有其利益，但若沒有新加坡、印尼、馬來西亞、菲律賓和越南站出來說需要美國的幫助，美國是否介入也很微妙，這些國家都和中國有富有成效的經濟合作關係，他們也不希望破壞這

個關係，也不願意一直處在中國的陰影下，想讓美國介入，但不希望介入太深，需要美國的支持，但也不想要太多。

海洋問題的分歧在一段時間內存在於中越、中菲之間。中國在東南亞的動作一度是對越南和菲律賓做出反應，但中國的回應強硬，包道格打趣説，就像大狗吠小狗，人們不再關注小狗，只是看着大狗。中國顯示了很強的主動性，且顯得有點強勢。

中國倡導籌建了亞洲基礎設施投資銀行，表明願向包括東盟國家在內的本地區發展中國家基礎設施建設提供資金支持，人們希望看到中國在地區經濟合作起到推動作用。在美國看來，中國有很大的野心，中國用了很長的時間打造海艦、在超深水鑽井平台上投入巨額資金，還有在南海的行動，中國正在全力前進。美國人認為，中國的影響力與日俱增，這一改變將導致權力的重新分配。分配後的結果就是，中國在協商中更有話語權。

美國地緣政治分析家卡普蘭認為美國的再平衡戰略晚了 20 年。他告訴我 1989 年柏林牆倒塌時，一個普遍的共識是，美國已經為歐洲盡力了。美國擊敗了希特拉德國，然後捍衛歐洲反對蘇聯。現在輪到歐洲自己了。這也是為甚麼老布殊政府最初沒有介入南斯拉夫，老布殊對詹姆斯·貝克（James Baker）説，現在這是歐洲人自己的問題。我們已在歐洲搞了 45 年。該輪到他們自己來了。

在歐洲盡力的告白後，美國本來要把注意力轉向亞洲。但半年後薩達姆入侵科威特。美國在此後的六七個月時間內組建軍事力量，將薩達姆的軍隊從科威特趕出去。接下來在伊拉克劃定禁飛區，美國海軍的空軍部隊在之後的 12 年負責禁飛區，這讓美國分心。

然後發生了「9·11」恐怖襲擊事件，接下來美軍出兵阿富汗。

然後入侵伊拉克。終於在 2010 年左右，美國開始從伊拉克撤軍，並計劃撤出阿富汗。美國不想成為孤立主義國家，所以推出重返亞洲的戰略。這是自然演進的過程，只是晚了 20 年左右的時間。不管中國喜不喜歡美國重返亞洲的戰略，中國應該感到幸運——它被中東問題推遲了 20 年。

2017 年年底，特朗普藉其就任美國總統後的首次亞太之行，高調宣示了美國的「印太戰略」。雖然這個戰略顯得單薄貧瘠，除表示沒有放棄亞洲之外，他的關注還是中國。

中國人越來越傾向於認為美國用遏制政策或包圍戰略反制中國。芮效儉曾問過我，中文把 containment 翻譯成甚麼？遏制？震懾？震懾有點恐嚇之意，但還不是完全遏制。他説，中文裡有「制衡」一詞，美國的政治體系建立在制衡的基礎上——權力會導致腐敗，手握權力的人有濫用職權的傾向，需要去制衡他們的權力。這個概念不錯，它不是説要奪走權力，而是防止隨意使用，這是美國在亞洲的戰略。這不是遏制。

美國外交的底氣來自背後一整套聯盟機制，美國的盟友與之互動也發揮作用。相對應的，中國是否有真正的盟友？中國與周邊國家的關係也不盡如人意，其中日本與印度還十分強大；另外還有俄羅斯。環顧美國、日本、韓國、印度以及所有與中國打交道的國家，他們都與中國保持着複雜的關係。他們既希望與中國開展多方面的合作，但在一些問題上又存在分歧。

中國的鄰國，包括俄羅斯在內，暫時找不到希望中國在東亞成為主導的國家。誰是中國的朋友？巴基斯坦、朝鮮。這些國家難以幫助中國走上昌盛之路。中國目前不得不在很多限制下開展工作，

另外，中國本身也處於複雜的轉型階段。因此，就目前的地位而言，中國無法制定新的國際遊戲規則。未來二三十年內，美國還在較多方面佔有相對優勢，中國對維護既有的國際格局也不會有太大異議。

中國位於一條複雜的生產鏈的中間部分，這條生產鏈包含了韓國、日本，同時也包含了東南亞國家和其他一些國家。東盟＋3，還有3個東北亞國家通過合作來更好地協調相互之間的經濟關係。這是一個非常積極的關係，東亞各國間充滿了合作的潛力。

2010年前後，全球跨入一個新時代，全球格局並非多極格局，但這一格局中存在很多強國，而且這些強國必須處理好相互之間的關係。由於領導層的不同，處理這樣的關係需要極大的包容——但幾乎每個國家的領導層和領導層構架都存在問題。

2014年夏，我和包道格坐在一家低調的希臘餐廳吃飯，他說，亞洲面臨的最根本問題是——美國和中國是直接還是間接，策略性地還是直白地談判如何共享權力，哪些方面中國可以有更大的發言權，而對美國來說也不是零和遊戲。這是可能實現的，但會比較難。問題是國內的政治壓力終將是傾向於競爭，而非妥協。但如果美中開始戰略競爭，結果將是破壞性的。

他一語成讖。

2018年新年之際，美國特朗普政府連續發表《國家安全戰略》報告、《國家防務戰略》報告、《國情咨文》和《核態勢評估》報告，基調一脈相承，大講「美國第一」，把中國和俄羅斯當成「修正主義者」，並要與之進行「戰略性競爭」。在特朗普政府看來，恐怖主義、地區核問題構成對美國直接、現實挑戰，但未來真正威脅其霸權地位的則是中國和俄羅斯，美國必須把國家戰略重心轉向大國戰略競爭。

而在大國戰略競爭中，針對中國的一系列報告和關稅政策，表明了特朗普重新定義了對華戰略。

找到卡普蘭，要穿行於層巒疊嶂，山勢卻並不險峻的伯克希爾山，到達麻薩諸塞州西部的斯托克橋，在一片田園風光間，地緣政治的喧囂和動盪都被濾去。一條窄而短的小徑緩緩上斜，正對着卡普蘭的書房，這位被美國《外交政策》雜誌評為全球 100 大思想家之一的地緣政治學者，就在這裡解讀世局的錯綜複雜。

卡普蘭出版的多部地緣政治和外交關係著作，對福山（Francis Fukuyama）的「歷史終結論」和亨廷頓（Samuel Huntington）的「文明的衝突論」形成了不同視角的補充。他的書在地緣政治理論中貫穿着精彩的歷史敘事。在提及南海的地緣特質時，卡普蘭這樣落筆：南海對於中國，就如同加勒比海在 19 世紀末、20 世紀初對美國的意義。

我們的聊天就從南海開始。

有觀察家把中國和俄羅斯都歸到「修正主義強國」的行列，他是否認同這個說法？卡普蘭微頓了一下說，這個問題挺有意思。俄羅斯毫無疑問是修正主義大國，因為俄羅斯希望讓它的勢力範圍強勢回歸到前蘇聯的邊界範圍。這就是修正主義。俄羅斯還希望它在中歐和東歐，即舊華沙條約邊界，形成一定形式上的勢力範圍，儘管是施加一種軟影響，也算是修正主義。他認為，中國就不那麼清晰了，中國南海和東海島嶼的主權在歷史上並不像蘇聯或歐洲邊界劃分的那麼清晰。

卡普蘭最後這樣回答這個問題，他說，中國有某種「修正主義的國家心理」。對中國而言，從清朝的衰亡，到之後的軍閥混戰，再到後來，與數千年的輝煌歷史相比，這是充滿悲情的 175 年。中國希

望恢復到清王朝 19 世紀初開始衰落前在世界上的影響力和備受尊崇
的地位，當然還可以追溯到更早的年代。他認為，在這個意義上，中
國是「心理上的修正主義」。

第六章

去全球化、民粹主義和資本主義

政治生態極端化

不平等不斷加劇

與之相伴的是美國經濟增長放緩

民粹主義、反自由貿易的情緒在美歐上空飄蕩

佔領華爾街運動的支持者

在 2016 年、2019 年加入參議員桑德斯競選陣營

量化寬鬆扭曲的資本主義

何去何從

受損的政治生態

近幾年在美國獨立日這天，華盛頓都濕熱難耐。這差不多就是華盛頓夏天的基調，熱而黏稠。每每和美國人談及這裡夏天的難熬，他們都會說，沒辦法，這個城市建在沼澤地上，當年美國總統華盛頓選中這個地方，是為離自己更近點。

出於好奇，我還查了一下，結果真正建在沼澤之上的美國城市是芝加哥和新奧爾良，華盛頓都靠不上邊。若按最初城市的邊界來看，華盛頓只有約 2% 的總面積符合沼澤的定義。

華盛頓酷暑的黑鍋，沼澤不背。下面沒有沼澤，但上面的大氣流動幾乎是淤滯的，這就像奧巴馬政府時期的政治生態。舉例來說，就在 2011 年到 2013 年短短的二三年間，就發生了鬧得沸沸揚揚的 2011 年夏債務上限危機、2013 年初財政懸崖危機和 2013 年 10 月的政府停擺加債務上限危機。三者幾乎如出一轍，背後推手都是美國政治上的雙重極端化傾向。

每次危機後，政治極化和僵局依舊遊蕩在華盛頓的上空。後來，特朗普以抽乾沼澤（Drain the Swamp）的豪言壯語上台，在他眼裡，華盛頓盤根錯節的政治傳統和愚蠢的政客造就了這個沼澤，而他的

神威就如前總統列根，降臨世間，抽乾聯邦政府官僚主義的沼澤。

對於美國的保守主義運動，有觀點認為，保守主義運動最知名的時候，是在它失去權力和進行反叛的時候。2013 年那次持續到債務上限最後關頭的政府危機證實了這一點。

在歷時半個多月之久博奕過程中，那場危機最終的定性也變得複雜。危機之初，事件的核心是奧巴馬任期內的標誌性政績《平價醫療法案》——共和黨佔多數的眾議院把削減該法案做為給政府出資的前提條件，並導致了美國政府關門；事後主要圍繞的爭論則是債務問題——16.7 萬億美元的債務上限必需在當年 10 月 17 日前提高，才可以避免美國歷史上第一次部分發生違約。

那時候我想知道，它是財政問題引發的危機還是政治危機？哈佛大學教授、經濟學家本傑明·弗里德曼（Benjamin Friedman）給我的答案是：意識領域的危機，它關乎人們對公共部門以及私人部門的看法分歧，涉及到美國社會中政府扮演的角色，這些都是意識形態領域的問題，和經濟學沒有任何關係。所以這場危機不是經濟問題，而是政治問題。

具有諷刺意味的是，著名戰略分析家約瑟夫·奈這樣對我解釋說，危機源自於共和黨黨內的政治爭議，即極端的茶黨共和黨人與其他共和黨人之間的矛盾。他們利用政府停擺試圖向奧巴馬施壓，但同時也對共和黨自身的領袖約翰·博納（John Boehner）造成壓力。他們冒着利用債務上限對奧巴馬醫療法案施壓的危險行事。

《紐約時報》專欄作家托馬斯·弗里德曼（Thomas L. Friedman）宣稱美國政治之基發生了三個結構性的變化，並在這次危機中達到臨界點，使國會中的極少數派不僅能夠阻控其所在黨派，而且可以

阻控政府。

這三個結構性的變化首先是選區的重新劃分，每十年一次的劃分在 2010 年共和黨控制了絕大多數州的立法機關、進而控制了選區時，進行了有利於共和黨的重新劃定；同時，最高法院 2010 年公民團結（Citizens United）裁決引來的無限政治捐款，打開了金錢決定當選時間長短的閘門，使得少數保守派完全沒有了金融條款的限制；另外，完全隔絕的保守派／自由派媒體的崛起，這三者合力使得極端化言行完全不受懲罰。

在這個前提下，主張回歸小政府、低赤字等傳統共和黨經濟理念的保守勢力唯一關注的是選區內忠實的選民和他們手中的選票。他們的使命也變成了支持自己的選民，並打擊自己的敵人——民主黨。這使得民粹主義抬頭，並向極端化思潮發展。在這個過程中，一方面 30 個左右的茶黨共和黨人與更主流的共和黨人的分化加大，同時，在兩黨對立情緒上升時，民主黨也會自覺、不自覺地受極端思維影響。

這種政治生態的極端化，打破了美國的兩黨政治向來以妥協和各自退讓解決政見不和的傳統，取而代之的是政治極端主義大行其道，使得極端保守主義者德克薩斯州共和黨人特德·克魯茲（Ted Cruz）和猶他州共和黨人邁克·李（Mike Lee）一躍成為政治明星，並導演了這樣一個醜惡的黨爭先例：他們對《平價醫療法案》——由國會 2010 年通過，總統簽署，並經最高法院核准符合憲法的法案的反對，不是等下次大選爭取贏得多數民眾的支持，再推倒重來，而是以政府停擺為要挾，以美國的信譽和全球經濟衰退為代價，以實現他們的訴求。

　　美國政治機制的失靈甚至引發了人們對美國民主的討論，在我理解的民主辭彙中，民主意味着少數服從多數，但在保守派為主的福克斯新聞網中，有嘉賓反駁說，民主不是少數服從多數，而是少數人的權利得到保護。後來，2013 年 10 月 16 日，共和黨極端保守主義者在那一輪激鬥中大勢已去之際，他們譴責的卻是共和黨中的溫和派，因為他們不夠強硬，或者譴責這一次的鬥爭策略不夠完美。邁克·李就表示：鬥爭還沒有結束。

　　顯然，少數極端保守的共和黨的頑固立場並未因為危機最後化解而軟化，而培植這種政治生態的土壤相當肥沃。那之後，民粹主義，反自由貿易的情緒不僅支配着美國的政治生態，甚至在歐洲也一度甚囂塵上。在美國，人們期待外在的改革力量徹底摧毀這種極端主義的蔓延，但最後發現他們等來的是特朗普。

　　2016 年的美國總統大選，在漫長而充滿劇情反轉的過程中，美國的政治極化得以淋漓盡致地展現。在歷經了激進派政治人物崛起、兩黨在黨派政見上集體轉向極端的數月選戰後，11 月 9 日，最終以唐納德·特朗普的異軍突起、爆冷當選新一屆美國總統而畫上句號。

　　特朗普出現背後的社會基礎是，美國持續數十年的政治極化催生了民粹主義，民粹主義無論是左派還是右派，他們的共同點是都深度懷疑美國在海外的軍事行動，對大機構沒有信任，不願與全球的精英苟同。這種甚至有些玩世不恭的態度又與「讓美國重新偉大」起來的口號互為注腳。

　　在特朗普治下，美國偏遠的鄉村地區選民轉向右傾，民主黨在整個美國都轉向左傾。沿着政治的裂痕，社會的分化，在種族、階級、教育、性別和宗教等不同的領域，美國人相互隔絕。

　　我有個美國大學的政治教授朋友，他提醒我注意，美國歸根結底是一個保守的國家。以宗教為例，在 20 世紀末世界宗教版圖上，歐洲的天主教會和新教教會境況窘迫，舉步維艱。而在美國，無論是衡量信教率，還是考察人們對待宗教的態度，美國都保持着信教國度的虔誠。

　　當經濟困境和挫折解決之後，人們有精力和時間轉向反墮胎等文化或宗教議題。1973 年美國最高法院的「羅伊訴韋德案」(Roe vs Wade) 判決後，墮胎在美國大多數州成為合法。但自特朗普當選後，反墮胎陣營飆舉電至，聲勢日益高漲。

　　2018 年 7 月 24 日傍晚時分，華盛頓街頭反墮胎人士沿街舉起巨幅血淋淋的胎兒照片，主路上，更不忍卒睹的屍首分離的圖片包裹的卡車與之遙相呼應，這是我在美國從來沒見過的場面，卻暗合了美國社會圍繞墮胎合法與否觀點的兩極日益分化。

　　幾個月後的 11 月 6 日，美國眾議院全部 435 個席位、參議院 35 個席位、36 個州長席位以及諸多地方議會及公職席位進行改選。民主黨獲得眾議院控制權，共和黨在參議院增加了席位，這樣的結果只是進一步證明，美國社會分裂加劇，黨派衝突加深。

　　特朗普仍在繼續用他獨特的理念和治理方式改變着美國的政治生態。特朗普看重忠誠，共和黨內部則一直保持着對特朗普的高支持率，二者之間的關係很微妙。一個前美國白宮官員對我說，特朗普扭屈了黨派關係，共和黨成了特朗普治下的黨派。在共和黨內，沒有人敢對特朗普提出挑戰，偶有挑戰也是那些政治生涯行將結束的人，這基本上變成了一個模式。

　　美國社會中，支持和反對特朗普的力量自特朗普執政第一天起

就視同水火，加劇了美國社會的撕裂。

這種撕裂我感同身受。選舉和特朗普的上台傷害了人們間的密切關係，無論是在社交媒體上，還是在現實生活中。政治觀點的討論帶來了分化，讓我的很多朋友要麼在政治議題上變得沉默，要麼變得小心翼翼，我的朋友 Adam 私下告訴我，只有他覺得十分安全時，才會提及政治。

即使在朋友間和家人間，人們也自然以政治陣營分類、歸類，交流盡量限於吃吃喝喝無傷大雅的東西，觀點相同的人才會涉及有政治觀點的貼子。政治在美國不再意味着是政治議題，而更多的是認同政治 —— 先站隊後說話。

不患寡，患不均

在中國的語境下，2018 年的年度熱詞中就有「消費降級」。所謂消費降級似乎指低價消費品大行其道，二手貨交易火爆，還有些宏觀指標如社會消費品零售增速大幅回落等。在美國，所謂的低價消費品一直就大行其道，我認識的一些美國人即使家有豪宅，即使為人顯貴也不覺得要花很多錢在吃穿玩樂上，這也為中國製造在美國長盛不衰打開了通路。美國人對二手貨交易也頗有興致，買賣二手貨是美國人不貪虛榮、重視環保、實用至上的寫照，談不上甚麼降級不降級。

我到美國後親耳聽到的、鮮活的真人版消費降級屈指可數。印象很深的一個事例要追溯到奧巴馬當政時期，在經濟大衰退後，美國人的日子不好過。一個壽司店老闆的花絮是：店裡的一個常客在經濟窘迫的日子來壽司店就餐，他只是點了一份米飯，打包帶走前，又向飯店要了點醬油，離開。後來壽司店老闆出門倒垃圾，才發現這個常客在路邊的車裡，大口吃着米飯泡醬油。

幾年前我去巴黎採訪法國經濟學家托馬斯·皮凱蒂（Thomas Piketty）時，他正因為《21 世紀資本論》（*Le Capital au XXIe siècle*）這

本書而大熱，他的書也成為一種社會現象。在書中皮凱蒂恰到好處地印證了經濟不平等的嚴重性，以及在全球的普遍性。所謂的消費升級、降級在某種程度上也是經濟不平等的反應。

就如同托爾斯泰所說，「幸福的家庭都是相似的，不幸的家庭各有各的不幸」。即使國情不同，也可以套用這個句式：消費升級的家庭都是相似的，而消費降級的家庭各有各的不幸。那時皮凱蒂就對我說，靜待社會的自然發展而實現正確合理財富分配的想法是錯誤的。一定程度的不平等可以接受，但不能過度。歷史證據表明，財富的過度集中對競爭力和經濟增長沒有好處。

皮凱蒂著作當年引發熱議時，遠離大都市的美國麻薩諸塞州西部的斯托克橋當地居民並不關注。當地居民 Mark 喜歡那裡的靜謐與柔和，這個 2000 人左右的小城吸引着美國富人在此購置房產宅地，包括 Mark 在內，部分當地人以照看富人的房產為謀生手段之一。

2018 年秋，斯托克橋當地每平方英尺房屋價格中位數價格已達 271 美元，而其所在的匹茲菲爾德都市區平均價格 168 美元。2018 年秋在斯托克橋銷售的房屋中位數價格接近 63 萬美元，而在美國首都華盛頓，在房產交易火爆的 2018 年秋，房屋銷售的中位數價格才 58.9 萬美元。

斯托克橋以旅遊為經濟支柱，即便金融海嘯也未對其產生衝擊。Mark 去機場接我，一路上講有關斯托克橋的人情世故。他說那裡沒有甚麼不平等，只是在過去十多年中，他的收入增長處於停滯狀態。Mark 代表美國社會分層中不到 20% 的人口，根據美國稅收政策中心的數據，Mark 的稅前年收入屬於美國的中間值，每年 5.91 萬美元。

而在美國弗吉亞州，這個美國最富裕縣的集聚之地，喬治城大

學教授 Stephan 在該州阿靈頓有座現代氣派的大房子和精美的花園。在這裡生活了 40 多年，他常給我講如何從窮學生躋身於中等偏上的人群。Stephan 是美國年收入為 9.92 萬美元的另外不到 20% 人口中的一員，他最大的感慨是，他所居住的區域，能保持他的生活水平的人群在日益縮小，中產階級在萎縮。

衡量貧富不均有幾種不同的角度，中等收入階層和最低收入階層之間的差距是其中一種。在申請破產的世界級製造業中心底特律市，曾因吸毒入獄的 John 出來後掙扎着維持生計，他代表着美國底層不到 20% 的人口，各種收入交稅前一年算下來約 3.39 萬美元。

比他更捉襟見肘的美國最底層不到五分之一的人口，稅前年收入則僅有 1.36 萬美元。對 John 及比他更窮的這不到 40% 的美國人來說，收入不僅意味着勞動報酬，更多的是食品救濟券和醫療補助計劃，以及一度被認為扶貧最有效的低收入稅收津貼。

壞消息是，窮人的境況出乎意料地在惡化。美國布魯金斯學會連續推出了關於美國窮人情況的最新報告。一份報告指出貧窮在美國有郊區化趨勢，比起 2000 年前後，情況發生了顯著的轉變，貧困蔓延不均，窮者愈來愈窮。與此相對應的另一份報告指出，數以百萬計的美國人每天過着低於 2 美元的生活，而每人每日收入 2 美元是世界銀行的貧困線，向來只適用於發展中國家，美國因其富裕程度一直被排除在外。

人口數據讓窮富對比更直關生死。無論是美國還是英國，富人和窮人之間的預期壽命差距也在擴大，富裕的美國人比貧窮的同齡人壽命要長 15 年。美國俄克拉荷馬州的史迪威，那個貧瘠之處人們平均年齡是 56.3 歲，而在北卡羅來納州富庶的查塔姆，數據表明那

裡的居民能活到 97.5 歲。

美國的貧富不平等如此觸目驚心，如皮凱蒂所說，美國貧富分化程度已重新升到一個世紀來的最高水平。在 Stephan 教授所在的社會分層之上，是美國的富人階層，在這一富人階層的最底端，是稅前年收入平均約為 27.89 萬美元的不到五分之一的人口，在他們之上，是稅前年收入約為 164.80 萬美元的財富金字塔尖的那 1%，而美國 0.1% 的超級富豪，他們稅前的收入約為 758.77 萬美元。加州大學有學者估算，若算上隱藏在海外避稅天堂的資產，美國 0.1% 超級富豪在 2012 年至少掌握了美國所有財富的 23.5%。

金融危機之後，收入不平等使社會兩極分化更為嚴重，人們把憤怒指向了華爾街。

我日常報道的採訪對象之一是華爾街的投資者。

華爾街三個字自帶魔力。在人們心中，華爾街的涵義永遠超過其字面意義。華爾街是金錢永不眠，華爾街是貪婪、美色和毒品……。但天天和華爾街打交道，華爾街就變成了即沒有光環也沒有神秘感，除了技術解讀和經濟模型，就是經濟模型和技術解讀。

我有個美國朋友是典型的華爾街精英，他在大型投行負責財富管理，我們認識了很長時間後，我才把這個低調內斂的人和華爾街聯繫起來。有一次我忍不住問他，金錢在他眼裡是不是只是一連串的數字？他用自己的故事回答我：「一次我去一個投資方面的會上發言，他們這樣介紹我說，『他管理的基金去年損失了 5600 萬美元……』，那是第一次數字對我有了意義，我突然意識到，天，那是好多錢啊！」

金融危機後，財政緊縮漸行漸遠，而量化寬鬆政策通過提振主要

由富裕家庭擁有的股票等高風險資產的價格，加劇了不平等。這是問題的所在。瑞士信貸銀行股份有限公司（Credit Suisse AG）發佈的《2018 全球財富報告》指出，全球最富有的 10% 人擁有全球 85% 的財富；47% 的財富則掌握在最富有的 1% 人手裡。在 2000−2008 年期間，全球貧富差距有所緩和，最富有的 1% 人擁有的財富份額從 47% 下降到 43%。但金融危機逆轉了趨勢，危機後他們增加了對金融資產的配額，使得財富增長迅速，到 2016 年，佔比又回到了 2000 年的 47%。

　　貧富分化先是催生了「佔領華爾街」運動。當加拿大雜誌 *Adbusters* 的一篇博客文章呼籲以佔領華爾街為手段，抗議企業對民主的負面影響，呼籲大眾重視財富分配不均等問題後，先是幾百位抗議人士串聯示威，最後變成了一場轟轟烈烈的運動。

　　比起市場產生的不平等，人們更關注的是政策干預後依舊昭然的貧富不均。有分析表明，2013 年美國 1% 的富人稅後平均收入為 112 萬美元，而最底層的 20% 的窮人稅後平均收入為 1.33 萬美元，也就是說，富人放進自己腰包的是窮人的 84 倍。

　　數十年來，共和黨和民主黨都宣稱美國人稅負太高，由此，為中產階級減稅，追求更簡單、更公平的稅法幾乎成了一種信仰。特朗普上台後所向披靡，在任期不到一年的時間內雷厲風行地推出了 1.5 萬億美元稅改法案，它是美國最近 30 年來最大規模的減稅行動，但人們對更公平稅法的信仰並未由此變為現實。

　　實際上，美國的收入不平等在特朗普治下變得更糟。諷刺的是，他雖然立場鮮明地宣稱要站在勞動人民的一邊，但減稅惠及的將是那一小部分不成比例的最有錢的富人。特朗普的經濟政策，包括向

富人傾斜的減稅法案擴大了貧富差異。2018 年 8 月的美國芝加哥聯儲的資本支出指數（capital spending index）表明，私營企業的投資計劃自 2015 年以來一直處於負值區域。美國人口普查局 2019 年 9 月 26 日調查數據顯示，2018 年美國收入差距進一步擴大，基尼系數創 50 年來新高。

不斷加劇的不平等現象伴隨着的是美國經濟增長的放緩。

節制 21 世紀的資本

（一）

　　法國經濟學家托馬斯・皮凱蒂在法語世界和歐洲學界，是成名較早的經濟學家。他 22 歲獲得巴黎高等社會科學院和倫敦經濟學院的博士學位時，即已經開始研究財富分配問題，2006 年他創立了巴黎經濟學院，其後繼續專注於學術研究。

　　2013 年 8 月他推出《21 世紀資本論》法文版，2014 年 3 月出版了該書英文版，隨即引起轟動，一躍成為年度最紅經濟學家。面對幾乎突如其來的全球走紅，皮凱蒂試圖以謙虛和友善來應對。包括我在內，人們習慣於面對多有白髮的「經濟學家」，也習慣於只限於小眾的「經濟學家」。令皮凱蒂意外的是，他的第一批粉絲恰恰是那些趨之若鶩為《21 世紀資本論》寫書評的知名經濟學家們。

　　當最終這本書成為一種全球思想討論的現象後，去除炒作和意識形態之爭，它的獨特價值在於，皮凱蒂以多年的數據和實證研究，恰到好處地印證了全球性的收入分配和經濟不平等的嚴重性，這注定是當今人們最關心的重大問題，更是影響將來的關鍵挑戰。

　　實際上，不同人群對經濟不平等有不同的解讀。經濟學家們會用計量模型，抑或是現代經濟學的數理方法求證；或如皮凱蒂另闢蹊徑，藉助長期歷史數據，化繁為簡，以統計分析分解財富集中和分配的趨勢，拋棄了統而化之的基尼系數。有趣的是，他更多地認為自己是社會科學家，而不是經濟學家，因為在他看來，經濟、歷史、社會和政治學間的界限並非那麼明顯。

　　自英文版面世後數月，《21世紀資本論》以學術專業性書籍而長期雄踞亞馬遜暢銷書排行榜，這真是很少見；同樣因其學術專業性，在不過半年的時間，由洛陽紙貴直接升級為「史上暢銷書中最少被通讀的」排行榜榜首，這從一個側面說明，人們普遍對經濟不平等感到焦慮，而這本書成為表達焦慮的一個載體。

　　圍繞書的熱銷，有人直接把皮凱蒂歸為倡導中產階級增長的「使徒」之一，另外兩個包括「政治使徒」參議員伊麗莎白‧沃倫（Elizabeth Warren）、「宗教使徒」教宗方濟各（Pope Francis），皮凱蒂成為「科學和分析的使徒」。有人甚至由此聲稱「和平革命的三劍客都已出現」。

　　這就像荷里活大片對超級英雄的依戀一樣，只不過在這裡，邪惡而強大的惡魔是經濟不平等，它可能會有代理人出現，毀滅人們的希望與夢想。但在末日噩夢降臨之前，人群中會有義無反顧的英雄出手拯救，哪怕這個英雄的武器只是數據分析。

　　在皮凱蒂的英雄大片中，有人盼望他做中產階級的「使徒」。皮凱蒂很有自知之明。他告訴我，自己只是收入意義上的中產階級，甚至屬於有特權的群體。和社會最頂層相比，他更關心中產階級；而他對底層群體的關心程度又超過中產階級和最頂層。

美國聯邦參議員伊麗莎白・沃倫則不負「政治使徒」的使命，她參與了 2020 年民主黨總統候選人的提名角逐，並逐漸在民調中上升至候選人排名的第二位，吸引了大批的支持者。沃倫提出了詳細的經濟方案建議和改革藍圖，包括對年收入超過 5000 萬美元的富裕家庭額外徵稅 2%，以及對年收入超過 1 億美元的公司額外徵稅 7%，被認為與倡導中產階級增長的「科學與分析的使徒」皮凱蒂遙相呼應。她還希望拆分像谷歌一類的大型科技公司，強制要求公司為公眾利益服務，而不是單純追求利潤。

中產階級佔社會人口的 40%，介於 50% 的社會底層和 10% 的社會上層之間。如何衡量貧富分化或不平等的嚴重性？皮凱蒂的方法是，試圖對分配進行完整的剖析，從佔人口結構一半的社會下層，一直到社會頂層的 1% 或 10%，試圖比較在不同社會和不同的歷史時期，那 50% 的社會下層、10% 的上層及 40% 的中層在收入總額和財富總額中所佔的比例。

人們在意的並非不平等本身 —— 只要它符合中產階層和底層那 50% 的利益，就沒甚麼問題。但當不平等超過一定限度時 —— 即它不再符合社會底層及中層的共同利益的時候，問題就大了。目前仍沒有數學公式能解答到哪個點上它會超過限度。皮凱蒂就非常坦白地告訴我，他不清楚確切的「限度」在哪裡。

在「限度」這個非常複雜的問題上有所突破前，人們可以從歷史證據中學到一些教訓。最重要的教訓就是，不要為了經濟增長而製造極端的不平等。19 世紀大多數歐洲國家出現了這種情況。實際上，直到第一次世界大戰前，大多數歐洲國家都如此。換言之，不要為了在 21 世紀獲得經濟增長而重現 19 世紀的不平等。

所謂 19 世紀的不平等是指，從財富分配的角度來講，當時基本沒有中產階級。在歐洲直到 1913 年或 1914 年，90% 或以上的財富基本上歸屬於分配等級的前 10%。佔人口 50% 的社會底層和 40% 的社會中層分別擁有不到 5% 的財富。實際上，中產階級跟窮人一樣窮，是基本不存在的一個階級。當社會 90% 的財富由 10% 的上層人口所持有時，經濟發展不會很好。

到了 20 世紀貧富不均有所減少，主要是因為「一戰」、大蕭條、「二戰」以及一些政策因素，如福利國家、累進稅制以及西方國家在重大的政治和軍事衝擊後推行的特定政策。

如果梳理歷史並從中尋找社會、政治和文化的交會點，「二戰」之後有很多幫助降低不平等問題的政策，有些政策適當調整也可適應 21 世紀的世界形勢。以財富稅為例，19 世紀引入財產概念時，財富主要是指房地產和土地，金融財富在 19 世紀之前很有限，至少在理論上。當時美國、英國和法國的財產稅主要針對房地產，因為這個稅種是在房地產作為主要財富形式時創造的。

相比一個世紀之前，好消息是，現今的世界已不再極端。歐洲國家和美國發生的重大改變就是有了中產階級的存在，當然現在 10% 的社會上層控制的財富仍遠遠超過其他人群。歐洲 10% 的社會上層擁有的財富份額佔 60% 左右，在美國約為 70%。這個比例相當大，但比起一個世紀之前的 90% 要少很多。這意味着，今天約有 20%-30% 的財富歸屬於中產階級。這個巨大的變化意味着社會中相當大的階層可以擁有一間公寓、一棟房子，有時是養老金或金融資產。

現如今，財富的結構已然不同。房地產仍然重要，但金融財富和跨境金融資產也變得舉足輕重。政府需要調整稅收制度和金融監

管體系，以適應這個不斷變化的世界，特別需要對銀行信息進行國際交流。

壞消息是，美國《福布斯》雜誌、中國或歐洲等很多雜誌每年都發佈億萬富翁排名，世界各地頂級的財富階層每年都以 6%–7%、有時甚至是 10% 的速度增長。就全球平均水平而言，社會最頂級的財富增速比大眾平均財富的增速快三四倍。以瑞士信貸發佈的《2018 全球財富報告》為例，底層 50% 的成年人只佔有全球不到 1% 的財富，最富裕的階層（佔成年人數的 10%）佔據了全球 85% 的財富，單是最高層就幾乎佔到了所有家庭財富的一半（47%）。

這一現象無法持續下去，如果未來 50 年照此速度發展，那麼全球最富有的那些人將擁有世界全部財富，這對所有人來說都是無法接受的。這已不是意識形態的問題，而是常識。就算是出於競爭力的考慮，也沒必要讓一小部分人群擁有全部的財富。

這個黯然的前景，引發了人們對不平等以及巨額財富的新一輪關注，甚至在教宗方濟各去韓國做首次彌撒時，也專門批評經濟不平等性和過度資本主義所帶來的危害。

天主教會長期以來對資本主義和過度的不平等表示擔憂。中世紀，天主教會希望高利貸採用零利率；與此同時，他們卻很樂見他們的土地——另一種形式的資本，擁有正回報率。他們擁有大量的土地，利用這一資本從農民那裡獲得資本收入和回報並不是甚麼難事，農民會把部分勞動成果奉與教堂。問題是，天主教或者各大宗教都存在的傾向是，他們對不平等的反應通常不始終如一。

幾年前，我在波士頓和麻省理工學院斯隆管理學院副院長黃亞生聊天，他對美國後 20 年的競爭力並不看好：美國極右翼的共和

黨、甚至共和黨的全部實際上是在斷送美國的前程。他們對美國有兩方面的威脅：一是美國的科學創新，大學、科學家起了非常重要的作用，他們去消弱這一機制；另一個影響美國將來競爭能力和經濟表現的是收入不平等，這也是共和黨堅決要求保留的。

哈佛大學教授本傑明・弗里德曼以他的成長經歷為例對我說，在他長大成人的過程中，美國的不平等是不斷縮小的，也就是從 20 世紀早期到 60 年代晚期、70 年代早期時候，不平等在不斷縮小，之後由於各種原因，不平等狀況一直在擴大。由於技術進步的原因，在可預見的未來，這種不平等仍將繼續擴大一段時間，這確實很糟糕。

美國顯而易見的趨勢是收入和財富向頂層集中、中產階級被掏空，而底層日益貧窮。所以美國收入不平等的嚴重，不是簡單的說富人和中產階級不一樣。

美國西北大學經濟學家喬納森・帕克（Jonathan A. Parker）被中國讀者所熟知，緣自於他與人合著的研究結果發現：1982 年是美國富豪的分水嶺。他告訴我在很大程度上，財政政策事關政府的規模。

套用保守主義和自由主義的區別 —— 保守主義者偏好減稅措施，因為它不重新分配財富，也沒有讓政府干涉市場；自由主義者偏好公共支出措施，因為它使政府發揮出更大的作用，且可以改善社會中處境最差者的福利狀況。2012 年美國總統大選中奧巴馬和羅姆尼的對壘和分歧也大體如此。那時美國正在分為「富人」與「我們中的其他人」兩個陣營。

在現實中，MIT 學物理的學生面臨的職業選擇是，再繼續做物理學家還是到華爾街去做數量投資？做物理學家的現實是經費在削減，而華爾街回報豐富，而且幾乎不上稅。這並不是說，物理學家要

和華爾街掙的錢一樣才有人去做物理學家，差 10 倍、20 倍也會有人去做物理學家——總有人被物理本身的樂趣所吸引。但若是差距達到 200 倍，結果就不一樣了。

其實，致力於減少貧富不均的力量和經濟機制是存在的，比如，新興國家與富裕國家差距的縮小將有助於減少全球範圍內的貧富不均。但人們不知道將來哪種力量能佔上風。讓人擔心的是，追求不平等的力量佔上風的風險很大，尤其是從長期來看，人們無法始終保持每年 5% 或 8% 的增長速度。從更長遠的角度看，資本回報率有超過經濟增速的趨勢。這股非常強大的力量能大幅擴大財富佔有的不均衡性。

貧富不均上全球範圍內有持續發展的趨勢，當然它不會永遠上升，上層社會也不會 100% 地佔有全社會的財富，他們很可能會在 100% 之下的某個點停頓，但沒人知道是哪個點。由此而產生的合理推定是，情況可能會變得一發不可收拾，所以為防患未然，構建金融透明和財政體制，從而讓人們依據從數據中觀察到的事物來制定相應的政策。

（二）

現實生活中，抵禦財富集中趨勢的經濟勢力並不多。因此，沒有經濟的異常迅速增長，沒有 1914－1945 年間令人厭惡的兩次世界大戰，經濟不平等應該會加劇。所以，稅收，特別是針對收入和財富的累進稅，被一些人認為很重要：對收入和財富實行累進稅制以及提升其金融透明度的好處在於，這些舉措能夠促進公平和民主，不論信仰、宗教或傳統。

角逐 2020 民主黨總統候選人提名的美國獨立參議員桑德斯（Bernie Sanders）的政策提議也是向超級富豪徵稅，而比起同台的競爭對手伊麗莎白‧沃倫建議更為激進。他的起徵點更低，後者是 5000 萬美元，桑德斯提議的超級富豪課稅起點是 3200 萬美元，受桑德斯建議影響的家庭估計有 18 萬個，沃倫的建議則會影響 7.5 萬個家庭。另外，桑德斯建議的累進稅階加幅也較對手沃倫建議大。若 5 億美元財富以上家庭的稅率是 4%，沃倫建議 10 億美元以上的家庭支付稅率為 3%；桑德斯建議向 100 億美元以上家庭徵收 8% 稅率。

累進稅對貧富差距的影響是長期的，因為資本的積累和財富的世代相傳之間的互動需要非常長的時間。在歐洲和日本，直到 21 世紀初，人們繼承的財富相對於 GDP 的比例，與 20 世紀初才有了一定的可比性，因為從戰爭中恢復過來需要很長時間，是長期的過程。另一方面，遺產累進稅等相關政策的影響時間也非常長，因此政策的通盤考慮如果只顧眼前，就沒辦法解決將來遇到的挑戰。

自經濟危機以來，全球 GDP 增長速度在相當長一段時間內一直下滑。很多國家面臨的都是巨大的經濟增長挑戰。在審視發達國家的經濟基本表現時，有必要區分長期和短期的因素。長期因素在於，富有國家的經濟增速要慢於新興國家，這在過去一段時間是這樣，未來也是這樣。

自 80 年代以後，就每小時產出、每小時工作產生的 GDP 而言，歐洲、日本與美國的生產力水平基本持平——所有這些國家都基本處在同一水平，其經濟增速也相對較慢，每年 2% 左右。這是長期因素，今後十年也不會有甚麼變化。發達國家因此有必要學會適應慢速增長，並能在經濟較慢增長的前提下，解決自身所面臨的問題。

　　財富累進稅制的另一個優勢是，這個舉措能夠帶來更大的透明度以及更多的財富統計信息。即便是稅率非常低的財產稅也能帶來有關財富的信息，因此，國家的每一個成員都可以掌握社會不同階層的生活狀況，橫向從億萬富翁到千萬富翁或是百萬富翁，縱向則可以了解過去 5–10 年其財富的增加值。

　　在民主黨總統參選人數場辯論後，「財富稅」成為美國上下關注的話題。畢竟既使在史上最長時間的經濟擴張週期之中，醫保、社保、學生貸款、基礎設施和公共債務等社會危機都指向了收入不平等的本源。在不平等、財富和收入方面，需要更多的經濟透明度，然後才能更好地討論各個階層的適用稅率。所謂的公平就是要衡量收入不同、財富不同的群體各自的狀態。如果社會頂層財富的增速是普通人平均水平的 3 倍，那麼向他們收的稅就要比普通人多一點。這是常識。若不這樣，現有基本的社會結構、人們繳稅以獲得公共服務的模式將無法正常運作。世界上沒有一個國家靠只佔國內生產總值的 10% 的稅收收入實現了國家的富強。

　　世界上富裕國家的稅收收入佔國內生產總值的比例大概在 30%–50% 之間。比如在歐洲，最富有國家的稅收收入佔國內生產總值的 40%–50%；保加利亞或羅馬尼亞的比例在 10%–15% 之間；撒哈拉沙漠以南的非洲國家的稅收收入佔國內生產總值的 10%。問題在於，如果稅收收入只佔國內生產總值的 10%，不夠給教師、護士和築路工人支付工資，就不利於發展。這在歷史上有大量例證。當然沒人希望稅收過高，但有些資金要用於私營領域，有些用於公共服務和公共基礎設施，這兩者之間要達到平衡，這在發展過程中至關重要。

經濟合作與發展組織 2018 年的一項研究發現，比起對資本收入（股息和利息）或資本收益徵稅，淨財富稅會造成更多的扭曲，並且不那麼公平。報告補充説，在減少貧富不均方面，遺產稅是資本稅的一種重要補充。目前，美國聯邦遺產稅的起徵點是 1140 萬美元，但對已婚夫婦而言，起徵點實際上翻了一番。因此，根據稅收政策中心的數據，這項稅收 2019 年只影響到 2000 筆美國遺產，僅佔遺產總數的 0.1%。

1989 年皮凱蒂 18 歲，他從 18 歲到 20 歲時到東歐遊歷，他説那段經歷使他對馬克思主義免疫了。因此，在大力宣揚對富人徵收累進稅的建議之外，皮凱蒂一直在説，財政公平要找到着力點。他的觀點是，如果國家沒有財政公平可言，那麼人們，尤其是中產階級和社會底層的人很難接受環境政策。在有必要呼籲環保人人有責的前提下，向富人徵稅並不足以解決人們的環境問題，也不足以解決養老金等一系列問題。如果在要求普通人和中產階級出力的同時，卻不要求富人付出至少同等程度的努力的話，實現起來就困難重重。

當今社會面臨的很多問題都在於，人們懷疑富人在這方面的付出與其財富不成正比。也因此環境政策推行舉步維艱。污染稅，顧名思義——如果能獲得成功，難以在長期內帶來多少稅收收入，它的目標並非完全要增加稅收，而是為遏制污染。這意味着長期而言仍需要對收入和財富徵稅。污染稅可以是非常有用的政策工具，但不要忘記，這些稅普遍由中產階級和社會底層承擔。因此，有必要同時設立收入和財富累進稅制，以確保整個稅收體制的公平性。

有人認為財富稅是徹頭徹尾的革命。事實上大多數國家都以財產稅的形式來徵收財富稅。至少，房產作為財富的重要部分在美國、

英國、法國、德國等世界各國是要被徵稅的，是非常重要的財富稅。

金融危機後，世界發生了很多變化，金融產品在某種程度上失去了人們的信任，資本更傾向於有形資產。隨着資本的全球化，人們一度擔心發達國家的資本回報率繼續高於本國增長率，並由此導致財富和收入不平等的擴大。

倫敦是個有趣的案例，大部分俄羅斯寡頭匯集於此。在過去數年中，英國政壇的工黨和保守黨政府都提高了倫敦房產稅的累進稅率。英國對房地產徵稅，也對出售房屋的交易徵稅。卡梅倫（David Cameron）上台之前的工黨政府對價值超過 100 萬英鎊的豪宅徵稅 5%，卡梅倫上台後，對價值超過 200 萬英鎊的豪宅徵稅 7%。價值超過 200 萬英鎊的房產在英國整個房地產市場中只佔 2%、大約有 2500 套左右。他們的政策雖未明說，但兩黨的共識是應對高財產價值和高財富徵收更高的稅。

倫敦只是全球高端樓市的一個縮影，針對這一市場的一份研究報告顯示，2014 年全球高端住宅市場中，價值達到或超過 1 億美元的房產無論是售出或上市，都創出了新高。與此相伴的是全球億萬富翁的人數也達到了新高，他們越來越看重在全球各地購置住宅作為資產。

在全球範圍內，資本從東到西的流動在 2015 年對房地產業帶來了重大影響。資本很明顯地出現了從東方向西方硬資產流動的趨勢，這在倫敦、紐約、三藩市和洛杉磯等城市都有體現，東方的資本在這些城市有大量投資，除了競購地標性的房地產外，在南加州的單戶型住宅市場交易速度也引人注目，這主要歸功於中國和韓國的買家，他們在城市靠近大學的地方大量為學生購置房產。

　　再看紐約。從投資的角度為講，經濟現實的好壞並不意味着與投資成正相關，而在曼克頓中城投資已被證明是保值之選。曼克頓中城由於有中央公園的景致為賣點，大多數高端豪華公寓樓都集聚於此，以時代華納中心的建設為先機，一系列環繞俯瞰中央公園的豪華住宅樓撥地而起。實際上，科蘭集團（The Corcoran Sunshine）當年的一份研究報告指出，96 街以下的中城地區，在約 100 棟公寓樓中至少有 6500 套新公寓單元在 2015 年會公開銷售，而 2014 年這個樓宇是 59 棟公寓樓的 2500 套新公寓單元。

　　新的公寓樓撐起的摩天大廈正在改變紐約的面貌。以西 57 街為例，這條被冠以「億萬富翁街」（Billionaire's Row）綽號的地方，雲集了一批公寓摩天樓，其中新建的西 57 街公寓樓 111 West 57th Street 有 1428 英尺高，被稱為世界上最瘦的建築，裡面的 60 套豪華公寓吸引着全球頂級富豪買家的注意力。

　　而公園大道的 520 Park Avenue 大樓則一度被媒體冠以紐約最新最貴公寓的頭銜，這個奢華建築引來紐約房地產市場不小的轟動，其三層頂樓復式公寓據稱值 1.3 億美金，2018 年 10 月初有消息稱，一個買家付了 3150 萬美元買下了其中的一套公寓 Unit 36。

　　房地產代理與研究服務機構 CityRealty 用 100 棟最有名的曼克頓公寓樓為坐標，以十年為跨度來考察投資公寓的回報率，並與其他大宗商品作比較。他們得出的結論是，在截止到 2014 年的十年中，黃金每年回報率高居榜首為 12.91%，西得克薩斯輕質原油期貨價格排在第二位，每年上漲 11.02%，咖啡上漲 9%，生豬期貨上漲 5.34%，而標準普爾 500 股票指數有 5.56% 的年復合增長率，而投資於曼克頓住宅市場的回報率則只有 6.5%。考慮到黃金、原油等投資的

波動性,投資曼克頓公寓樓因有可持續性而顯得尤為誘人。

著名的建築師努維爾擅長用鋼、玻璃以及光創造新穎而符合建築基地環境、文脈要求的建築形象,53W53 大樓就像水晶雕塑一般充滿了魅力。努維爾對我說,「我反對建築克隆化,今天大多數建築沒有自己的 DNA,以摩天大樓為主題的建築有一個多世紀的歷史連續性,紐約人的敏感性體現在建築上是其與經濟、文化和科技的相關性,而住在曼克頓就要有這樣一座公寓樓,在結構上和玻璃之間沒有過渡,住在屋內也同時住在雲端。」

正是這種住在公寓同時住在雲端的吸引力,打破了那種幽閉鞋盒大小的公寓的紐約常態,吸引了大量資本流入紐約高端住宅市場。紐約房產經紀公司科蘭集團陽光營銷公司首席執行官帕梅拉·利伯曼(Pamela Liebman)那時非常感慨,她對我說,「隨着新樓盤的開盤,需求達到了歷史上的最高點,這是我在這一行 25 年之久頭一次見到的。」

全球資本推動倫敦、紐約等各地房地產價格飆升。皮凱蒂認為資本全球化風險巨大,所以對此的討論要超越意識形態,超越左派右派,只針對事實:首先有必要意識到,從長期來看,沒有任何原因能導致資本回報率會低於經濟增速。這在邏輯上說不通,從歷史來看也是。

用簡單方法來解釋:假設存在這樣一個世界,它的增速為零,因為人口數量和生產力是恆定的。然而,資本回報率是正的,原因很簡單,因為資本是有用的 —— 住在建築物裡比露宿街頭強。設備是有用的,例如機器人比僅靠赤手空拳的強。資本可以用來提供產品和服務,它就能帶來回報。即便存在充分的競爭 —— 這與壟斷無

關——即使在經濟模型最標準的完善市場，資本回報率在長期來看也還是會超過經濟增速。自然進程無法讓這兩者處於均等狀態。它本身也不構成問題，除了它能導致相對高的貧富差距和財富集中。

在這樣的社會中，私有財富能以不同的形式繼續存在。就長遠來看有很多「資本變形」——從土地財富到房地產、企業，到製造業再到金融資本。現階段，對於傳統資本密集型領域來說，像房地產或能源，從全球角度理解資本比重的上升比認識到機器人的崛起更為重要。然而未來，後者將成為一股強大的力量，推動資本比重的增長。

贏家通吃的隱憂

互聯網蓬勃發展，繁榮的同時也讓人心有不安。1999－2000 年的互聯網泡沫破滅雖然漸行漸遠，但每到一定的時間關口，人們就自覺不自覺地開始尋找新一輪互聯網泡沫的徵兆。

2013 年是互聯網泡沫破滅以來美國股市直衝雲霄、表現最好的一年。但到了 2014 年 2 月底至 4 月間，社交媒體、雲計算和生物技術等高增長類股票被基金經理持續拋售，4 月 25 日，納斯達克互聯網指數收跌 4.2%，觸及自 2013 年 11 月初以來最低收盤水平。有些人開始心驚肉跳：近 15 年前泡沫破滅的歷史是否又在重演？2018 年 10 月中旬，受到流動性危機、擁堵交易、監管加嚴等因素的影響，美國科技股大跌，人們又挑起這個話題。

對美國高科技業內人士而言，無論泡沫與否，他們自有騰挪空間。雲筆記服務商印象筆記（Evernote）首席運營官肯·加里克森（Ken Gullicksen）幾年前的話就很有代表性。他告訴我，市場有週期，不管金融市場如何風吹草動，業務的持續增長和融資的通暢這兩點使我們感覺良好：如果市場下行，不幸中的萬幸是，我們併購及招兵買馬會更加容易。

對高科技企業而言，贏者通吃已經在某種程度上成為行業奉行的策略和規則。這與矽谷產品和市場發展的共性相連：從聰明人追求新的想法、做新產品或新服務、新技術到後起者群起而仿之，到市場迅速大浪淘沙，剩下一、兩個龐然大物主宰市場，這已經是矽谷進行了 20 多年的遊戲，那些活下來並主宰一方天地的「創始人」成為矽谷最頂級的人群。

以 2014 年的社交媒體為例，當時「贏者通吃」的環境使得主要的玩家通過併購來獲得更高的利潤潛力，從而贏得樂觀預期，並為高估值的正當性辯護，但佛羅里達大學金融學教授傑‧里特（Jay Ritter）以老牌手機廠商黑莓（BlackBerry）的經驗教訓對我說，僅憑身處於贏家通吃的環境，並不表明市場定位足夠合適從而保證獲取利潤——在截至 3 月 1 日的 2014 財年中，黑莓淨虧損達到 59 億美元。

一些矽谷從業者則信誓旦旦向我保證，他們可能從來沒有過「贏者通吃」的思維方式。在他們看來，競爭的障礙近年來在科技產業中已極大的減少，即使是小型初創公司也可即刻享受到資源全球分配的便利。科技企業每天縈繞於心的都是創建出人們喜愛的產品，而「贏者通吃」只是他們短期的戰略視角，長期真正可持續的企業優勢對任何行業而言都是企業文化。

許多年輕的科技公司不會選擇上市，因為他們相信有科技巨頭們如 Facebook、蘋果、谷歌、微軟等願意支付高價。而這些科技巨頭則傾向於認為，只有在他們的羽翼下新技術才能創造出更多的價值，這要遠遠高於那些小公司獨立保有新技術能帶來的空間——科技巨頭可以快速將好的新技術一體化到已有的產品中，並迅速把產

品推向產場，鋪開銷售，其帶來的大量銷售是小公司靠一己之力所無法匹敵的。

在科技產業中，快速發展壯大比以往任何時候都變得更加重要，這一事實也成為眾多收購併購的背後推手。人們看到全球最大的社交網站 Facebook 和其勁敵、互聯網搜索巨頭谷歌十分活躍，頻頻出手，大手筆的收購令人歎為觀止。

以 2014 年年初為例，當年 3 月底，Facebook 突然斥資 20 億美元收購 2012 年創立的虛擬現實頭盔製造商 Oculus VR，豪賭這類頭盔將成為繼電腦和智能手機後的下一個大型社交工具。Facebook 出人意料地開始涉足硬件業務，被認為是在其 10 年歷史中最奇特的收購之一。谷歌實際上已進入這一領域，開始投資於機器人和自己的谷歌眼鏡。

2019 年 1 月我去參加全球最大的消費類電子展 CES，那是全球科技重要的風向標，人工智能技術的進步，電腦視覺、增強現實（AR）/ 虛擬現實（VR）技術的迅速發展，虛擬現實的建模交互技術向生產和各種領域的滲透都得以展現。到 2019 年晚秋時節，三四年前那輪 AR/VR 創業潮已是歷史，而 Facebook 押注於創造新的虛擬現實（VR）世界以點燃市場的宏大敘事剛有趨形，VR 的銷售幫助 Facebook 的非廣告收入達到了之前的高度，Facebook 相信有朝一日 VR 眼鏡將取代智能手機。

收購 Oculus VR 前，Facebook 斥資 190 億美元收購了聊天應用 WhatsApp，意在維持它作為全球最大社交網絡的地位。

同樣在 3 月底，Facebook 宣佈已收購了英國航空公司 Ascenta，這一交易將有助於 Facebook 推行名為「聯通實驗室」（Connectivity

Lab）的項目，通過製造無人飛機、衛星和激光，把互聯網服務帶入互聯網發展受到阻礙的地區。事後證明，它們都是 Facebook 引領未來戰略性技術的佈局。

這讓人聯想起其他網絡公司以無人飛機應用於商業用戶的努力。2013 年 12 月，亞馬遜首席執行官貝索斯（Jeff Bezos）曾表示，亞馬遜目前正在進行使用無人機配送商品的實驗。

在某種程度上，Facebook 似乎在追隨谷歌的大刀闊斧。谷歌一直都在向搜索和廣告市場以外拓展業務，到目前為止已經推出了無人駕駛汽車、機器人以及「谷歌氣球」等項目。而發展中國家正成為互聯網的生力軍，谷歌和 Facebook 則希望爭奪第一個擁抱這個市場的角色。

細數這些大規模的風捲殘雲式的收購後，很多是有趣的跨界收購，相當一部分收購是長期的、投機性質的 —— 確是基於尋找下一個「大事件」和在更遠的未來擴大受眾人群的渴望，這完全超出了大多數公司典型的規劃週期。

無人飛機的技術就很能說明問題，它突顯了科技巨頭在他們還未滲透到的地區建設寬帶基礎設施的意願，這不是投放技術於需要之處並在一兩年內獲益，而是把目光放在 10 年、20 年甚至更長。不過相當多數的這類投資確定不會得到回報，因為技術並不能證明有商業發展價值，但是無論是谷歌還是 Facebook 都深諳，他們同時需要短期和長期的增長發展，這些投資只是體現了他們的遠憂和近慮。

在當下的互聯網時代，科技巨頭們意識到數據、基礎設施和算法將賦予企業獨特的優勢，他們不惜一切代價的成長。從投資和估值的角度，顯然很多科技類公司的價值被拉伸了，問題是這些科技

公司能否持續增長與被拉大的價值相匹配？而為了與放大的價值相吻合，導致了現在的科技公司以前所未有的速度來增加自身的力量，這也解釋了為甚麼新的軟件應用和社交媒體可以短期內身價暴漲數億美元，問題是，一旦支持所有這些的動能消失，美國的高科技公司面臨的就是下行通道。

我在美國的這些年正是消費者用智能手機訂餐，看電影，在線社交大行其道的年代，谷歌和 Facebook 等科技巨頭引領這一風潮並從中獲利。在線購物日益普及，這帶動了亞馬遜等公司的扶搖直上，控制了在線零售市場的大部分份額。

這幾年我一直不理解的就是互聯網的民主悖論。原來和別人一樣我也認為互聯網帶來的是強大的民主力量，但在現實中並非如此。

2019 年秋我與麻省理工學院斯隆管理學院教授黃亞生聊起我的困惑，為甚麼最初人們認為互聯網會帶來理性，現在證明完全相反。黃亞生的觀點是，也許互聯網的誕生、社交媒體的誕生後的各種怪現象是真正代表人性的。所謂啟蒙是對極少數人的。過去只有少數人能寫書、寫文章發表的人，才有發言權，現在非理性的人也有了發言權，這就還原了人類更真實的描述，而不是啟蒙思維。同時與互聯網相關的科技初創公司一旦長成科技巨頭，他們在某種意義上加劇了世界上的不平等問題。

科技巨頭變得越來越大，畢竟這也是一個企業唯規模至上的時代。在贏家通吃之季，他們遇到的全球反彈也越來越大。以 Facebook 為例，Facebook 做為社交平台，線上連着的網民同時是現實生活中的選民，它可以影響 17.9 億用戶觀看、閱讀和選擇相信內容的能力，在某種程度上對國家的政治體系起着微妙的作用 —— 美

國在特朗普當選後，人們一直在探討 Facebook 在其中的作用。

2018 年英國倫敦政治諮詢公司「劍橋分析」(Cambridge Analytica) 被指利用社交媒體 Facebook 約 5000 萬人的用戶數據，影響英國 2016 年脱歐公投，及美國 2016 年大選。事件引發了美國國會的頻繁質詢，引發了人們的隱私危機感，也暴露了 Facebook 脆弱的商業模式和困境。人們擔心科技巨頭權力太大，損害了用戶的利益並致商業競爭對手於不利之地。

通過併購實現贏者通吃並不只局限於科技巨頭。

以 2015 年為例，回顧歷史併購的趨勢和圖表，美國當年的併購行為已超過 2007 年的高點，處在前所未有的高位。

羅素·湯姆森 (Russell Thomson) 是南非人，雖然在美國生活多年，仍然保持着濃重的英式口音。他在德勤會計師事務所工作 20 年左右，大部分時間都在關注併購市場。我們在他紐約洛克菲勒中心的辦公室裡見面，窗外聖誕節的彩飾和喧囂烘托着節日的氛圍，暗合了 2015 年全球併購市場的熱鬧。

金融數據提供商美國迪羅基公司的數據表明，2015 年度全球併購總額達 5.03 萬億美元，較 2014 年猛增 37%，其中 10 月至 12 月創下有史以來單季最高紀錄。2015 年有 69 宗併購案總額超過 100 億美元，是 2014 年水平的兩倍還多，創下歷史紀錄。總額達 500 億美元及以上的超大交易佔 2015 年交易總量的近 1/6，這一比例前所未有。2015 年的併購交易總額是全球金融危機爆發次年 2009 年的兩倍還多。

2015 年最出人意料的要算超大規模併購交易的數量。併購專家通常會觀察併購週期，但當時超大規模交易量幾乎達到歷史高峰時

期的兩倍，100 億美元以上交易的絕對數值最令人驚訝。對「規模效應」的追求可以部分解釋這些併購背後的動機。規模的確很重要，在當時已公佈的大型交易中，有很多都提到了重要的協同目標以期實現預期價值。降低成本和實現協同效應是併購很重要的層面。

歸根結底，併購是公司戰略的一部分，贏家通吃也是戰略的一部分。公司需要發展，或者通過自身業務增長來獲取內生性發展，或者尋找其他途徑，例如戰略結盟，合資，或者就是通過併購。從戰略層面決定公司如何成長是很多併購活動的源動力，包括節約成本和實現協同效應，實現這些目標也是戰略計劃的重要組成部分。規模之外還有獲得創新，地域上的擴張，獲得人才等因素，有時是出於減稅，提升渠道等方面的考慮，響應數字技術的挑戰等。

反過來說，這些超大型交易對其他公司構成了實實在在的、贏家通吃的挑戰。

在雲技術、大數據的背景下，新技術可能有負的外部性，產生「贏家通吃」現象。「贏家通吃」帶來的可能是更嚴重的不平等。

以互聯網行業為例，人們的電腦都使用相同的操作系統，使用相同的社交網絡，因此，依靠網絡創業的第一批人可以獲得巨額利潤。從社會角度來看，讓少數幾個人變得非常富有並不會帶來很大的益處。在超過某個水平之後，貨幣激勵變得沒有多大益處。極端的財富積累帶來的問題是，一旦這種積累財富出現，就會永遠複製下去。

19 世紀到第一次世界大戰之前的歐洲歷史提供了深刻的教訓，因為那時世界上有很多不平等，同時也有很多創新。有人認為那是非常落後的農業經濟時代，實際上從 1900 年至 1910 年，人們發明

了汽車、電、跨大西洋無線電廣播，這些同 Facebook 一樣都是重大創新。

經濟增速那時每年為 1%–1.5%，已經非常快了，這意味着每 30 年 / 一代人就約有三分之一到二分之一的經濟得以更新。這不是靜態經濟，而是有許多創業者的創新型經濟。但這也是非常不平等的經濟：鑒於增長速度為 1%–1.5%，資本回報率為 4%–6%，風險愈大，投資回報率愈高，財富的不平等會上升至很高的水平。

列寧說，第一次世界大戰本身是極端的社會衝突以及尋求國外投資的權力競爭的產物。皮凱蒂並不認可他的話完全正確，但承認當時肯定是處於高度不平等的社會，它也是政治不穩定和戰爭或其他形式衝突的根源。歷史雖然不能只得出一種結論用以指導未來，但至少可以獲得認同的是，歷史上有很多值得學習和借鑒的經驗，僅僅依靠自由市場的力量解決這些普遍問題是錯誤的做法。

隨着財富越來越多地集中在壟斷公司及其所有者的手中，它形成了一個往復循環：以 Facebook 為例，過去的十多年，Facebook 投入大量資金建立數據中心、招聘大量工程師，將其新聞推送（news feed）變成一種強大的算法。人們使用 Facebook 越頻繁，向其輸送的數據就越多，Facebook 就有更大空間有選擇的提供用戶感興趣的內容。

贏家通吃的時代、一兩個贏家幾乎拿走了全部的關注和物質收益。在新技術的衝擊下，這個趨勢變得更加明顯。對美國的前景，人們除了憂慮日益增加的不平等外，另一大憂慮就是它越來越變成贏家通吃的世界。

全球化管理的失敗

整個 20 世紀的脈絡就是帝國統治的崩潰。

縱觀世界歷史長河，人類大多時候是由帝國統治的。不同種族的人民被歷代王朝統治，中國、俄羅斯或歐洲的歷史中這都有體現。第二次世界大戰後，西方帝國紛紛崩潰，整個世界或多或少分成美蘇兩大陣營，「帝國」這個詞隨後遭到唾棄。它們否認曾經是帝國，但除了名字沒有「帝國」的字眼，它們裡裡外外怎麼看都是帝國的樣子。

現代歷史上有兩波漫長的全球化浪潮。第一次始於 1815 年拿破崙戰爭之後，結束於第一次世界大戰。二戰結束到現在則是經濟全球化的時代。貿易在擴大、資本流動在擴大、溝通和交流變得更迅捷更廉價。蘇聯解體後，世界上有了更加全球化的經濟體系、各種有效運行的多邊機構以及美國這個無可爭議的超級大國的角色。一切似乎都蒙上了一層玫瑰色，就在這時，金融危機襲來。

《金融時報》（*Financial Times*）首席經濟評論員馬丁·沃爾夫在 2018 年 10 月的一個短評中如此開篇：2008 年至 2009 年的金融危機以及由此導致的衰退是一個歷史分水嶺。危機之前的世界是一個全球化、對市場抱有信念、對民主抱有信心的世界。如今，一切都反

過來了。

反全球化的聲音最近幾年聲量漸次加大，甚至開始響徹整個西方世界，並與孤立主義、歐盟解體的言論，反自由等思潮一道，匯成一股反全球化的浪潮。2016 年英國脫歐事件成為這個浪潮的一個高點，甚至被賦予全球化終結的信號。

英國脫歐最大的失敗者是英國首相卡梅倫。

從 2014 年 9 月到公投正式揭幕時，英國保守黨派人士卡梅倫意氣風發——作為英國自 1812 年以來最年輕的首相，隨後不久的 2015 年 5 月他便成功連任。那時卡梅倫沒有料到時局會如此定格。當公投結果出爐後，卡梅倫宣佈將於當年 10 月辭職時，這個悲劇已經不止限於他個人，而變成了英國和歐盟以及全球的悲劇。

實際上，當英國「脫歐」派以近 127 萬票的巨大優勢勝出時，全球輿論和金融市場都完全沒有準備，市場對於此結果的震驚完全反應在金融市場的巨烈動盪中：美股下跌逾 3%，歐股重挫逾 6%；金價暴漲近 5%；油價收盤重挫 5%；英鎊兌美元跌幅超過 10%，跌至 1 英鎊兌 1.33 美元水準以下，那是自 20 世紀 80 年代中期以來最低水平。

那天我和幾個英國朋友一起，他們照常歌舞昇平，只是不時刷一下朋友圈看進展。脫歐消息在華盛頓凌晨時間傳來時，他們一片驚呼。

不止他們，全世界都一片驚呼。英國脫歐公投後歐洲一體化顯得更為脆弱。英國脫歐後讓人們意識到，歐洲貨幣聯盟要應對未來危機，無別路可走，只能變得更加強大。沒有緩衝，在完成國內一系列批准程序後，英國於 2017 年 3 月向歐盟遞交脫歐申請，開始脫歐

談判進程。馬拉松式的談判把英國拖入退歐僵局,「脫歐」期限推遲到 2020 年 1 月 31 日。

在更大的背景下,全球化正受到巨大的挑戰:以英國意外選擇退出歐盟為標誌,特朗普高舉反全球化的旗幟受到民眾追捧,從移民到勞工自由流動,從接受超國界的監管到貿易自由化都受到損害。

國際貨幣基金組織前副總裁朱民對我感慨說:全球化的加強不反應在貿易和投資上,而是在金融市場相通的聯動性。而全球的政治環境惡化,政治不確定性加強,從區域地域政治不確定性,進一步發展為政民粹主義和反全球化,這是由收入分配不均所導致的。

英國脫歐和貿易裂痕在深化的現實表明,相當一部分勞動大軍沒有感到他們從全球化的機遇中獲益,甚至認為其產業反被全球化帶來的競爭所傷害,這使得貿易帶來的益處被打上了大大的問號,在世界各地持這樣觀點的人越來越多,全球化的共識已被削弱。

2018 年中美貿易戰一觸即發之際,我和諾貝爾經濟學獎獲得者約瑟夫·斯蒂格利茨坐在他哥倫比亞大學的辦公室裡。斯蒂格利茨是為數不多能把中美貿易、全球化、中國改革等眾多頭緒釐清的人之一。

那時他即將開始亞洲行。回顧中國改革開放 40 周年,他提及了在廣泛的哲學意義上,中國做對了一些事情,比如漸進主義的政策、「摸着石頭過河」的理論策略等。然後他話鋒一轉,說當下仍非常有必要「摸着石頭過河」,因為有很多新的問題出現 —— 特朗普對全世界的每個人來說都是一個新問題;反全球化是一個新問題;人工智能是一個新問題;去工業化是一個新問題。

「二戰」後、尤其 20 世紀 80 年代後,中國就是全球貿易體系的

一個主要受益者。美國和西方同樣是重要的受益者，這體現在兩個方面：貨物成本下降，部分美國人的生活水平上升，美國通貨膨脹率很低；這使美國能在低通貨膨脹的情況下，採取更激進的貨幣政策和宏觀經濟政策，從而在低通貨膨脹的前提下同時享有低失業率。

在斯蒂格利茨看來，美國的失敗在於其沒能很好地管理全球化，現在的局面是對這個失敗的一種反映。

特朗普上台後尋求的是排他性全球化，但全球化真正的癥結在於，通過貿易協定帶來的全球化僅僅促進了大公司的利益，卻損害了發達國家和發展中國家的工人階層，美國工人必須與來自發展中國家的工人競爭，工資受到擠壓，它進一步增加了公司利潤。美國從整體受益於較低的價格，美國從貿易中受益，這在理論上是正確的，但僅作為整體而言。美國人中，有很大一部分並沒有從中受益，他們就是那些反全球化的人。

在美國有這樣兩個表面對立、實際相通的現象。一方面全球化已在更大的範圍上展開。20 年前，豐田汽車不可能從南加州搬去德克薩斯州，日產也不會從南加州搬去田納西州納什維爾。如今這種遷移非常多。從吸引新投資的角度來看，俄亥俄州現在已僅次於德州。

這使美國呈現這樣的趨勢：沿海地區的經濟體即便有泡沫支撐，也無法容納逐漸擴大的中產階級。這些地方的政治除了鼓勵資產膨脹和精英行業發展外，基本上反對一切；工薪階級和中產階級的空間越來越小。如今尋找美國政治的成功案例要到俄亥俄州、密歇根州和印第安納州，他們創造了最成功的政治環境。這在二十年前是無法想像的。

　　另外全球化在某種意義上使美國底層停滯了 40 年。

　　特朗普把美國的困境怪罪於全球化、中國、移民、墨西哥⋯⋯幾乎怪罪除美國自己之外的所有人，而且在政治上變得非常吸引力。只是這些反應都是很原始的方式組合，它沒有點出問題的真正來源。

　　至少在美國和西歐，現在有相當多的實證證據表明，加拿大國家智庫國際治理創新中心（Centre for International Governance Innovation, (CIGI)）主席羅欣頓・麥德拉（Rohinton Medhora）告訴我，人們工作模式的變化和製造業工作機會的流失更多地是由於技術的變革而非國際貿易的驅動。這是因為有了機器人和其他自動化工作流程的引入，以及經濟體通過使用 IT 和數字技術來降低供應鏈中的交易成本。全球化是造成製造業衰退的因素之一。

　　現在全球化並未就此告別，而是被叫了暫停，但這並不意味着製造業的衰退也隨之停止。首先，技術的變革使製造業就業機會繼續讓位給自動化和機器人成為必然；其次，全球化不會完全停頓。只要發展中國家和新興市場經濟體繼續利用低成本勞動力保持優勢的情況下，很難看到在過去二十年中在美國和西歐失去的那些工作崗位將返回的情況。這可能是在那裡創造新的工作 —— 正是高端的，以生產機器人和創建運行自動化的數字過程，但這並不是說，傳統的、教育水平不高的「藍領」製造業就業機會將會重返。

　　長期以來，美歐已習慣了不用付出任何代價就可以進行自由貿易，特別是在歐洲。相信自由貿易、相信它是正和遊戲，結果他們看到的是在全球經濟中歐美份額的下降、新興經濟體份額的上升，實力此消彼長的格局之外，還有他們國家內部不同群體間的收入分配不均。於是在歐洲各國的選舉中、尤其是法國選舉出現了反全球

化的勢頭，而美國緊跟其後。越來越多的人擔心全球化只為一小群人帶來利益。這個警示是，國家政策必須隨時調整解決方案，以適應現代全球經濟。

如果希望全球化為所有人帶來利益，而不只有少數人，那麼在進行自由貿易的同時，就要有財政公平和社會公平，要有公平的財政制度，為全民優質教育體系、良好的公共服務和基礎設施提供資金，這就需要更多的全球合作。在簽訂自由貿易和投資協定時，金融透明、銀行的信息傳輸以及對跨國公司的最低稅率都應被納入協定。它可以在全球化進程中帶來公平，並讓公眾相信全球化會為他們帶來利益，而不僅僅為跨國公司或頂級財富持有人帶來收益。

否則會有越來越多的人轉而反對全球化。

美國學者告訴我，需要建立一個支持全球化的新範式，這方面的工作尚有待完成。面對更開放的國際經濟，這樣的新範式應當致力於幫助人們應對變化，疏解焦慮。當貿易和投資變得更開放，很多行業和從業者的競爭力下降。因此需要有效的公共政策來響應和滿足這些人的需要。我們需要一個對贏家開放，也為潛在輸家解困的貿易政策議程。

自由貿易的劫數

　　全球貿易這樣的小眾話題，即使我所在財經專業類雜誌上，它也往往只出現在非常次要的版面上。在美國的最初幾年，我對全球貿易的報道，一年也就二三篇的樣子。特朗普通過貿易爭端改變了這一切，貿易變成了報道的重頭戲，甚至變成了敏感新聞。

　　之前報道自由貿易時，或是有重大進展，或是有重大挑戰。比如，英國脫歐事件發生不久，美歐貿易談判代表之間進行《跨大西洋貿易與投資夥伴關係協定》(TTIP) 第 14 輪談判。TTIP 是歐洲幾十年來最雄心勃勃的貿易協議。自 2013 年提到議事日程以後，TTIP就一直伴隨着爭議，爭議的焦點認為這一貿易協議太過神秘而又缺乏責任認定。無論支持 TTIP 的人怎樣聲稱這一貿易協定將建成世界最大的自貿區，涵蓋全球 40% 的經濟產出和 50% 的貿易活動，民間反對 TTIP 的輿論水漲船高。數以萬計的歐洲民眾一次次走上街頭抗議。

　　實際上，從 2014 年開始，人們對全球自由貿易的公眾輿論出現了戲劇性的逆轉。YouGov 做的一項民調顯示，2014 年德國民眾中支持自由貿易的人數佔 88%，2016 年春天這一比例降至 50%。TTIP 是一個典型的例子。2014 年支持 TTIP 的德國民眾達到 55%，

到了 2016 年 4 月下旬美國總統奧巴馬訪問德國漢諾威，試圖為 TTIP 打氣之前，支持 TTIP 的德國民眾已經降到了 17%。在大西洋這一邊，2014 年支持 TTIP 的美國人佔 53%，到了 2016 年 4 月下旬支持率已降到了 18%。國際貨幣基金組織 2016 年報告指出，降低貿易壁壘的努力已被拖延停滯。

數字的快速變化在大西洋兩岸都為政客帶來很大的壓力，並為政治行動提供了前提。對自由貿易的公眾疑慮給 TTIP 談判蒙上了一層陰影，對於很多德國人來說，他們擔心最終這會變成一場逐底競爭的遊戲，他們擔心美國通過 TTIP 降低產品標準，不利於消費者保護，並衝擊勞動力市場。於是政客們開始考慮 TTIP 帶來的政治代價。

法國和德國的政客們對 TTIP 的悲觀或不滿有純粹的國內政治考量的成分，對歐盟其他成員國的民眾而言，他們則對 TTIP 曠日持久的談判變得不耐煩，認為其進展緩慢——TTIP 首輪談判於 2013 年 7 月啟動，三年的時間談判才進行到第 14 輪。

哥倫比亞大學國際與公共事務教授沙雷恩·奧哈洛倫（Sharyn O'Halloran）告訴我，歐洲的主要注意力都聚焦在處理英國退歐後的一系列問題，任何可能令歐盟內部產生額外不滿的爭議事件都不太可能實現——即便是從長期來看對歐盟有利的舉動，比如和美國簽訂貿易協定。歐洲現有的情況下很難確立發展貿易協定的勢頭，更不用說讓歐洲簽定貿易協定了。

其實大西洋兩岸都面臨着巨大的壓力，TTIP 的談判成員發現他們面對的挑戰是，既要使這個貿易協定看起來能滿足人民的意願，也要符合這個協定自身所需要具備的一切要素。

在美國，美國民眾對於 TTIP 的抱怨主要糾結於相關信息披露的

不足。到了大選之年，獨特的政治氣氛又雪上加霜。特朗普政府上台後，TTIP 被棄，轉而提出美歐進行 ——「零關稅、零非貿易壁壘和非汽車類工業產品零補貼」貿易協定談判，這個取代品只是非常有限的小型貿易協定，目的在於移除工業產品方面的關稅。

在過去 60 年中，推動從美國到歐盟到中國等的增長之基的世界貿易體制，到了特朗普上台，受到進一步的侵蝕。數十年來，在共和黨歷任總統候選人中，特朗普參選時就是對自由貿易最不信任的一個。為迎合藍領工人的不滿情緒，作共和黨總統候選人時特朗普就態度強硬，他反對《北美自由貿易協定》(NAFTA)，稱需要對 NAFTA 等自貿協定重新談判，並堅決反對 TPP，表明當選後 TPP 將不復存在，2018 年結束前特朗普的兩個承諾全部兌現，全球貿易一地雞毛。

任何貿易政策的背後注定有糾纏了政治和不同利益集團之間的博弈，任何貿易協定談判也注定路途坎坷，但就 TPP 的個案來說，它的政治劫數超出了所有人的預期。TPP 是「跨太平洋夥伴關係協議」的縮寫，在反 TPP 的眾多抗議中，有人同樣用 TPP 的縮寫，代表的卻是「以人民為代價獲利的貿易」(Trading Profits over People)。

TPP 花了六七年左右的時間談判，之後美國、日本、澳大利亞、加拿大、越南等 12 個國家於 2016 年 2 月 4 日正式簽署了協定文本，半年後仍在等待獲得各國立法機構批准生效。希望 TPP 能成為自己在白宮最重要遺產之一的美國總統奧巴馬最為心焦。

2016 年 8 月 12 日，奧巴馬政府發出《行政行為聲明》(Statement of Administrative Action，SAA)，表明白宮已正式通知國會將把有關《跨太平洋夥伴關係協定》的法案送至參眾兩院的議員面前，據說此

舉悄無聲息,以至於差點被媒體漏掉。

　　無奈時運不濟,由美國主導的自由貿易協定在關鍵時刻正趕上美國總統換屆選舉。這其中的玄機是,選舉年人們對事先站隊變得敏感,對分享自己的真實感受也猶豫不決。選舉年通常會把事情複雜化,2016 年尤為如此。通常,貿易問題不會上升為競選的主要議題,但 2016 年貿易問題躍升為焦點問題。

　　阿爾特巴赫此前是全美亞洲研究局負責貿易政策研究的副總裁,那時候他就斷定,對推進 TPP 的任何延遲,都會導致全球貿易政策的重大轉變。但那時他考慮的美國和中國,因為二者正在推動兩個大型自由貿易協定 —— TPP 和「區域全面經濟夥伴關係協定」(RCEP)。RCEP 由東盟的十個成員國和六個重要的地區經濟夥伴中國、日本、韓國、澳洲、新西蘭、印度組成,RCEP 的擁躉宣稱它將成為 TPP 的敲門磚。

　　人們對 RCEP 寄託的希望是,它的成功將有助於阻止反全球化的潮流,推動亞洲的增長,並暫停特朗普政府的保護主義威脅。

　　澳大利亞皇家墨爾本理工大學(RMIT University)全球、城市與社會研究高級講師柏諾伊・凱普馬克(Binoy Kampmark)還安慰我說,美國政治上表現出對自由貿易的懷疑,自由貿易的教條正在受到前所未有的挑戰,但美國不是從全球議程撤退。

　　他話音落下不久,特朗普上台。他在上台後的第三天,就大刀闊斧地把前任的標誌性協議 TPP 扔進了廢紙簍。

　　在 TPP 名存實亡的新現實環境下,澳大利亞國立大學東亞經濟研究局主任彼得・德賴斯代爾(Peter Drysdale)從他的視角解釋說,TPP 的失敗讓東南亞的 TPP 成員國優先進入美國市場的希望打了折

扣。但放在全球貿易與區域貿易的大背景下，未能實現的貿易收益可能微不足道，而貿易轉移和全球福利的減少才是更大的損失。在 TPP 的前提下，日本與美國的參與帶來了利益最大化。隨着美國退出 TPP，亞洲通過 TPP 獲得的主要收益也隨之消散，新的期待只能是美日簽訂雙邊貿易協定，或者是不包括美國在內的其他貿易安排。

反自由貿易的情緒支配着美國和歐洲的政治生態，這對整個貿易體制傳達出的新的負面信號。雖然貿易不會崩塌，但過去取得的進展正在逐漸消減。很多進展不僅僅局限於關稅的減少，更多的是國家間貿易和服務交換成本的縮減。交易成本和海關阻礙減少了，也容納更多不同的監管標準，不一而足。但這些正在緩慢消退，海外貿易成本即將重新提高，有效市場和全球商業也會隨即縮減。

有觀點認為，自由貿易協定不能將貨幣規則納入其中，這是問題的根源之一，TPP 就是最近最鮮明的例子，這使得自由貿易協定在人們心中的地位大打折扣。而解決方案是，人們應當另辟蹊徑，推出新的貿易範式，在自由貿易協定之外創建規則來徵收反補貼稅，對以操縱貨幣來獲得不公平貿易優勢的出口國實行制裁。TPP 多舛的命運彰顯了一個事實，即現有的貿易協定未能跟上貿易自身變化的特質。

美國前貿易代表卡拉‧希爾斯（Carla Hills）是典型的精明幹練的女強人，她為世人熟知的成就是促成了北美自由貿易協定（NAFTA）的簽訂。

那是段艱難的時光，當 NAFTA 第一次擺在世人面前時，整個北美大陸的利益攸關方都捲入了曠日持久的激烈爭論中，權衡 NAFTA 帶來的利與弊。希爾斯年過八旬後發現，NAFTA 在生效 20 多年後，

新一輪 NAFTA 的存廢之爭再度升溫,再把她拋向前台。

希爾斯所代表的是美國在 1990 年代初自由貿易的雄心,那是戰略性的和全球性的雄心。北美自由貿易協定是在冷戰結束後提出的,當時的遠景是美國通過自由貿易凝聚其他國家,用這種軟實力為網,以強勢貨幣美元為載體,把不同區域結為一體。

在特朗普時代,自由貿易有三宗主要罪狀,一是貿易協定擴大了美國商品貿易的逆差;二是更大的貿易赤字減少了美國製成品的產量;三是美國產量的減少意味着美國就業機會減少。所以特朗普的治國方略中,整頓美國的貿易政策是重中之重。在特朗普看來,全球體系功能失調,它以犧牲美國工人的利益為代價,給中國和其他新興經濟體帶去了好處。

自由貿易的受益者,如美國的農場主和農民們,他們非常感謝自由貿易的存在,而那些未受到自由貿易蔭護,甚至受到其負面影響打擊的群體,則希望改變貿易政策的現狀。雖然貿易政策在任何時候都有調整改進的必要,但圍繞自由貿易的討論摻雜了不同的政治意圖與各種情緒化的東西,在反全球化的大環境下,圍繞自由貿易的探討變得非常複雜。

不管世人如何解釋分析貿易的內在邏輯,但靠講事實、擺道理扭轉不了局面,事實在某種程度已不再重要,因為特朗普政府信念專一地要減少赤字。有趣的是,我去參加華盛頓的各種智庫探討時發現,他們老掉牙地重複美國貿易逆差的結構性、系統性和長期性,重複美國獨特的「高消費—低儲蓄」的經濟發展模式、美元霸權的制度性基礎,以及不同資源稟賦和不同比較優勢下國際大分工格局的全球化力量⋯⋯,但就像秀才遇到兵,特朗普已對近 40 個國家和地

區進行貿易威脅或關稅制裁。然而，關稅大棒四處揮舞的結果是，2018 年美國貿易逆差飆升至 6210 億美元，為 10 年來最高水平。

　　當狹隘的民族主義貿易政策成為主角，貿易全球化受打壓，在某種程度上，這使經濟問題政治意識形態化的傾向在全球擴展。悲觀的觀點甚至認為，發達經濟體對全球經濟一體化的支持力度持續降低，世界貿易組織時代也有可能成為歷史。

天堂很遠、美國很近

經濟學家認為，一個國家與鄰國的貿易越多，其經濟狀況就越好。據美國貿易代表辦公室統計，2018 年，美國同墨西哥商品貿易總額達 6115 億美元，其中美國從墨西哥進口商品額為 3465 億美元。但對墨西哥和加拿大兩個鄰居，特朗普 2017 年 2 月 28 日在國會發表上任後的首次演講時，指責他們通過貿易順差奪走了美國人的工作機會。他說，「自從 NAFTA 獲批以來，我們失去了超過四分之一的製造業就業機會。」

就這一指責希爾斯對我說，有些支持者認為 NAFTA 創造了就業，而有些批評者則認為 NAFTA 破壞了就業機會。但貿易協定不是創造就業的工具，貿易協定通過減少代價高昂的貿易壁壘帶來新的商業機會——貿易壁壘扼殺競爭，破壞生產力和創新。只有通過開放市場、利用可預見性規則來創造新的商業機會，一個國家的經濟才能向價值鏈的上端移動，新的工作機會也才會在價值鏈的更高層次創造出來，提供更多的就業可能。

波爾州立大學在印第安納州立大學系統中是著名的綜合性公立大學，該大學商業與經濟研究中心發表的報告指出，自 20 世紀 70 年

代以來，只有略超過 10% 的製造業就業流失是由於包括 NAFTA 在內的貿易安排造成的；自 20 世紀 70 年代以來，美國工廠就業機會的消失 88% 要歸因於自動化。

　　農業、紡織品和汽車製造業的貿易自由化是 NAFTA 關注的主要焦點，美國汽車研究中心（Center For Automotive Research, CAR）產業組主任克里斯汀·基客翟克（Kristin Dziczek）認為 NAFTA 對整合北美地區的汽車生產製造和供應網絡的增長有很大貢獻。她對我說，NAFTA 允許汽車生產商以最低的成本生產，降低了供應鏈風險，從而保證了汽車的生產製造留在北美。若沒有 NAFTA 的存在，美國汽車工業的很大一部分將會轉移到亞洲、東歐或者南美等低成本國家。

　　特朗普及其追隨者對 NAFTA 的怨言在於，北美自由貿易協定大幅擴大了墨西哥貿易，這個成功的故事在美國卻並不顯而易見。實際上，當 1991 年北美自由貿易協定開始談判時，三個國家的目標是把墨西哥融入進來，實現其與美國和加拿大這兩個高度發達經濟體的一體化。通過更自由的貿易，使墨西哥獲得更為強大和穩定的經濟增長，為其不斷增長的勞動力提供新的就業機會，並阻止墨西哥非法移民。

　　墨西哥的增長與就業經過 20 多年發生了大的飛躍，但墨西哥非法移民的步伐並未因此而停止。在等式的另一端，人們希望墨西哥成為美國和加拿大新的出口市場和低成本投資地，從而提高美國和加拿大企業的競爭力。對加拿大而言，NAFTA 最重要的貢獻是，加拿大經濟開放到美國市場，美國成為加拿大最大的貿易夥伴。北美自由貿易協定之後，加拿大對美國的出口從 1100 億美元增加到 3460 億美元，而來自美國的進口也獲得了幾乎等量的增長。

貿易的增長往往不是即視可見的。NAFTA 受到詬病是因為，其成本高度集中在汽車製造業等特定行業，而其帶來的收益卻要在相當廣的社會範圍內攤薄。

就業問題是 NAFTA 長久擔負的罪名。製造業工作數量已經減少是不可辯駁的事實，但這種就業機會的下降始自於 1970 年，遠遠早於 NAFTA 的出現。如今，美國工廠的產量是 1984 年的兩倍，但工人數量卻減少了三分之一。所以就業機會的下降更多的是技術進步的結果。

沃頓商學院管理學教授馬洛·吉蘭（Mauro Guillen）給了我這樣一串數字：美國製造業過去 15 年內失去的 500 萬個工作中，有 85% 是因為技術的原因，而非貿易的原因。美國勞工部 2016 年的統計數據發現，在此前的 15 年內，美國製造業部門的生產率增長速度要快於其他經濟部門。另有研究表明，在過去 20 年裡，通過技術進步刺激生產力的增長使美國製造業產出提高了 40%。雖然工廠失去了就業機會，但在服務業和技術部門有新的工作機會出現。

持相反觀點的人則堅稱，NAFTA 使美國陷入了這樣的惡性循環：墨西哥以低工資競爭，美國公司於是將生產轉移到墨西哥以降低成本，造成了貿易赤字的擴大。他們指出，美國同墨西哥間的貿易從 1993 年的 17 億美元貿易盈餘，到 2014 年已轉為 540 億美元的貿易赤字。一些專業人士雖然承認，即使沒有北美自由貿易協定的存在，這種進口增長也有可能發生，但他們認為這無法解釋為何過去的 20 年中，美國就業崗位的損失高達 60 萬個。

NAFTA 的支持者則預計，美國有大約 1400 萬個工作機會依賴其與加拿大和墨西哥之間的貿易往來，而北美自由貿易協定每年創

造了近 20 萬個與出口相關的工作機會，這些新出現工作的平均工資比那些損失掉的工作薪酬高 15% 至 20% 左右。

2019 年深秋，美國、墨西哥和加拿大旨在替代北美自由貿易協定的「美國－墨西哥－加拿大協定」仍未全面生效。此時美國更深層的經濟錯位是工資增長的長期停滯，有人將之歸給為 NAFTA 的存在壓低了工資。反駁者指出，耶魯大學和美聯儲的經濟學家通過研究得出結論，由於 NAFTA 的存在，美國、加拿大和墨西哥三國的工資經通貨膨脹調整後都略有上升。

美國工資增長已有數十年停滯不前，只有高中學歷既可勝任的製造業的就業機會已大幅縮水，收入差距越來越大，這些都指向於重返社會失衡，而上一次的失衡出現在 20 世紀 20 年代。2017 年，與強勁的美國經濟表現相比，美國員工的時薪平均增幅僅為 65 美分。2018 年 8 月形勢突然變得喜人，就業報告顯示美國「生產和非監督員工」的平均時薪年增長率為 2.8% 時，是美國自 2009 年以來最快速的工資增長。但好景不長，美國工資增長的趨勢從 2018 年年底放緩。

特朗普競選總統時承諾，將迫使美國企業把製造業的就業崗位和海外工廠遷回美國，而他的靶子對準了美國波音公司等大型企業，美國第二大汽車製造商福特汽車也在靶心附近。壓力之下，福特汽車取消了在墨西哥斥資 16 億美元建廠的計劃。取消建廠計劃直接導致墨西哥 2800 個工作崗位打了水漂，連帶着數千個相關產業的就業機會變成紙上談兵。

福特汽車並未誓言把製造業就業崗位遷回美國，而是巧妙地提及將投資 7 億美元擴建升級旗下位於密歇根州的弗拉特羅克整車廠（Flat Rock Assembly Plant），該廠通過製造新的電動、混合動力和

自動駕駛車輛，會增加 700 個工作崗位。特朗普於是轉而對福特汽車讚譽有嘉，他在白宮會見企業領袖時説，他希望能坐在福特汽車 CEO 馬克・菲爾茲（Mark Fields）身邊。

消息傳來時，墨西哥汽車工業正處於十年生產繁盛期。有數據顯示，截至 2017 年底，墨西哥將建造 417 萬輛汽車，成為世界第七大汽車製造國。墨西哥媒體稱，特朗普針對墨西哥的一系列負面言論和政策已造成該國近 44 億美元的外資損失。

據美國汽車研究中心的統計：墨西哥車企工人平均每小時能拿到 90 比索，約合 5.64 美元，而美國同行的時薪則平均為 27.78 美元。墨西哥包括工資和福利在內的的總勞動力成本為平均為每小時 129 比索，即每小時 8 美元，而美國通用汽車則平均為每小時 58 美元。大眾汽車在田納西州的工廠為每小時 38 美元，是美國單位小時成本最低的。

墨西哥汽車工人的低薪水平近年來沒有發生大的變化，而在以世界工廠聞名的中國，據市場調查公司歐睿（Euromonitor）的數據顯示，中國工廠工人目前拿到的工資比以往任何時候都高：2016 年的平均小時工資為 3.60 美元，比 2011 年增長 64%。中國工人的時薪是印度工人的五倍以上，基本與葡萄牙和南非持平。

除了較低的工資水準的優勢外，墨西哥還有與美國工人相當的勞動生產率。這二者的結合使得全球車企巨頭對墨西哥趨之若鶩。一個值得關注的現象是，墨西哥汽車組裝產能預計會在 2010 至 2020 年間增長超過一倍，帶來這一迅速增長的主要推手是日本、德國和韓國 133 億美元的投資注入，這一投資把來自日本、德國和韓國的汽車產能轉移到墨西哥，卻並未轉移美國和加拿大的汽車產能。

基客翟克指出，即使我們假設美國的小型轎車生產都捨棄了墨西哥，墨西哥仍然保有向美國之外的市場出口的生產設施，那麼美國大約會有一百萬個單位的產能淨增長，分佈在 10 個汽車生產商中，這意味着美國預計會有 2.22 萬名汽車製造業工人，其中 17640 個工人是小時工，不管他們是合同工，還是臨時工。

2016 年，美國汽車裝配產能利用率已達到了 94%，在這樣高利用率的前提下，閒置產能非常小，這意味着簡單地把生產從墨西哥轉到美國現有的汽車工廠幾乎不可能。想要增加產能需要時間，需要開發新的裝配產能，這同時會給美國增加 47 億美元到 64 億美元的開支。

值得注意的是，超過一半以上的墨西哥輕型機動車出口來自國外汽車製造商生產，2015 年，福特和通用等美國企業共計在墨西哥生產了 47.8% 的輕型機動車。其他國家的汽車生產商更不願意把墨西哥的生產基地轉移到美國。

汽車工業已經高度全球化了 —— 汽車在全球化的平台上製造、使用全球化的供應鏈，在全球市場上銷售。而這一發展並非甚麼新的趨勢，汽車生產商的全球化幾乎從這個工業開始建立時就如此，那要追溯到近一百年前的上世紀 1920 年代和 1930 年代。

特朗普認為重新談判北美自由貿易協定，就可以阻止美國工廠和就業機會轉移出美國邊境。但是，美國汽車研究中心的數據表明，如果對墨西哥進口車輛施加 35% 的關稅，由於成本的提高將導致美國損失 6700 個汽車工業崗位，關稅還將使美國每年汽車銷量總數減少 45 萬輛。

因為運輸成本很高，一些汽車零部件和汽車系統本身屬於易碎

品，這些特性使汽車工業喜歡國內就地生產以及「近岸」生產支持，這樣其生產成本就會比在其他地區生產低很多。地理位置近便的優勢還包括，它使得製造商與消費者及其他工業市場的距離很小。

　　由於 NAFTA 的存在，在美國、加拿大和墨西哥之間促成了近岸支持的存在，並導致三國間能夠共享彼此緊密相聯的供應鏈，這些供應鏈得以持續地為美國創造就業。

狂喜與恐懼；資本主義與民粹

（一）

2010 年，朱民走馬上任國際貨幣基金組織（IMF）總裁特別顧問，彼時正值歐洲債務危機發酵。六年中，IMF 貫穿始終的努力，就是化解歐元區危機。六年後朱民離開 IMF，在朱民辦公室大大的手寫板上，直至他離任的最後一天，上面都留着全球最大對衝基金橋水（Bridgewater）創始人瑞・達利歐和朱民談及債務問題時的圖解，紅色和黑色的標釋疊加關聯，如同現實世界錯綜複雜的債務鏈環。

六年的時間，全球經濟經歷了一系列的轉變，有些轉變是週期性的，有些轉變是長期性的，從本質上看是結構性的。當朱民離開 IMF 之際，希臘雖還未全身而退，但希臘問題顯然已從 IMF 的棘手問題清單的首位下移，而民粹主義和英國脱歐所帶來的歐洲危機則排在榜首。

民粹主義並非甚麼新鮮的事物。

歐元區主權債務危機之際已開始發端。2009 年 10 月初由於財政狀況顯著惡化，政府財政赤字和公共債務佔國內生產總值的比例

預計分別達到 12.7% 和 113%，遠遠超過歐盟《穩定與增長公約》規定的 3% 和 60% 的上限，希臘爆發債務危機，並成為歐元區主權債務危機的震中，引發金融市場的信心危機。

危機之下希臘民粹主義高漲，齊普拉斯及其左翼政黨借力民粹主義，不但登上了歷史舞台，而且在其後的若干年內反覆利用民粹主義，在政治上險棋連連。希臘危機的劇本這些年反覆上演着同一個主題，即最後期限緊逼，最後一刻得以債務展期。希臘的經濟民粹主義反映了歐洲下層民眾對經濟停滯、失業率高企的不滿情緒。

與希臘問題牽扯更多的是德國政治，德國人要考慮的是，要不要讓希臘成為歐元區成員國一個特殊例外？而德國是否要救助希臘，也要考量德國國內民粹主義的力量。所謂國內民粹主義的代名詞是 2013 年成立的德國選擇黨，最初是在經濟領域反歐元、反歐洲對危機國家的救助政策等新自由主義。2016 年爆發的難民危機在德國國內引發了極端對立情緒，選擇黨借勢發起了民粹主義衝擊，靠難民和移民問題異軍突起，成為德國第三大政治力量，並持續改寫着德國的政治格局。

當今西方民粹主義的爆發令人驚訝，更敲響了警鐘。令人驚訝的是，自由民主制度本應使社會變得更加進步，從而抑制民粹主義的衝動。然而，情況恰恰相反。足以讓世人警示的是，民粹主義政治已從政治邊緣迅速轉變為美國和歐洲的主流，積蓄了能量後在 2016 年爆發，其中脫歐勢力贏得了英國脫歐公投，特朗普贏得了白宮。

悲觀的觀點認為，美國的世紀已於 2016 年 11 月 8 日落下帷幕。從那一天起，美國不再是領導世界的超級大國 —— 那個有缺陷但最終心懷善意的和平、繁榮以及世界各地人權的保障者。美國的金德

伯格式霸權時代已成過去。在同一天，特朗普成為完全意義上的民粹主義的領袖。

有美國學者推薦我 2018 年 10 月底剛出的新書 *Identity Crisis: The 2016 Presidential Campaign and the Battle for the Meaning of America*，該書指出，特朗普與其說是經濟意義上的民粹主義者，不如說是種族意義上的民粹主義者。

夏洛茨維爾衝突就是種族意義上的民粹主義的一次集中爆發，它的始作俑者是「另類右翼」，這個最近幾年在美國興起的一股極右思潮，除了支持傳統右翼的保守思想，也反對移民、反對多元文化、反對政治正確，同時還鼓吹白人至上等。

極右翼勢力和白人至上主義者在美國長盛不衰的存在一直讓我困惑。幾年前剛到美國，我結識了幾個研究中國的美國博士，聊天時他們很想知道，美國歷史的哪個部分最讓我困惑不解，當時我就提到了 3K 黨人與美國一個多世紀的糾葛。

那時我以為我仍在說歷史，然後就發生了弗吉尼亞州騷亂。那是 2017 年，火炬遊行、3K 黨人和新納粹分子重新站在聚光燈下，讓人忽然覺得時空錯亂。事態最終發展為暴力衝突，一個年輕人開車衝向人群，導致一名 32 歲女性身亡、十餘人受傷。

極右翼和白人民族主義者曾認為，隨着特朗普的崛起，他們的運動已準備好迎接黃金時代，更重要的是，他們已經擁有了真正的政治權力。夏洛茨維爾集會釋放了美國民粹主義的偏狹和暴力，而特朗普對此的反應則加深了美國不同立場人士間的道德鴻溝。

特朗普保持了相當一段時間的沉默，而未在第一時間譴責極右翼團體。為此多名美國企業的著名大佬宣佈退出特朗普政府的製造

業顧問委員會，以此表達不滿。美國勞工聯合會暨產業工會聯合會主席理查德·特朗卡（Richard Trumka）宣佈退出時直接明確地說，「我無法留在一個容忍仇恨和國內恐怖主義的總統的顧問團體裡」。

2018 年是金融危機十周年。但事實上人們記住 2018 年更多的是民粹主義的浪潮洶湧，席捲歐洲。2018 年 6 月 1 日意大利新一屆內閣定於就職，形成西方國家首個民粹主義政府。匈牙利和波蘭奉行民粹主義的政黨在那一年鞏固了權力，並開始着手廢除原有憲法，採取嚴格的反移民措施，並多次與歐盟和人權組織產生衝突。抗議燃油稅的「黃背心」運動在法國各地蔓延。更讓人擔憂的是，東歐圍繞移民和身份問題的極右翼民粹主義，與和南歐極左派關注經濟停滯民粹主義開始合流。

在美國居住，直接指出身邊的哪些人是民粹主義的踐行者很難。好像特朗普的支持者中存在着大量的民粹主義者，但我認識的那些人在一般意義上並不仇視非白人，他們也四處旅行。也許更多的民粹主義更私人化，可能被強調的種族歧視在他們看來，是精英對他們這個日益縮少的族群的忽視，或者是懷舊，或者是對他們更舒服的生活方式和傳統的眷戀。我不得不承認，我的生活圈子也許太精英了，而精英恰恰是民粹主義者的對立面。

如何應對美國白人的失落感，主流政黨並未提出任何新的有效的想法。選民們感覺陷入了困境，繼而轉向左翼和右翼觀點，這些曾被邊緣化的觀點對選民而言，其中的某些元素他們無法從目前的體系中獲取，因此民粹主義者找到了可以擁抱取暖的依靠。在美國，指責移民、全球化，認為中國應承擔一切責任，這帶來了強大的營銷誘惑，特朗普當仁不讓地成為民粹主義營銷的網紅。

在一次陰差陽錯的見面中，我見到了格林斯潘。本來採訪格林斯潘安排在 2018 年 7 月 6 日晚，當天他臨時推遲到 7 月 11 日。在一系列巧合後，6 日晚我提前見到了格林斯潘，並有機會和他近距離接觸，而那一天，中美間貿易戰正式開打。

格林斯潘走進來，並沒有製造甚麼響動，但空氣中的氣流好像突然發生了變化。那一刻，他正有些艱難地要坐下來，他的身體前探，幅度很大，幾乎要折成九十度——格林斯潘那時 92 歲了。

在那個時間節點上，貿易保護主義盛行，中美貿易戰變成了一個繞不開的節點。各國加強了對技術和知識產權主導地位的爭奪、也加強了對製造業，對貿易競爭力和影響力的爭奪，這導致全球性貿易摩擦不斷加劇，最後升級為貿易戰。格林斯潘願意解讀中美貿易戰背後的社會、政治、經濟紋理。他十指相扣，言辭謹慎，娓娓道來。

彼時，中國之外，特朗普已對包括歐盟、加拿大和墨西哥等盟友在內的很多國家實施了一輪鋼鋁關稅。格林斯潘的解讀也從鋼鋁關稅開始。

鋼鐵和鋁在中美兩國過去所呈現的趨勢是此消彼漲的，美國在全球鋼鐵總產量的佔比從 1976 年的 23%，下降到 2015 年的 5%，中國則從 3% 增長到 50%；美國在全球鋁總產量的佔比從 1960 年的 40% 降到 2016 年的 3%，中國則從 1.5% 增長到 54%。同樣，中國人均 GDP 佔全球增長的比例也在不斷上升，而美國則在下降。

給美國總統特朗普投票的選民主要在美國的鐵鏽地帶，即美國中部及偏東部地區。這些選民本應得到嚴密的關注，鋼鐵和鋁行業所呈現的趨勢與他們緊密相關，進而變成了潛在的政治問題；鋼鐵

和鋁從側面反映了美國與中國實力變化的此消彼漲，它帶來深刻的政治影響，直至促成中美貿易戰。

（二）

民粹主義席捲美國大陸，同時也在席捲西歐國家，而且還在不斷擴散。在格林斯潘看來，民粹主義是一種哲學思潮，但不同於共產主義、社會主義或者是資本主義，民粹主義並不是固定的，或者在哲學上並不是非常穩定的一種思潮。民粹主義實際上是對於幫助的一個需求，對幫助的一個呼喊。

在美國、西歐以及其他國家，實際上反映了當地人們頭腦中灰暗的未來。任何一個政客能夠站出來迎合這個思潮，就能得到更多的選票。過去幾年有很多這樣的現象，主要在南美和北美，現在歐洲也面臨這樣的挑戰。

這個全球性的灰暗未來始自於金融危機。儘管現在包括 IMF 在內的全球治理層面的機構都在運轉，但是他們不能解決全球經濟秩序的基本面存在的斷層。從長期的角度來看，世界經濟格局挺過了 1994 年的墨西哥經濟危機、1997 年的亞洲經濟危機和 2008 年的全球金融危機，但引發危機的高油價因素、金融失衡、天量資本流動、金融創新與去監管化等製造危機的深層次原因卻未能解決。

世界經濟秩序存在缺陷被世界廣泛接受，卻基本上被美國忽略。美國傳統基金會資深研究員比爾·威爾森（William Wilson）告訴我，美國過去積極參與全球事務發揮引領的作用，現在不同政治派別之間的角力及美國的經濟掙扎傷害了美國的能力。

金融危機後，國際金融市場和一些連帶責任人生活沒有大的變

化，儘管有機構被重罰了，但負擔落在了國家或股東身上。金融危機塑造的新現實是，前芝加哥國際事務委員會執行主任、布魯金斯學會研究員托馬斯·萊特（Thomas Wright）2014 年對我說，美國從普通公民到政客已對於那五年的破產救助感到疲倦。

早在金融危機發生之前數年，哈佛大學教授、著名的經濟學家本傑明·弗里德曼就在他 2005 年的著述《經濟增長的道德意義》(*The Moral Consequences of Economic Growth*) 中警告說，即使富裕如美國，一旦收入增長長期停滯，這個國家的民主價值也會處於危險之中。一旦有足夠的公民失去他們在前進的感覺，只是富裕並不能保證一個社會免於倒退到剛性與不容忍的狀態。

再回到 2016 年。那一年經濟疲軟像瘟疫一樣在很多國家傳播。

2016 年第一季度市場發出的信號混亂而令人不安，經濟增長更明顯的放緩已不再是不切實際的悲觀論調。投資者發現，收益率曲線變平。2016 年年初，資本市場情況創下了有記錄以來的最糟表現。原油庫存過剩的陰雲籠罩市場，一月份原油收盤價一度跌破 30 美元，下探 12 年內的最低點。在經濟動盪之際，避險黃金則迎來 30 年來最好的開年。COMEX 4 月黃金期貨漲幅在盤後交易中擴大漲幅至超 2%，刷新 2015 年 2 月以來高位至 1269.30 美元 / 盎司。

那時距 2007–2008 年的金融危機已有七、八年之久，貨幣政策一直衝在刺激需求戰線的最前沿。但經濟復蘇依然疲軟，通脹依然低迷。全球經濟捲入新一輪衰退的憂慮引發的焦慮是，試圖避免衰退的對策已經黔驢技窮。

在通貨緊縮的泥潭中苦苦掙扎多年的日本，貨幣政策的有效性已受到廣泛質疑。在 2008 年第一季度至 2015 年第三季度連續 31 個

季度裡，有 14 個季度日本實際 GDP 季環比增長年率為負，其中有四次出現了連續兩個或以上季度負增長的情況。歐元區需求低迷，失業率居高不下，歐元區 2 月通貨膨脹五個月來首次降至負值，歐元區已重返通縮狀態。

　　新興市場國家經濟增速下降，IMF 的數據顯示，不包括中國在內的新興市場 2015 年僅勉強取得 1.92% 的產值增長，比發達世界 1.98% 的增長率還低。過去，新興市場強勁的增長支撐油價，油價通過石油美元循環支撐資金流動，相應的，大量的資金流入又支撐了經濟增長，如今這一循環已經由良性變成惡性循環。有些新興市場經濟體由於貶值引發輸入型通脹，使其國內貨幣政策陷入兩難。

　　2016 年開局中國就現出實體經濟乏力的症候。

　　即便是在全球經濟少有的亮點之一美國，美聯儲褐皮書報告對美國經濟狀況的描述相對來說較為黯淡，2 月份最後一週的美國初請失業金人數增加，以及有報告顯示 2 月份美國服務業增長速度放緩，且 1 月份工廠訂單的增幅不及經濟學家此前預期。指向經濟衰退的指標已開始閃爍。

　　在貧富分化加大的背景下，在各項指標中，重要而常被忽略的一個指標是勞動生產率指標。美國政府的報告顯示，2015 年最後三個月內美國企業的勞動生產率年化數字下降 3%。但修正後的數據表明，這些企業生產和提供的產品與服務實際上更多。即便如此，這些生產率的增長最多也只能說是溫和的。2015 年勞動生產率比去年同期僅有 0.5% 的增長，2015 年全年僅微漲了 0.7%，2014 年的數據是 0.8%；自 2007 年–2008 年以來，勞動生產率增長平均每年大約是 1.2%。

摩根大通的一個副總裁和我提起這個指標的重要性，他說，如果勞動生產率增長只是溫和的，經濟增長不可能是強勁。同時，儘管就業機會在增長，但就業增長並未進入到製造業領域，而製造業是勞動生產率提高的主要核心。如果勞動就業的增長進入非製造業領域，資本性支出將保持較低水平，這會使生產率增長緩慢得以強化。勞動生產率對經濟增長的貢獻不可取代，而對勞動生產率增長淤滯的問題，貨幣政策束手無策。

這些最終帶來的失望、不滿、失業、貧困，導致與精英們的對立情緒，導致民粹主義大行其道。

資本存量是生產力增長的一個基礎，但生產力的增長已經有了比較明顯的減速，包括在很多西方國家都出現了這樣的現象——過去五年，個人生產力增速不超過 1% 的現象。換句話說，這是生產力增長停滯不前。這也是為甚麼很多西方國家，包括歐洲、美國出現了非常顯著的民粹主義問題。

特朗普當選美國第 45 任總統那天晚上，我和大多數人一樣，取消一切活動專心關注選情。大選直播傍晚 6 點多就開始了，但直到晚上 9 點前，那只能算是背景噪音設定，我用那段時間做着閒雜事——和絕大多數人一樣，我不過是等着事先預期結果的最終呈現，希拉里獲勝當選。

晚上 9 點，十多個州的投票站關閉，特朗普在幾大搖擺州競選領先，歷史的轉折也露出端倪。這個震驚世界的消息最先體現在紐約股市期指的暴跌上，但直到晚上 11 點，我的新聞職業訓練都告訴我，等到最後一刻再下定論。後來我的美國記者朋友告訴我，他們準備的新聞通稿中，希拉里勝選的稿子豐盈而充實，特朗普勝選的

稿子只做為備選，有些抓瞎。

後來《紐約時報》描述說，這場激烈的、民粹主義的和兩極分化的選舉無情地衝擊着體制與美國民主長久以來的理想，如今到達了驚人的頂峰，並將之總結為「一場民粹主義對精英政治的反叛」。

當選總統後，特朗普更是利用民粹主義的不滿作為政治工具，雖然他心目中的「民粹主義」與精英們定義的「民粹主義」可能驢唇不對馬嘴，至少對他來講，他需要喚醒和放大美國人心底下的壓抑和挫敗感，不管這些來自精神層面還是經濟層面。

在治國與競選二者間，特朗普顯然更喜歡後者；即使是治國，他也傾向於「推特治國」，無論是國內政務、還是國際事務都直接通過他的推文發佈，《紐約時報》統計說，它超過 1.1 萬條的推文半數以上都是在攻擊，目標從俄羅斯調查、美聯儲到黑人橄欖球運動員及亞馬遜創始人傑夫・貝佐斯，不一而足。但在 2000 多條推文中，特朗普引用了一個人的話來讚美，那個人就是他自己。他願意離開日常政務瑣碎而令人沮喪的華盛頓去參加政治集會，享受人群聚集在他身邊的那種萬眾矚目，享受眼見人們的意志向他彎腰的快感。

美國商務部前副部長雷文凱（Frank Lavin）對我解釋說，與其他主要經濟體的領導人相比，特朗普很少由政策驅動，更多地受其個性驅使。特朗普表面的想一齣是一齣，背後也有指導原則。雷文凱強調，只不過它們是流程的原則，和人們熟知的一國總統行事的實質性原則相去甚遠。塑造特朗普外交政策的，恰恰是塑造他在公共生活取勝的獨一無二的法寶 —— 競選活動，因為它可以動用政治民粹主義。

特朗普如何劃定戰圖則要看他眼中的經濟利益分佈。民粹主義

可以為特朗普及其支持者找到開脫的理由。民粹主義把美國面臨的每個問題都歸絡於其他人，自己則無可指責。

同樣，在民粹主義者的眼裡，政策選擇既沒有代價，也無需折衷。所謂的成本效益分析、轉型成本、管理政府機構的挑戰、次要影響和意想不到的後果，這些都是政策選擇的附屬物，但在民粹主義者看來，這些無關緊要，對貿易敵人的勝利才最為重要。

我一般願意在坐地鐵時翻一翻《紐約客》。《紐約客》上有一篇文章談美國的種族主義如何影響了納粹思想的成型。文章結尾處寫道：

> 1990 年《名利場》雜誌報道說，特朗普一度把希特拉演講的書放在床邊，被問及此事時特朗普說，要是我能如此演講 —— 我沒說我能，我就不會讀它了。……自從政以來特朗普屢次被與希特拉相比較 —— 這不僅僅只在新納粹分子之間。二者之間確實有相似之處，比如時不時特朗普就要仿照希特拉的管理策略，挑起部下彼此互爭互鬥；特朗普的集會也是情感宣泄的儀式，集種族主義、仇外心理和自我膜拜於一體。二者相比，差異也清晰而鮮明，希特拉更自律。

格林斯潘告訴我，民粹主義並不是理性分析就能夠幫助我們理解的，而且我們也很難去捕捉到問題的核心。最好的方法就是承認這是非常不尋常的現象，是這個時代出現的根本性的變化。當政治沒有發揮應有的作用，週期性的民粹主義會出現。

我問格林斯潘，如何擊敗民粹主義？他回答說，民粹主義是個特例，要改變局勢或者靠經濟的增長，或者靠人口的增加，他們會起到放大效應。

（三）

關於社會不平等的討論，最終指向了資本如何作用的問題上。我採訪的幾位人士的觀點分別是——斯蒂格利茨說，我們當前的資本主義是仿制、假冒的資本主義；皮凱蒂說，我們正在退回「承襲制資本主義」的年代。

那麼，甚麼是最理想的資本主義？

在我印象中，金融危機後，資本主義作為帶給全球以繁榮的市場體系被重新審視甚至攻擊。審視的觀點認為，應當重建信任，重新梳理各方的關係；攻擊則不一而足，比如右翼人士批評不公平競爭現象和朋黨資本主義；左翼活動人士抨擊不平等和「市場原教旨主義」。

討論進行到 2014 年前後掀起了小高潮，全球著名金融家族羅斯柴爾德家族聯合倫敦市政府，邀請各個行業領軍人物與世界級領袖，出席當年 5 月底在倫敦舉行的包容性資本主義大會。我因簽證延誤最終沒能成行，但據說與會有來自 37 個國家的 250 名超級富豪、管理着全球大概 1/3 的可投資金額（30 萬億美元左右）——平均每人控制 1200 億的美元。

一個月後我收到了從倫敦寄來的快遞，裡面是一個精美的小冊子，在《讓資本主義更為包容》（*Making Capitalism More Inclusive*）的主題下，收錄了會上關於資本主義何去何從的發言和講話。其中國

際貨幣基金組織總裁拉加德（Christine Lagarde）在致詞中說，近年來資本主義的特徵是「過度」──體現在冒險、槓桿、不透明、複雜、薪酬等各個方面。這導致價值觀遭到巨大破壞，同時，也導致了高失業、不斷加劇的社會緊張局勢以及人們對政治的日益失望──這些都是在「大衰退」之後發生的。

連結華盛頓和倫敦的不只是這本小冊子，而是英國和美國這些富裕的西方國家面臨的最基本的挑戰，即以市場為導向的資本主義未能始終如一地兌現人們的預期：更多的經濟增長，對未來更強的信心。回看歷史，資本主義在相當廣的歷史上基本踐行人們的期待。

資本主義降臨前，一個人的社會地位及其或貧窮或富裕多有定數，現在這種定數似乎又在回頭。對資本主義的討論後來變成，從追求股東價值擴展到基於包容性、可持續性和目的的資本主義。無論資本主義前面掛上甚麼不同的詞來修飾限制，都是人們試圖證明資本主義仍然可行，仍然在道德上有其價值。

美國億萬富豪、雲計算巨頭 Salesforce 聯合創始人貝尼奧夫（Marc Benioff）在 2019 年撰文稱，近幾十年來實行的資本主義、對股東利潤最大化的癡迷也導致了可怕的不平等。因此他呼籲建立一種「新資本主義」，其中包括對他自己在內的美國最富有的人徵收更高的稅收。

要實現包容性資本主義，其前提是要有非常具體的制度──需要收入和財富的累進稅制，需要教育和公共服務，需要一定水平的政府收入，需要某些領域的公共資產。不能將一切私有化，在教育、醫療與交通方面要有公共資產。

在各種討論中，資本主義需要轉型基本形成了全球共識，各種

413

新以節制資本為目的的企業社會責任運動，於是風生水起。但很快人們發現問題在於外部推動的企業社會責任容易流於形式。很難推動整個資本主義體系的迭代。

無論如何，資本主義的出路需要新的視角和新的思維。民主黨候選人、參議員伊麗莎白‧沃倫傳達的信息定位於重塑美國的資本主義制度，它如何解決美國根深蒂固的社會問題，人們拭目以待。

到 2019 年快年底時，人們對已有的、不同形式的資本主義的態度已變得更加開放。關於中國的資本主義形式也引來很多爭論。時至今日，仍有很大一部分國家資本由中央政府或地方政府擁有，但量在減少的過程中。問題是，包括中國在內，公共資本和私人資本之間的平衡能否足以用更包容性的方式來調節資本主義？中國的資本已經具備了足夠的包容性嗎？

恐怕正是因 19 年的美聯儲主席之位的高屋建瓴，近一個世紀所經歷的繁榮與衰退的循環往復，格林斯潘能用寥寥數語概括資本主義。他對我說，資本主義撬動了美國，美國的資本主義是在增長率核心之上的、一部創造性破壞的歷史，這個歷史在自由經濟體制下發生。中國在十多年前或更早，好像就要變成資本主義時，這樣的變化卻停止了。

每個人都喜歡創造的部分，卻討厭破壞的部分，總有些進程會覆蓋掉其他的進程。格林斯潘說，民粹主義出現，壯大勢力然後失敗，我們會重回到資本主義。一直以來都是一樣的。中國的故事也很相似。

致 謝

本書能問世先要感謝《財經》雜誌的大力支持和充分信任，為我提供了觀察和創作的平台。在傳統媒體受到各種衝擊的現實下，《財經》雜誌掌舵人從王波明到戴小京都堅持做有價值的新聞、挖掘新聞背後的觀點之爭與利益衝突，獨立、獨家、獨到的理念讓我受益良多。

雜誌主編何剛是本書最直接的推動者。何剛建議我多走多看，特別提示我通過寫文章和最終寫書來提高自己的認知能力和認知深度。構思本書時，如何從時間、效率上找到最佳路徑切入，何剛給了寶貴的意見建議，書名也是何剛的想法。

博覽群書的蘇琦是我的主管編輯，我的很多稿件都有他的神來之筆點睛。雜誌同事劉霄、張燕冬、王延春、馬克、謝麗容、袁滿等等也從不同程度上給予了指導和幫助。

同事馬國川著作甚豐，是他的幫忙聯繫讓這本書有機會問世。

很多朋友如馬德志、林新偉、王沿等都無私相助，高情厚誼讓我感激不盡。也特別感謝法律顧問徐凱的專業支持。

衷心感謝香港中和出版有限公司為此書的出版盡心盡力。

美國社會發生着深遠的變化，但新聞獨立與自由的理念讓我有機會採訪美國社會不同階層和領域的大人物或小角色，感謝我的採訪對象引領我走進了真正的美國。

最要感謝的是我的家人，他們永遠給予我最無私的愛和支持。

責任編輯	張俊峰	
書籍設計	林　溪	
排　版	肖　霞	
印　務	馮政光	

書　名	親歷美國逆轉
作　者	金　焱
出　版	香港中和出版有限公司 Hong Kong Open Page Publishing Co., Ltd. 香港北角英皇道 499 號北角工業大廈 18 樓 http://www.hkopenpage.com http://www.facebook.com/hkopenpage http://weibo.com/hkopenpage Email: info@hkopenpage.com
香港發行	香港聯合書刊物流有限公司 香港新界大埔汀麗路 36 號 3 字樓
印　刷	美雅印刷製本有限公司 香港九龍官塘榮業街 6 號海濱工業大廈 4 字樓
版　次	2020 年 7 月香港第 1 版第 1 次印刷
規　格	32 開（148mm×210mm）456 面
國際書號	ISBN 978-988-8694-16-7

© 2020 Hong Kong Open Page Publishing Co., Ltd.
Published in Hong Kong